U0897161

项目资助

教育部人文社会科学研究规划基金项目“应用型大学学术资本生成的实践逻辑研究”（13YJA880059）成果之一

重庆市“十三五”重点学科（教育学）建设经费资助项目

重庆市“十四五”重点学科（教育学）建设经费资助项目

教育发展研究丛书/**彭寿清 冉隆锋 主编**

大学学术资本生成的实践逻辑研究

冉隆锋 / 著

中国社会科学出版社

图书在版编目（CIP）数据

大学学术资本生成的实践逻辑研究/冉隆锋著．—北京：中国社会科学出版社，2023.8

（教育发展研究丛书）

ISBN 978-7-5227-1785-2

Ⅰ.①大…　Ⅱ.①冉…　Ⅲ.①高等学校—学术研究　Ⅳ.①G644

中国国家版本馆 CIP 数据核字(2023)第 065016 号

出 版 人　赵剑英
责任编辑　赵　丽
责任校对　王　涵
责任印制　王　超

出　　版　中国社会科学出版社
社　　址　北京鼓楼西大街甲 158 号
邮　　编　100720
网　　址　http://www.csspw.cn
发 行 部　010-84083685
门 市 部　010-84029450
经　　销　新华书店及其他书店

印　　刷　北京明恒达印务有限公司
装　　订　廊坊市广阳区广增装订厂
版　　次　2023 年 8 月第 1 版
印　　次　2023 年 8 月第 1 次印刷

开　　本　710×1000　1/16
印　　张　14.5
插　　页　2
字　　数　231 千字
定　　价　78.00 元

序

欣闻冉隆锋的博士论文即将出版，作为其硕士和博士阶段的指导教师，我感到非常愉悦，很高兴能为该成果的出版写几句话。

关于“学术”一直是高等教育研究者关注的话题。何谓学术，为何需要学术，需要何种学术，怎样发展学术，诸如此类问题，在历史中不乏名家名作深度论及。在学术一片繁荣景象的当下，不仅各类学术成果层出不穷，而且从事学术工作的人亦是成倍增长。此时，出现了一批关于学术发展冷思考的人。有的借用韦伯《学术与政治》中的理念，高呼学术是一种志业，反对学术的市场化和商品化；有的从传统经典学术观着眼，反对学术的功用性取向；有的从学术部落与领地的视角，要求守住学术的底线，防止学术被蚕食和异化。特别是美国卡内基教学促进基金会前主席欧内斯特·博耶谈道：“正当高等教育的社会责任不断扩展的时候，对大学教授的激励机制却更为狭窄；正当高等教育的任务多样化的时候，学术却朝着单一化的方向发展。”学术的内涵在博耶的理解中被重新书写，学术不再是指大学或者学院里发表的论文著作和参加的科研项目，人才培养和社会服务不是学术派生出来的，应该是学术的一部分。这种学术，包括发现的学术、整合的学术、应用的学术和教学的学术。博耶关于学术的内涵解读巧妙地融合了大学的人才培养、科学研究、社会服务的三大功能，升华了大学学术的本性，拓展了大学学术的边界，构建了大学学术的共生生态系统。从传统的经典学术观走向博耶的多元学术观的路上，弘扬学术、发展学术的声音始终荡漾于学术人作品的字里行间。不管是大学学术力量的生长，还是大学学术水平的提高，不管是大学学术生产力的提高，还是大学学术的发展，虽然阐释的方式莫衷一是，但其归属点无非是促进学术的繁荣和学术的不断再生产。这种再生产是一种外延式的扩大再生产与内涵式的扩大再生产相结合的不断反复进行的社会生产，若没有大学学术的扩大再生产，大学就不会有学术化的存在，学术人就没有学术化的生存，大学就不会出现学术的发展。若要实现大学学术的扩大再生产，需要学术资源的积累，需要把学术作为一种资本在学术活动中加以利用，需要学术资本的生成。“学术资本”一词来源于法国著名学者布尔迪厄的话语体系之中，是指与那些控制着各种再生产手段的权力相联系的资本。学术资本不等于学术资本主义，学术资本是从促进大学学术发展和实现大学三大功能的视角而提出的，生成学术资本是为了更好地繁荣大学学术，促进大学学术发展，充分发挥大学的三大功能。

冉隆锋的研究工作正是基于学术资本生成的视角，分析当下学术发展的境况。学术不等于科学研究，也不是发表论著，完成科研项目。当前的学术生成中，以“数量化”“期刊承认”“论文化”“科研项目化”作为了学术的终极追求。学术生成没有在资本的参与下实现再生产，更不是从资本的逻辑中，而是在学术的在场空间，通过学术身份的自我认同，学术人立足学术场域的学术惯习，以实践逻辑的生产方式完成学术资本生成的实践活动。通过冉隆锋博士的研究，力图解决当前的学术生成方式中忽略学术根植的土壤，割裂学术活动在大学三大功能中的整体性，不顾学术生成的实践逻辑，抛弃学术资本的积累，脱离以学术资本为支撑的学术扩大再生产，采用学术模仿和学术复制的方式生成了看似“学术”而非学术的生成方式的问题。通过对学术资本的话语形塑，揭示了学术资本的内涵，明确提出学术资本生成，即为学术资本的动态形成、生长的活动过程。该研究认为大学学术资本生成是理性的活动，更是实践的活动，实践有着自身的逻辑，并且这种逻辑依赖于行动者的实践逻辑。

冉隆锋的研究工作正是基于实践逻辑分析了大学学术资本的生成路径。大学学术资本生成的实践逻辑，即学术场域、学术惯习、学术制度、学术资本等因素在学术人的实践活动中相互作用而构成的实践图式。该研究认为，在学术资本生成的实践逻辑中，学术场域是从身份归属的角度确立了学术人在社会空间所占据的位置，学术惯习从精神世界的内部构建了学术人的各种性情倾向，学术制度则从共有信念建构的视界规范学术人的学术行为，三者共同构成了学术资本生成的社会实践活动，形成了学术资本生成的实践逻辑。关于本书的具体内容，我不再过多的赘述，相信读者阅读之后自有判断。

冉隆锋在后记中提到“既然学术资本作为研究主题，而且提出了实践逻辑的设想，那么自己所完成的研究成果是学术资本吗?”这种反思尤为必要，也希望他在今后的学术工作中，秉承学术理性，回归学术本真。当前国家要求坚决破除“五唯”顽瘴痼疾，全面落实立德树人的根本任务，推动高等教育高质量发展，构建新发展格局。学术发展要坚持内涵式发展导向，应更多着眼于培养出优秀的人才、产出前沿的研究成果、开展有效的知识与技术转移，并推动经济社会创新驱动发展。

本书虽然经过作者反复修改，但反映的仍是其博士阶段的研究心得。虽然他在学术工作上一直很努力，但也脱离不了他成长过程中体现出来的稚嫩和观点的不成熟及偏颇。尽管本书还存在一些不足，但是将这个不完美的成果呈现在读者面前，也是为了获得同行指教的机会，请各位同仁多批评指正，我相信他在大家共同的帮助下一定会获得更大的进步。

周鸿

2022 年 7 月 15 日于西南大学

目　　录

在任何时刻，我们所知和我们知其如何都依赖于我们的先辈们在过去决定研究什么。而我们在可预见的将来可能知道的，则依赖于我们现在正在进行的研究。……无论如何，科研问题不会在那里等待“选择”，甚至“发现”，他们必须被表述。世界不会为了研究而布置成预定的样子；自然女士（Dame Nature）不会向科学家提供一份精心雕琢过的问题清单，好像一份精心准备的考试试卷一样。①

——［英］约翰·齐曼

导 论

大学是一个复杂的组织系统，它犹如一个顽强的生命体，不仅历经千年而不遭唾弃，反而不断自我超越从社会的边缘来到中心。如果说有机体的持续进化依赖于自私基因的不断自我复制，那么大学生长的内在基因则是对高深知识的不断再生产。对高深知识的生产、解释、传播、应用和创造的活动，被称为学术活动，学术是大学的逻辑起点，学术性是大学的根本属性。大学是按照独特的学科逻辑系统组织起来的学术组织，发展学术是大学的使命与价值诉求。但学术不等于论文和科研项目，发展学术也不等于多发表科研论文和申报科研项目，学术水平高低与论文数量和科研项目数量不一定成正比。在当下的高等教育语境中，要提高学术生产力，促进学术在生产与再生产中不断发展，学术不应只是一

① ［英］约翰·齐曼：《真科学：它是什么，它指什么》，曾国屏、匡辉、张成岗译，上海科技出版社2002年版，第223—225页。

个单纯的学术存在，而是能够成为学术不断再生产的一个价值存在。因此，学术生产不是学术人随意的学术行为，也不是只关注学术产出忽视学术价值存在的行为，而是一个具有学术内在意义的实践活动。学术生产的内在意义体现在学术对于学术发展的生产与再生产价值，即学术资本的生成。

第一节 研究问题的提出

一 问题提出的背景

（一）知识社会背景下大学迫切需要学术资本的生成

虽然大学缘起于中世纪的欧洲，但现代大学已经与现代工业文明结下了不解之缘，从某种程度上可以说，现代大学是现代工业文明的产物。社会的发展与大学密不可分，若大学不能够对变化中的社会形态（比如知识社会）和知识生产模式做出敏捷的反应，那么大学的衰败必将成为事实。新的知识生产者不断涌现，在自反性、跨学科性和多样性为特征的知识生产模式状况下，知识生产的场所正从大学走向更广阔的非大学领域，社会成了一个不断生产和传播知识的“知识社会”。[①] 若果真如此，知识的提供者和资助者已不再被大学所垄断，那么“大学中心主义”在知识社会时代将逐步地衰落。但丹尼尔·贝尔却不认同以上观点，在其著作《后工业社会的来临：对社会预测的一项探索》中认为，大学在知识生产中一直占有重要的地位并且有着深厚的积淀与基础，将成为后工业社会的“轴心机构”[②]，是后工业社会的中心。知识社会时代，大学应成为来自工业界和社会其他领域的知识使用者的论坛，大学是最能把工业需求、技术和市场力量与公民需求相联系的机构，大学实际上正变得强大而不是衰败。[③] 知识社会的来临使创新、科技和知识成为主导，知识的传承与创新、科学技术的革命以及知识的应用更多取决于大学，更大

① ［英］杰勒德·德兰迪：《知识社会中的大学》，黄建如译，北京大学出版社 2010 年版，第 127 页。

② 王建华：《知识社会视野中的大学》，《教育发展研究》2012 年第 3 期。

③ ［英］杰勒德·德兰迪：《知识社会中的大学》，黄建如译，北京大学出版社 2010 年版，第 138 页。

程度上依赖于以高深知识探索为主的大学所开展的人才培养（也可以称为教学工作）、科学研究和社会服务的活动。作为知识的传播者和生产者，作为社会政治经济文化发展的“动力源”和知识社会的引领者，大学的知识生产、知识创新、知识传播以及知识的应用对社会的发展和进步至关重要，对人的发展影响深远，对产业界在行业的激烈竞争中赢得先机甚为关键，特别是产业部门对新知识和新技术的渴求程度达到了新的历史高度。同时，为了实现产业升级推动经济发展，进而提高国家的经济水平和增强国家竞争力，政府也主动出击推动大学与产业部门之间加强联系。由此，政府、大学和产业形成了“三重螺旋结构”的关系，这种关系突破了以往大学和政府、产业和大学之间的双边关系。大学若要不断的巩固和发展新型的三边关系，在新的知识生产模式中，促进知识再生产的学术活动将在“产业—政府—大学（学术知识生产的场所）”的三角组合中扮演重要角色，大学学术活动生成的学术资本能产生维持这层关系的力量。

（二）大学学术发展需要学术资本的生成

关于大学学术，一直是高等教育研究者关注的重点话题。何谓学术，为何需要学术，需要何种学术，怎么发展学术，诸如此类问题，在历史中不乏名家名作深度论及。在学术一片繁荣景象的当下，不仅各类学术成果层出不穷、堆积如山，而且从事学术工作的人亦是成倍增长。在学术如此昌盛的时代，学术正是在学者对学术内涵与学术发展的不断反思中取得突破。时至今日，关于学术本身的反思仍然没有停止，并且出现了一批“学术热”中“冷思考”的人。诸如，有的借用马克斯·韦伯《学术与政治》中的理念，高呼学术是一种志业，反对学术的市场化和商品化；有的从传统经典学术观着眼，提出应回归到“为了学术而学术”“为了科学而科学”的精神中从事学术工作，反对学术的过度功用性取向；有的从学术部落与领地的视角，要求守住学术的底线，防止学术被蚕食和异化。但是，这种回归本真学术，回归理性学术，回归纯粹学术的梦境，却被美国卡内基教学促进基金会前主席欧内斯特·博耶的一记重锤敲碎。他在《关于美国教育改革的演讲》一书中反思性地批判道：“具有讽刺意味的是，正当高等教育的社会责任不断扩展的时候，对大学教授的激励机制却更为狭窄；正当高等教育的任务多样化的时候，学术却朝着单一化的方向发展。”①

在欧内斯特·博耶的论述中，学术的内涵被重新书写，学术不再是指大学或者学院里发表的论文著作和参加的科研项目，大学的三大功能之中的人才培养和社会服务不是学术派生出来的，而应该是学术的一部分。学术意味着要参与科学研究，学者在书斋里做研究的同时还需要踏入社会之中通过调研寻求研究中的各种联系，从而能够在理论与实践之间搭建起桥梁，同时还要善于将自己的积淀和生产的知识通过恰当的方式有效地传授给学生，这种学术，包括发现的学术（Scholarship of Discovery）、整合的学术（Scholarship of Integration）、应用的学术（Scholarship of Application）和教学的学术（Scholarship of Teaching）。② 发现的学术是学术生命的心脏，要求大学应具备不懈追求真理发现和知识创新的品质；整合的学术要求大学突破学科的壁垒，搭建学科之间的联系，将发现的学术放到更大的背景中去研究；应用的学术要求跨越“为学术而学术”的高墙，不仅为学术的深入探究所用，更应为学术的社会价值所用；教学的学术倡导学术支撑教学，教学发展学术，在教与学中传承创新学术。发现的学术以避免停滞不前，教学的学术以使知识前后连贯，应用的学术以避免理论与实践脱节，整合的学术以避免迂腐。③ 欧内斯特·博耶关于学术的内涵解读巧妙地融合了大学的人才培养、科学研究、社会服务的功能，升华了大学学术的本性，拓展了大学学术的边界，构建了大学学术的共生生态系统。

（三）高等教育转型发展更加凸显了学术资本生成的价值

中国大学起步较晚，属于在落后挨打的教训中学习西方经验而被动出现的产物。它的发展经历了三次重要的转型，第一次转型是在 20 世纪 20 年代，以美国的高等教育模式为参照变革发展路向；第二次是在中华人民共和国成立之后，以全盘照搬苏联高等教育模式为特征；第三次是

---

① ［美］欧内斯特·博耶：《关于美国教育改革的演讲》，涂艳国、方彤译，教育科学出版社 2002 年版，第 72 页。

② Ernest L. Boyer, *Scholarship Reconsidered—Priorities Of The Professoriate*. New Jersey: Princeton University Press, 1990, p. 16.

③ ［美］欧内斯特·博耶：《关于美国教育改革的演讲》，涂艳国、方彤译，教育科学出版社 2002 年版，第 78 页。

在改革开放之后，以1985年颁发《中共中央关于教育体制改革的决定》为标志，主要学习欧美高等教育发展模式，探索建设中国特色社会主义的高等教育模式之路。新的时期，高等教育被赋予了新的任务，扮演了新的角色，中国在发展高等教育中也提出了更高的要求。在《中共中央关于教育体制改革的决定》中要求高等学校要充分认识中共中央关于科学技术体制改革的重大意义和要求，积极主动地发挥学科门类设置比较齐全，拥有众多教师、硕士研究生、博士研究生和高年级学生的人力资源优势，“使高等学校在发展科学技术方面做出更大贡献……重点学科比较集中的学校，将自然形成既是教育中心，又是科学研究中心”。[①] 1993年，在中共中央和国务院颁布的《中国教育改革和发展纲要》中提出，当前的高等教育肩负培养高级专门人才，大力开展科学研究发展科学技术文化和促进社会主义现代化建设的重要任务，高等教育要坚持“科学技术是第一生产力”的思想，充分发挥优势开展技术开发与创新、技术的推广应用和其他社会咨询服务活动，有条件的高校要积极兴办科技产业，加强与产业的联系，从而促进科学研究的成果尽快转化为现实生产力，特别是“要加强基础科学和应用科学的研究……要合理调整系科和专业设置，拓宽专业面，优化课程结构，改革课程内容和教学方法，加强教材建设，注重素质和能力的培养，增强学生对社会需要的适应性”。[②] 1999年，在中共中央和国务院颁布的《关于深化教育改革全面推进素质教育的决定》中提出，高等教育也要实施素质教育，同时还需要加强产学研的结合，利用高等学校教学水平和科研水平的优势积极与产业和其他科研院所合作，企业可以在高等学校设置科学研究机构，高等学校可以在企业建立教育教学的实习基地，有条件的高等学校还可以建立科技企业，通过多种形式，使高等学校、科研机构和企业能够深入融合，这样不仅能够提高高等学校科学研究成果的转化率，还能够加快实用科技成果向企业的转移，“高等学校要创建若干所具有世界先进水平的一流大学和一批一流学科，在高等学校建设一批既出人才、又出成果的基础研

---

① 《中共中央关于教育体制改革的决定》，《宁夏教育》1985年第7期。

② 《中国教育改革和发展纲要》，《人民教育》1993年第4期。

究和应用研究基地"。[①] 2010 年，在国务院印发的《国家中长期教育改革和发展规划纲要（2010—2020 年）》中提出："牢固确立人才培养在高校工作中的中心地位：……教师要把教学作为首要任务，不断提高教育教学水平……提升科学研究水平，充分发挥高校在国家创新体系中的重要作用，鼓励高校在知识创新、技术创新、国防科技创新和区域创新中做出贡献……高校要牢固树立主动为社会服务的意识，全方位开展服务。推进产学研用结合，加快科技成果转化。"[②] 2015 年，在国务院颁发的《统筹推进世界一流大学和一流学科建设总体方案》中提出："提高高等学校人才培养、科学研究、社会服务和文化传承创新水平，使之成为知识发现和科技创新的重要力量、先进思想和优秀文化的重要源泉、培养各类高素质优秀人才的重要基地，在支持国家创新驱动发展战略、服务经济社会发展、弘扬中华优秀传统文化、培育和践行社会主义核心价值观、促进高等教育内涵发展等方面发挥重大作用。……坚持有所为有所不为，……提高基础研究水平，……大力推进科研组织创新，……营造浓厚的学术氛围和宽松的创新环境，保护创新、宽容失败、大力激发创新活力。"[③]

根据以上中国高等教育发展的战略规划，高等教育日益成为社会的中心，人才培养、科学研究和社会服务不能没有高等教育的参与。在高等教育的转型发展中，全面提高高等教育质量成为高等教育发展的核心任务。"高等教育质量牵涉的内容比较庞杂，诸如人才培养质量、科学研究水平、在校学生的发展水平、教师队伍的整体实力、硬件设置、学校声誉等方面。高等教育质量反映了高等教育的内部规定性，体现了高等教育自身的规律性和内在发展逻辑。高等教育是以研习高深学问为内容的培养专门人才的活动，在专业性很强的领域通过研习高深的学问达到培养人才的目标，这一内在规定性反映了学术性、专门性和教育性，教育性是具有学术性和专门性的教育性。"[④] 高等教育不仅是在教育层次上

---

① 《中共中央国务院关于深化教育改革全面推进素质教育的决定》，《人民教育》1999 年第 7 期。

② 《国家中长期教育改革和发展规划纲要（2010—2020 年）》，《宁夏教育》2010 年第 9 期。

③ 《统筹推进世界一流大学和一流学科建设总体方案》，《中华人民共和国教育部公报》2016 年第 Z1 期。

④ 冉隆锋、周鸿：《论教育性的高等教育质量观》，《现代教育管理》2012 年第 12 期。

的高，还有学术水平的高，学术水平的高能推动教育水平的高，培养出创新型的杰出人才。

在高等教育发展转型的时期，“要按照培养科学技术发明创造人才的模式去办学，不能一个模式办学，一个模式办教育，一个模式培养人，一个模式评价，结果是学术水平没有提高，教育质量没有生长。……转型期的高等教育发展，就是特色发展，特色是个性，个性是其他学校用同样的方式走同样的道路达不到的那种境界，不是因为学校的体育搞得出色，音乐搞得出色，美术搞得出色，某一学科领域论文发表多、课题多，就是特色。特色就是独一无二的，像麻省理工那种独一无二，像哈佛大学、剑桥大学那种独一无二”。[①] 高等教育的特色发展也好，高等教育按照培养科学技术发明创造人才的模式去办学也罢，前提是高校的学术水平要强，即在人才培养、科学研究和社会服务方面表现出强大的实力。学术水平源于学术人在学术活动中取得的学术成果，高校的学术成果是否具备学术资本价值的分量，直接决定大学的发展程度。在高等教育发展的转型时期，高等教育的发展逐渐由对“数字”和“量化”指标的关注转向对教育发展“内涵”的关注，高等教育发展的内涵就是学术，学术成果是否具有学术资本的价值决定着大学是否按照培养科学技术发明创造人才的模式去办学。生成学术资本对转型发展中的高等教育提高质量，促进内涵发展有着重要的价值。

《国家中长期教育改革和发展规划纲要（2010—2020 年）》对中国的高等教育的转型发展提出了高要求和高标准，“到 2020 年，高等教育结构更加合理，特色更加鲜明，人才培养、科学研究和社会服务整体水平全面提升，建成一批国际知名、有特色、高水平的高等学校，若干所大学达到或接近世界一流大学水平，高等教育国际竞争力显著增强”。[②] 大学在竞争中如何取胜，如何实现可持续发展，关键在于大学的核心竞争力。从大学功能的角度来讲，大学的核心竞争力表现在人才培养、科学

---

① 冉隆锋：《钱学森之问：对高等教育现实状态的拷问》，《黑龙江高教研究》2012 年第 8 期。

② 《国家中长期教育改革和发展规划纲要（2010—2020 年）》，《宁夏教育》2010 年第 9 期。

研究和社会服务的学术实践活动中，是在课程设置与教学、科学研究及其成果转化以及人力资源开发等方面学校获得可持续的竞争优势的能力，即学术竞争力。大学的核心竞争力是学术竞争力，学术竞争力高低的关键在于学术资本积累与生成的程度。大学要提高核心竞争力，不能脱离大学赖以存在的灵魂——学术，只有在学术活动中不断积累和生成学术资本，建成一批国际知名、有特色、高水平的高等学校才成为可能。人才培养、科学研究、社会服务等学术活动既是学术资本生成的起点，也是大学学术竞争力展示的窗口，若继续忽略大学学术的身份和学术资本存在的价值，那么大学依然只有外延的扩展和壮大，而缺少内涵的提升，学术资本生成是大学内涵提升的关键，更是提高大学核心竞争力的皈依。

（四）学术资本生成是大学功能得到充分发挥的助推器

“自中世纪大学产生以来，高等教育在发展的历程中积淀出了三大功能。一为人才培养，即教育教学功能；二为科学研究；三为社会服务。……人才培养是高等学校的第一要务，高等教育本身的主体性意义和价值在于张扬人性的光辉，实现人的发展。”① 当然，科学研究也是大学的一项重要功能，探索未知领域并开展科学研究不仅是大学学术人的个人行为，而且更是大学的职责所在，大学有责任与义务结合自身办学定位和学科专业发展的特色开展科学研究。“科学代表着一所大学的尊严和地位，尽管失去尊严的生活也是可能的。尊严是一个机构的灵魂，它增加了机构的生活宽度，并使之免于成为一个机械的机构，这就是为什么说大学还具有科学研究的附加功能的重要所在。”② 可以说，科学研究是大学提高人才培养质量、提升学校的核心竞争力、强化服务社会能力的重要途径，更是一所大学可持续性发展并不断完善自我的根本所在。社会服务功能是大学人才培养功能和科学研究功能得以实现的重要介质，在与社会经济文化的互动中既利于大学实现人才培养的目标，又推动了人才培养与社会发展的对接，有利于大学发挥社会服务的功能。在解决社会经济发展的问题中，找到科学研究的切入点，既提升了大学的

---

① 冉隆锋、周鸿：《论教育性的高等教育质量观》，《现代教育管理》2012 年第 12 期。

② ［西班牙］奥尔特加·加塞特：《大学的使命》，徐小洲、陈军译，浙江教育出版社 2001 年版，第 98 页。

科学研究水平，又解决了社会经济发展中的问题。人才培养、科学研究、社会服务“三位一体”的大学功能在大学学术的映照中才能得以实现。

不管是科学研究，还是社会服务，首先得为人才培养服务。“没有学生的高等教育学校只能够成为一个研究机构，没有人才培养的高等学校不能称其为学校。发展高等教育、提高高等教育水平，建设世界一流大学，其实并不艰难。认认真真培养人才，踏踏实实培养人才，做好高等教育的本真工作，一旦创造性人才出来了，科学技术便会随之发展，科学研究水平和社会服务能力也会随之提高。”① 人才培养是核心功能，是高等教育的宗旨，“高等教育不要忘记自己的宗旨，高等教育不需要失去高等教育灵魂的卓越”。② 既然人才培养处于高校工作的中心地位，那么高等教育质量的核心就是人才培养的质量，是学生成长的质量，是关于人的质量。影响人才培养质量的因素很多，但关键在于大学教师的学术水平。大学教师在人才培养过程中“教什么”“为什么教”“怎么教”与其多年的学术积淀紧密相关，与其研究水平及程度相关。大学的教学属于学术活动，它不同于中学与小学的教学，承担大学教学活动的人需要经过一定的学术训练，掌握所属学科专业的知识，并形成属于个体的一套学科专业知识的认知图式。简而言之，大学教师的学术功底事关大学的教学水平，直接影响着大学的人才培养质量。支撑大学承担人才培养的任务，支撑大学教师教学水平的核心在于学术资本，有了学术资本，大学的教学活动就有了能量，有了学术资本，大学的人才培养就有了魂。学术资本缺失，或者没有学术资本的生成，大学的人才培养质量会出现一种内在的虚空。

大学之所以为大学，大学不同于其他学校类型的根本在于高等教育的学术性特征，学术特性是大学之所以为大学的根本所在。抛弃学术特性，就等于抛弃了大学之根本，不开展学术活动，就等于人才培养缺乏

---

① 冉隆锋：《钱学森之问：对高等教育现实状态的拷问》，《黑龙江高教研究》2012 年第 8 期。

② ［美］哈瑞·刘易斯：《失去灵魂的卓越》，侯定凯译，华东师范大学出版社 2007 年版，第 8 页，第 220 页。

大学性，不重视学术活动，就等于失去了服务社会的本领。“大学是研究和传播科学的殿堂，是教育新人成长的世界，是个体之间富有生命的交往，是学术勃发的世界，”① 学术活动成了贯穿大学三大功能的红线，大学的学术活动从基本内容上看，包括人才培养、科学研究和社会服务。然而人才培养、科学研究与社会服务在当今大学的建设与发展中，虽名曰相辅相成，融为一体，实则各自为政、泾渭分明，也许此语言之过激，但至少可以说明三者缺乏严密的整体性和整合性，具备相当的分裂性，呈现出一种割裂状态。目前，人才培养、科学研究、社会服务犹如三驾马车疾驰于不同的旷野，相互割裂，细细掂量，其缘于内核的缺失，若企图依赖于科学研究这条红线驾驭另外两个同样具有不可或缺性的功能，而不挖掘助推三大功能的内在能量，那么大学功能的整体性将依然缺位。三大功能中的任何一个也不具有统领其他两个的天赋和资质，他们需要一种生长于大学内部的核心能量，这种能量，是一种资本，即学术资本。

在新的知识生产模式和知识社会中的大学，人才培养、科学研究和社会服务不属于孤立存在的学术活动，发现的学术、应用的学术、整合的学术和教学的学术之间也不应处于相互分割的状态。1810 年，德国柏林洪堡大学开启了教学和科学研究融合的新式大学建设，教学和科学研究是现代大学承担的互动而不相悖的双重任务，但在中国高等教育的发展中，教学与科学研究脱节现象仍然比较严重，科学研究遮蔽教学，科学研究抢占教学存在的空间，似乎科学研究与教学分别在大学发展的不同轨道上前行。究其原因，乃是学术的内涵被窄化，学术成果的表现方式片面化，加深了教学与科学研究之间的隔阂。教学与科学研究都具有学术性，教学可以促进科学研究，科学研究可以反哺教学，学术就成了架起科学研究与教学的桥梁。教学活动产生的学术成果要推动科学研究的发展，科学研究的学术成果要推动教学水平的提高，学术在其中扮演着重要的角色。因此，在教学与科学研究的学术活动中，通过生成有价值的学术成果，即生成学术资本，这种具备促进学术再生产价值的学术

① ［德］卡尔·雅斯贝尔斯：《什么是教育》，邹进译，生活·读书·新知三联书店 1991 年版，第 149—150 页。

资本，才能真正架起科学研究与教学的桥梁，促进科学研究与教学的互动。生成学术资本，教学与科学研究能通过资本不断实现再生产，更好的演绎教学与科学研究的互动。同理，在高校、科研院所、企业科技教育资源共享与互动中，同样需要学术资本的生成，以学术资本为纽带来牵动大学与社会的互动交流，更好的发挥大学社会服务的功能。

人才培养是一个知识的传承、发现、构建和创造的过程，属于典型的学术性活动，需要一定的学术资本为依托。科学研究是根据已知世界去探求未知领域，从而获取新认识和新发现的科学认知创新活动，同样具有学术性特征，需要丰厚的学术资本积淀。社会服务是大学凭借其独特的学术生产能力，通过知识活动的形式，向政治、经济、社会各领域提供智力服务，① 从而走出“象牙塔”成为社会的中心，担当社会发展的“服务器”和“动力站”的角色。由此可知，社会服务也具有学术性，更需要生成学术资本，没有它大学还能拿什么给予社会呢？因此，学术资本的生成能盘活大学的功能，凝聚大学功能的力量，促进大学功能效力的整体性发挥。

二　研究问题的表征与求解

在学术资本的生成上，人们对“学术资本”产生了误读，将“学术资本主义”“学术资本化”与“学术资本”相混淆。大多数人认为资本属于经济学概念，与各种市场化和商业化的利益相挂钩，而学术是为了理想追求和精神向往，与经济利益无关，若将学术与资本联姻，那么学术生成将变得更加的急功近利，学术直接演化成了市场化和商业化的盈利性活动。因此，在“学术资本”话语出现之后，有学者从“作为学术资本家的大学教师”“学术资本性与知识公共性的冲突”“学术——产业链滋生的学术资本主义”“学术边界的恪守”“学术资本大学”等视角对“学术资本”进行了批判，并对坚守学术的精神阵地，抵制资本对学术的诱惑，提出了应对之策。似乎“学术资本”话语的出现，令学术界惶恐不安，一旦学术变成了资本，那么学术的纯洁性、精神性和神圣性将荡然无存。其实，学者们对“学术资本”话语具有诚惶诚恐的心态也不无

---

① 张继明：《学术功能与大学的价值基础》，《现代教育管理》2013 年第 8 期。

道理，学术不能够商品化、市场化、经济化和金钱化，学术不应该同经济学概念中的资本联姻。

但是在大学学术场域的学术实践活动中，学术又不能脱离利益和“致用”的世俗存在。只是学术的利用不属于以经济为目的的利用，不是为经济利益而形成的学术商品化和市场化的利用，而是为学术的发展所用，为不断提高人才培养质量、提升科学研究水平和强化社会服务能力所利用。以经济为目的的利用，学术存在的资本方式被称为学术资本主义，以为学术自身发展的利用，学术是一种不断促进学术自我再生产的资本存在。本书所提出的“学术资本”话语，不属于经济学视阈中的资本概念，而是文化学、社会学中的资本概念，正如在法国著名学者皮埃尔·布尔迪厄的话语体系之中，学术资本被定义为：“指与那些控制着各种再生产手段的权力相联系的资本。”① 学术资本不等于学术资本主义话语中的资本，学术资本也不等于学术资本主义，学术资本是从促进大学学术发展和实现大学三大功能的视角而提出，生成学术资本的目的是为了更好地繁荣大学学术，促进大学学术发展，充分发挥大学的三大功能。因此，本书首先要解决关于学术资本内涵的解读问题，从社会学的视角提出学术资本的概念，为学术实践活动提供一个更好的切入点和归属。

随着经典学术观逐渐向多元学术观发展，大学的学术内涵不断得到拓展和丰富，大学学术不等于科学研究，大学学术也不是只为科学研究而存在，而应成为联结大学三大功能的“红线”。大学学术场域中学术人探究和发现知识、传播和延续知识、保存和应用知识的活动都属于学术活动，人才培养是学术的传播，科学研究是学术的创新，社会服务是学术的应用。多元学术观下学术资本的内涵再一次被拓展，然而在当前大学学术生产的实践活动中，学术生产却遭遇了意义危机。不仅在学术生产的实践活动中窄化了学术的内涵，而且以“数量化”“期刊承认”“论文化”“科研项目化”作为学术的终极追求，学术的价值理性被学术的工具理性遮蔽，使得学术理性与学术实践出现割裂，大学学术外部繁荣的

---

① ［法］皮埃尔·布迪厄、［美］华康德：《实践与反思——反思社会学导引》，李猛、李康译，中央编译出版社 1998 年版，第 111 页。

“光环”映射出了内在价值的缺失，即学术资本生成在学术活动中被忽略，究其根源乃是大学学术的生产逻辑出现了比较严重的问题。当前的学术生产方式中，忽略了学术根植的土壤和环境，割裂了学术活动在大学三大功能中的整体性，因此，本书以期从生成逻辑的视角来解决大学学术生产中学术资本缺席的问题。作为实践活动的学术生产，需要突出学术生产的实践性特征，存在于学术人理性世界中的理性逻辑也需要在学术生产的实践活动中，在特定的学术场域空间内，通过学术身份的自我认同和学术惯习的不断塑造，以实践逻辑的生产方式完成学术资本生成的实践活动，从而提高大学学术生产力和核心竞争力，促进大学学术的发展。

三　核心概念界定

（一）大学学术

“学术”是一个历史悠久、内涵丰富的词语，古今中外都给出了不同的解释。中国的《辞海》（1999 年版）把学术表述为比较专门、有系统的学问。在《现代汉语词典》中，学术“是指有系统的、较专门的学问，一般认为，‘学术’与‘知识’‘学问’‘学识’同义。而知识是指人们在实践中获得的认识和经验，学问则是指正确反映客观事物的系统知识，学识是指学问知识”。[①] 梁启超在 1911 年写了一篇文章《学与术》，其中说道：“学也者，观察事物而发明其真理者也；术也者，取所发明之真理而致诸用者也。……学者术之体，术者学之用”。[②] 梁漱溟[③]和张俊宗[④]分别从问题与知识的角度对学术进行了分析。《韦伯词典》[⑤] 和《朗文当代英语词典》[⑥] 在对学术的解释中，从学院相关和大学教育相关的视角认为学术既包括理论的探索，还包括系统的教育教学研究和科学研究

① 《现代汉语词典》（2002 年增补本），商务印书馆 2002 年版，第 1429—1430 页。

② 梁启超：《梁启超全集（第八卷）》，北京出版社 1999 年版，第 2351 页。

③ 梁漱溟：《东方学术观》，巴蜀书社 1986 年版，第 173—187 页。

④ 张俊宗：《学术与大学的逻辑构成》，《高等教育研究》2004 年第 1 期。

⑤ 参见邬伟娥《知识转移视角的大学学术生产力研究》，博士学位论文，浙江大学，2006 年，第 32 页。

⑥ 《朗文当代英语辞典（英语版）》，外语教学与研究出版社 1997 年版，第 6 页。

成果的运用。欧内斯特·博耶在《关于美国教育改革的演讲》中写道："我们应该意识到，学术意味着通过研究来发现新的知识。但是，我们也应该意识到，学术还意味着通过课程的发展来综合知识。我们还应该意识到，有一种应用知识的学术，即发现一定的方法去把知识和当代的问题联系起来。除此之外，还有一种通过咨询或教学来传授知识的学术。"①

通过以上对学术的简要分析，至少可以明确几点：（1）学术与知识相关；（2）学术是人类为解决关于自然、社会、人等领域的困惑与问题而存在；（3）学术是一项专门性强的以知识为主要操作材料的工作；（4）学术是一个探究、发现、传播和应用知识的过程。大学的学术不同于一般意义上的学术，大学学术不仅要发现知识、增扩知识、探寻规律，同时还要创造性地传授知识，且负有把自己的研究成果传授给学生的责任。② 在大学的学术生态中，发现的学术（也可称为探究的学术）、整合的学术、应用的学术和教学的学术，形成了一个共生共荣的整体，彼此相连，相互交融。由此，大学学术是大学学术人在学术场域开展的探究和发现知识、传播和延续知识、保存和应用知识的学术实践活动，是学术人探究、发现、传播、延续、保存和应用知识的全部活动过程及活动结果的总和，是通过人才培养的知识传播与延续，科学研究的知识探究与发现，社会服务的知识应用与保存的活动的过程与结果的总和。

（二）学术资本

学术与资本的联姻最早应该是马克斯·韦伯把医学和自然科学描述为国家资本主义企业，将学术作为一种资本存在，这种资本能够推动经济社会发展。学术资本的概念最早由法国著名社会学家皮埃尔·布尔迪厄在其著作《区隔：一种趣味判断的社会学批判》中提出，他从社会学的视角解读资本，认为资本具有社会再生产的意义，他将学术资本定义

① ［美］欧内斯特·博耶：《关于美国教育改革的演讲》，教育科学出版社 2002 年版，第 65 页。

② 王恩华：《学术越轨与大学学术管理》，博士学位论文，华中科技大学，2004 年，第 18 页。

为影响着家庭和学校文化传承的综合效应的保障性产品，其效率依赖于直接由家庭所传承的文化资本量①。关于学术资本，皮埃尔·布尔迪厄在《实践与反思——反思社会学导引》一书中再次进行了定义，认为学术资本，就是指与“那些控制着各种再生产手段的权力相联系的资本”。② 由此，本书所提出的学术资本的概念是一个社会学概念，而非经济学概念。

刘春花认为，学术资本是一种隐性资源，包括学术素养和基本研究能力。她着重从个人的角度分析了学术资本的概念，对于个人来讲，学术资本包括个人通过学习所获取的学识、才干、技能和资历，这些需要通过学校教育、个人的努力学习和个人的实践活动不断地积累。“学术资本是以学术性知识为基底，以学术能力为表征，以综合的学术素养为依托的一种文化资本。”③ 她从学术资本构成的具体内容上来讲，“知识”是属于高深的知识，也可以说是学术性的知识；“能力”则是指从事人才培养、科学研究和社会服务等学术实践的能力。张丽英认为，学术资本包括教育、研究、咨询技能以及其他一些学术成果的运用。④ 李侠认为，学术资本的要素有四类：人才自身的学术资质、地域文化梯度资本、机构的声誉资本、学术成果资本。⑤

通过上述分析可知，学术资本的形成与原始资源、生产、人、积累和增值有关，大学学术资本的原始资源包括学术人的资源、大学的硬件资源、课程资源、教学资源、图书文献资源等，学术资本的生产过程就是大学中的人才培养、科学研究和社会服务的学术实践过程。学术资本中的人是教师，是学术生产的行动者和实践者，学术资本的积累和增值，就是利用现有原始资源在学术最初存量的基础上，不断增加学术存量，

---

① Bourdieu P., *Distinction: A Social Critique of the Judgement of Taste*, Cambridge, Mass: Harvard University Press, 1984, p. 23.

② ［法］皮埃尔·布迪厄、［美］华康德：《实践与反思——反思社会学导引》，李猛、李康译，中央编译出版社 1998 年版，第 111 页。

③ 刘春花：《学术资本：促进大学生创业能力提升的要素》，《教育发展研究》2010 年第 21 期。

④ 张丽英：《“全球化”所引发的“新管理主义”“学术资本化”和“大学企业化”思潮》，《高等师范教育研究》2003 年第 2 期。

⑤ 李侠：《人才的学术资本增量测评与边际产出率的分析——警惕中国人才市场沦落为“柠檬市场”》，《社会科学论坛》2011 年第 1 期。

实现学术量与质的增值。由此，大学学术资本是学术人在大学场域中与课程资源、教学资源、文献资源、科研设备等学术资源相结合，通过知识传授、科学研究与创造、应用与社会服务而形成的能够促进学术自我扩大再生产的学术积累和学术能量。

（三）实践逻辑

“实践逻辑”，单从字面意义上来看，意味着任何实践活动应该有逻辑，即实践应有它自身的运转规律。到底何为实践逻辑呢？皮埃尔·布尔迪厄认为实践活动虽然要遵循一定的原则，但并不是人类能意识到的原则，而是一定的实践图式，这种图式就是皮埃尔·布尔迪厄所提出的实践逻辑。实践逻辑是不能用理论的话语来阐释，它是用来描绘人类行为的无意识状态。皮埃尔·布尔迪厄在《实践感》中把“实践逻辑”解释得比较玄虚，把它称之为“自在逻辑”，是“无视逻辑的逻辑”。有人总结了皮埃尔·布尔迪厄关于实践逻辑的成果，认为“社会规则在身体内内化成信念，也就是在实践中的惯习；然后在实践的场域中，这种惯习会与场域的规则进行互动；形成一种即时性的实践感来支配实践者的行为选择；实践者就是根据实践感产生的策略来重新组合自己的行为，来实现最终的目的；这个过程展现出来的实践面貌就是所谓的实践逻辑”。①

尽管皮埃尔·布尔迪厄的实践逻辑看起来很玄乎，有时候甚至还自相矛盾，但他认为“这个实践逻辑——从该词语的双重意义上来看——能借助一些彼此密切相关且在实践中形成一个整体的生成原则，组织起各种思想、感知和行为。”② 根据皮埃尔·布尔迪厄的观点，意味着在教育领域也存在“实践逻辑”，中国学者也对“教育实践的逻辑”进行了考察。郭元祥认为“如果把教育理论的逻辑看作是推理的逻辑，那么教育实践的逻辑则是事实的逻辑，是教育活动自身固有的逻辑……教育实践的逻辑的核心，是教育活动的要素之间以及各内部因素之间的辩证逻辑关系……从实践本质上看，教育实践也蕴涵着教育认识

① 姜艳：《实践逻辑下的社会资本生产——浅读布迪厄〈实践感〉》，《世纪桥》2007 年第 5 期。

② ［法］皮埃尔·布迪厄：《实践感》，蒋梓骅译，译林出版社 2012 年版，第 122—123 页。

和思维的逻辑。”[①] 陈桂生指出：“在一定社会—文化体系中，依据主流或非主流的一般价值观念，形成一般的教育价值观念，并把一般的教育价值观念转化为教育价值原则与指令性或指导性的教育规范，用以规范人们的教育行为。这便是教育实践逻辑的大致情况。”[②] 石中英是中国较早引用皮埃尔·布尔迪厄的实践逻辑来阐释“教育实践的逻辑”的学者，他以布尔迪厄所使用的实践逻辑概念为基础，提出了教育活动的实践特性，通过对教育教学工作中实践者的特性分析，使用教育场域和教育惯习等概念，并从教育场域与教育惯习在教育实践中的特定时间与空间里发生的交互作用，阐释了“教育实践的逻辑”的概念和内涵。[③]

郭元祥将“教育实践的逻辑”理解为“事实的逻辑”，而陈桂生提出“教育实践的逻辑”应属于“规范的逻辑”或者称为“价值的逻辑”，石中英和冯向东则依据皮埃尔·布尔迪厄的实践理论，从场域与惯习互动的历史活动中解释“实践逻辑”。在皮埃尔·布尔迪厄的话语中，实践 = {场域 + (惯习) * (资本)}。大学学术作为实践活动，学术资本生成需要在特定的时间和空间中展开，学术场域是学术人学术实践的空间，学术场域不断地塑造着学术人的学术惯习，学术制度为学术场域的建设、学术惯习的形成以及学术人的学术行为提供信念保障，学术实践中生成的学术资本为学术实践和学术再生产提供实践工具。因此，本书认为，大学学术资本生成的实践逻辑，即是由学术场域、学术惯习、学术制度、学术资本等因素在学术人的实践活动中相互作用而构成的实践图式。学术资本生成于学术场域、学术惯习、学术制度互动的学术实践活动中。

四　研究的假设

（1）当前中国大学的学术生产脱离了大学的学术场域，学术在生产与再生产中形成的学术成果不能为人才培养、科学研究、社会服务提供强有力的支撑。

---

① 郭元祥：《教育理论与教育实践关系的逻辑考察》，《华中师范大学学报（人文社会科学版）》1999 年第 1 期。

② 陈桂生：《“教育理论与实践关系问题”的再认识》，《湖南师范大学教育科学学报》2005 年第 1 期。

③ 石中英：《论教育实践的逻辑》，《教育研究》2006 年第 1 期。

（2）学术资本是生成和积累的劳动。学术人在大学学术场域，通过在场地建构与共谋，依托学术资源和学术惯习，遵循学术制度，在场域、惯习和资本的互构中，按照实践逻辑生成学术资本。

（3）学术资本的生成是学术自我再生产与学术社会再生产的实践过程，学术资本服务于大学的三大功能。

五 研究的价值

（一）理论价值

本书是建立在已有的关于大学学术发展研究的基础之上，希冀能够通过以皮埃尔·布尔迪厄资本理论和实践逻辑理论为基础研究大学的学术资本生成，一方面丰富和完善大学学术的内涵和特征，使学术的价值得到充分的发挥；另一方面深刻分析学术资本的内涵及特性，形成学术资本理论的雏形，具体来讲具有以下的理论价值。

1. 进一步丰富学术的内涵，凸显学术的意义和价值

大学学术资本生成的实践逻辑研究，首先明晰了学术的内涵与意义。学术不等于科学研究，更不是发表论著，完成科研项目。学术作为大学的根本所在，凡发生于大学学术场域的活动都具有学术性。学术在大学学术场域中的意义，首要表现为教学的学术，教学是大学核心的首要的学术活动，科学研究是探索发现真理的学术活动，社会服务是应用的学术活动。本书通过对大学学术的分析，明确提出了大学的学术包括人才培养、科学研究和社会服务，拓展了学术内涵，为学术回归本真提供了一条理性思路。学术的存在也并非只为学术而存在，本书提出学术是具有意义的存在和价值的存在，学术的意义在于更好的实现大学的三大功能，发挥学术在大学学术发展、大学学术再生产中的资本功能。

2. 揭示大学学术发展的本真，突出学术资本对于大学的意义

促进大学学术发展，提高大学学术生产力，维系大学良好的学术生态，培育大学的核心竞争力是当下关于“大学学术”研究的重要主题。其实真正能够促进大学学术发展的内核仍然是学术资本。本书通过分析目前大学学术生产的意义危机，提出了在意义危机中学术成为资本的必要性和学术资本对大学学术发展的价值，通过对学术资本的话语形塑，揭示了学术资本的内涵。本书提出大学学术发展的本真是学术资本的生

成与积累，通过学术资本的生成与积累，有助于大学三大功能的充分实现。

3. 从实践逻辑的视角拓展了学术实践的内涵

大学学术是属于实践的活动，大学学术资本生成更离不开学术人的学术行为。本书借用皮埃尔·布尔迪厄的实践逻辑，系统分析了大学学术实践中学术场域、学术惯习、学术制度以及学术资本之间的互动关系，形成了学术资本生成的实践逻辑图式，不仅凸显了学术活动的实践性，更从实践逻辑的视角深化了学术实践的内涵，提出了作为实践活动存在的学术行为，在遵循实践逻辑的学术行为中，生成学术资本。

（二）实践价值

将皮埃尔·布尔迪厄的社会实践理论运用于大学学术资本生成的研究，以期能够解决当下大学、政府、企业三重螺旋结构中大学学术发展缺乏视野和实践逻辑思路的状况，特别是通过对大学学术资本生成的场域、惯习等分析，一能为大学的学术发展提供一个新的思路，即应在自身的场域、惯习和资本中寻找发展的路径；二能为大学学术资本的生成提供实践逻辑，具体来讲具有以下的实践价值。

1. 为大学的学术发展提供了新的思路和实践路线

本书以皮埃尔·布尔迪厄的实践逻辑分析工具，即场域、惯习、资本等话语工具来分析大学学术资本生成的实践逻辑图式。通过对学术场域的剖析，提出了在学术场域与大学学术身份的自我认同中，为大学找准定位，明确学术发展方向的策略选择。通过对学术惯习的分析，特别是学术人学术惯习的沉积之路，有助于大学通过学术制度引导学术人通过与所在学术场域的互动中构建学术惯习，学术惯习又为大学发展策略的制定提供了一个分析方法。学术资本生成是大学学术活动的重要旨归，一所大学的学术发展，只有立足于自身的大学学术场域，“在场”的开展学术活动，才能生成不断促进大学学术发展的学术资本。通过本书的分析，为大学的学术发展提供了一个新的发展思路和实践逻辑的路线，有利于大学更好的开展学术活动。

2. 有利于大学提升办学水平，提高人才培养质量

本书通过对学术资本内涵的分析和学术资本生成的实践逻辑路线

的探索，为大学勾画出提升办学水平和提高人才培养质量的方法和技术路线。学术活动作为大学核心的实践活动，不管是人才培养、科学研究，还是社会服务，学术性是其本然属性，按照学术资本生成的逻辑开展大学学术活动，能够提高大学的办学水平。大学办学水平的高低体现在人才培养、科学研究和社会服务水平上。本书提出了学术资本生成的实践逻辑，有助于大学更好的从事人才培养、科学研究和社会服务的工作。按照学术资本生成的实践逻辑，大学在从事学术活动中，学校的办学水平能够提高，学校的人才培养质量更能上新的台阶。

3. 以学术资本生成的心态能够规范学术人的学术行为

大学中的学术行为和学术实践的真正执行者是学术人，通过本书对学术资本内涵的分析、学术场域的解读、学术惯习的陈述以及学术制度的剖析，能够从根本上改变学术人的学术行为，引导学术人的学术行为回归学术本真，在实践中展现出“为学术而学术”的学术行为，有助于进一步规范学术人的学术行为。学术资本生成的心态在学术人的学术之路中逐渐植入其学术惯习之中，学术惯习在与学术制度、学术场域的互动中不断被塑造和重构，形成了一种良性的有利于学术资本生成的学术惯习，这种惯习必然会影响学术人的学术行为。希冀通过本书，能够唤醒学术人的良知，使学术人在遵循学术资本生成的实践逻辑中形成一种良好的学术行为。

第二节　文献综述

根据研究的需要，通过 CNKI、超星电子图书馆、ProQuest Education Journals 数据库、EBSCO 数据库、美国密西根州立大学图书馆、西南大学图书馆、国家图书馆等文献资料库以及百度、谷歌等搜索引擎，以“学术资本”“学术资本主义”“大学学术与大学学术发展”“大学学术力量”“大学学术生产力”“大学学术水平”“大学学术生态”“学术场域”“学术惯习”“学术人”“实践逻辑”“资本生成”“academic and academic capital”“academic capitalism”“practical logic”“academic habitus”“academic field”等为关键词检索文献资料。经过多次相关性的筛选，一共获取了与“大学学术资本生成的实践逻辑”相关文献644篇，其中专著17部，论文627篇。总体来讲，研究大学学术及其发展的文献较多，研究实践逻辑的文献也较多，但是对学术资本的研究文献显得较少，关于“大学学术资本生成逻辑”的研究就更少。在对文献进行分类、粗读、精读和系统整理之后，在已有的相关研究中主要研究了以下内容。

一　大学学术观与大学学术发展

对学术的看法和观点称之为学术观，在大学发展的历程中，形成了两大学术观，一为经典学术观，二为多元学术观。学术作为一种志业[①]，探索高深学问，是一种在“象牙塔”内部开展的知识和认知能力的探索活动，依靠丰富的想象力，从过去的知识转到未来的知识[②]结出智力劳动成果，实现为了知识而探索知识的学术研究的最高目标[③]。经典学术观主要认同“为了学术而学术”“为了科学而科学”的观点，认为学术之外没有别的目的，“学问之为物，实应离‘致用’之意味而立”[④] 就属于经典的学术观。这种学术观念，影响了大学学术的发展，使学术人更加忠诚于自己的学科和专业，学术等同于科学研究，甚至等同于发表论著，获得科研项目[⑤]。如此一来，以发表成果为主导的学术发展，弱化了人才培养和社会服务等其他学术活动。美国卡内基教学促进基金委员会的欧内斯特·博耶打破了这种学术等同于科学研究的狭隘学术观，提出了发现的学术、整合的学术、应用的学术和教学的学术[⑥]四种学术类型，简称为多元学术观。该观点丰富和拓展了学术的内涵，激发了学术的潜力，有

---

① ［德］马克斯·韦伯：《学术与政治》，冯克利译，生活·读书·新知三联书店1998年版，第28页。

② ［美］伯顿·克拉克：《高等教育系统——学术组织的跨国研究》，王承绪译，浙江大学出版社1994年版。

③ ［美］德里克·博克：《走出象牙塔——现代大学的社会责任》，徐小洲、陈军译，浙江教育出版社2002年版。

④ 梁启超：《清代学术概论》，中国书籍出版社2006年版。

⑤ 涂艳国：《多元学术观与大学学术发展》，《高等教育研究》2011年第11期。

⑥ Ernest L. Boyer, *Scholarship Reconsidered—Priorities of The Professoriate*, New Jersey: Princeton University Press, 1990.

助于学术的多样化发展。从某种程度讲，多元学术观改变了大学学术发展的生态结构，提供了学术发展的新生态[①]，有利于学术生长的多元化和个性化[②]。

现代大学的发展历史可以说是一部学术发展史，大学的学术发展极大地丰富了大学的人才培养、科学研究和社会服务三大功能的学术内涵[③]。在学术的发展道路上，注重学术发展素质，协调好“学”与“术”、学术创新与学者为本、学术梯队与学术环境、学术发展与学术约束、学术歧见与学术共识[④]、学术信任与学术规范[⑤]、学术自由与学术责任[⑥]之间的关系，以科学发展观为统领[⑦]，在富含社会资本的学术关系网络结构中促进学术的发展[⑧]。研究型大学可以实施“学科—平台—项目—团队—人才”一体化建设模式，实现学术系统整体效能的最大化[⑨]。

二　大学学术的生产性与大学学术生产力

大学一直被视为“知识的生产者、批发商和零售商”[⑩]，从事以加工知识为内容的“学术生产”[⑪]。高等教育到处都由生产知识的群体组成，其“生产”过程就是知识操作，只是发现、保存、提炼、传授和应用知识的工作组合形式有所不同罢了[⑫]，整个知识的操作过程具有生产技术内

① 刘贵华：《大学学术生态研究》，博士学位论文，华东师范大学，2002 年。

② 潘金林、龚放：《博耶的学术生态观与高等学校的学术定位》，《中国大学教学》2009 年第 4 期。

③ 李元元：《学术发展是推进研究型大学建设的主线》，《中国教育报》2008 年 10 月 23 日。

④ 龙宝新、檀传宝：《论大学学术发展素质》，《现代教育管理》2012 年第 7 期。

⑤ 侯志军：《论大学学术发展的结构基础》，《江苏高教》2010 年第 5 期。

⑥ 饶爱京：《学术自由与学术责任——大学学术发展的价值协调》，《江西教育科研》2006 年第 2 期。

⑦ 刘国瑜：《大学学术发展的科学思考》，《中国高教研究》2009 年第 3 期。

⑧ 侯志军：《论大学学术发展的结构基础》，《江苏高教》2010 年第 5 期。

⑨ 赵继、郑东、金祥雷：《研究型大学学术发展的逻辑主线》，《中国高校科技与产业化》2011 年第 6 期。

⑩ ［美］约翰·S. 布鲁贝克：《高等教育哲学》，王承绪、郑继伟译，浙江教育出版社 2001 年版。

⑪ 陈何芳：《论大学学术活动的特性与学术生产力》，《江苏高教》2006 年第 6 期。

⑫ 陈何芳：《论大学学术活动的特性与学术生产力》，《江苏高教》2006 年第 6 期。

蕴性、多元性、更新性和复杂性等特征。大学学术生产力是大学学术人的学术生产实践能力，集中体现在“大学学者与学术资源相结合，通过知识的授受、创造与应用而形成的培养专业人才、发展知识和社会服务的能力”①，它包括三部分：“人才的生产能力、学问的生产能力和学问的转化能力”②，制约大学学术生产力发展的主要因素包括：学术生产产权制度、学术资源配置方式、学术评价制度、学术管理制度、学术竞争和激励机制等③。

大学学术生产力是大学作为一种社会组织得以存在的能量基础，是大学整体学术实力和学术资本的象征，是大学办学实力和办学水平的代名词④。当前，大学在学术生产中急于求成、心态浮躁、目标过于功利，片面追求科研论文数量，导致了学术生产力低下和学术生产的严重失范。提高大学的学术生产力不仅要在知识内在发展的动力、大学组织发展的驱动力以及社会发展的推动力上形成合力⑤，还得立足于生产力场，依靠学术共同体的学术劳动、大学的管理制度、组织文化以及纵向和横向两方面的大学学术组织结构再造，从“要素”和“产品”入手改进其学术活动，提高大学的学术生产力⑥。

有学者从社会学的视角分析，提出了大力发展大学学术生产力。大学学术生产力的提升需要学术资本的原始积累，需要大量的学术资源作为基础，还需要依靠学术资本实现扩大再生产，故提高大学的学术生产力，要以学术资本为起点和支点。

三　学术资本概念的提出及内涵

为表述学术活动发展的状态，学者们常用“学术水平”和“学术力量”等术语说明。从“学术水平”来讲，逐步实现了由重视学术活动中

---

① 陈何芳：《论大学学术活动的特性与学术生产力》，《江苏高教》2006 年第 6 期。

② 郭丽君：《一流大学的学术生产力》，《黑龙江高教研究》2004 年第 7 期。

③ 贾永堂、杨林玉：《对我国大学学术生产力的思考》，《高教发展与评估》2014 年第 3 期。

④ 别敦荣：《发展知识经济必须大力提高学术生产力》，《现代大学教育》2007 年第 5 期。

⑤ 郭丽君：《一流大学的学术生产力》，《黑龙江高教研究》2004 年第 7 期。

⑥ 陈何芳：《大学学术生产力引论》，博士学位论文，华中科技大学，2005 年。

发表论著数量、期刊类别、科研项目转变为偏向于学术成果的质和内涵，评价学术论文、论著被引用次数和影响因子[1]，特别在欧内斯特·博耶提出了四种学术类型之后，学术水平的内涵即分别为四种学术的水平[2]，也有人提出了五种，即基础性研究的学术水平、综合研究的学术水平、教学的学术水平、应用的学术水平和大学研究的学术水平[3]，这是学术内涵分析的一大进步。“学术力量”在高等教育资源配置中与市场、政府力量相互作用[4]，是大学的核心力量，但同时有人将其窄化，认为学术力量是运用相关学科专业知识与技术时体现的一种精神能力[5]。

随着知识社会的兴起和大学的转型发展，学术逐渐成了一种资本，并倾向于使用学术资本衡量学术发展状态。资本知识是新时代大学知识的主要类型[6]，学术具备了资本的属性，大学教师成为了拥有学术资本的资本家[7]，学术活动与资本联姻，逐步地实现学术资本化[8]，学术资本主义就变成了院校及教师为确保外部资金的市场活动或具有市场特点的活动。[9] 学术资本，在这种理解中，倾向于学术资本的外在性和功利性，被过度的商业化、市场化。学术资本的内在性被遗失，即它作为促进大学三大功能充分发挥的价值没有得到凸显。

学术资本的概念最早由法国著名社会学家皮埃尔·布尔迪厄在其著作《区隔：一种趣味判断的社会学批判》[10] 中提出。皮埃尔·布尔迪厄在《实践与反思：反思社会学导引》一书中，认为学术资本，就

---

① 王小绪：《提高大学学术水平需要处理好的几种关系》，《江苏高教》2013 年第 6 期。

② 张意忠：《论大学教授的学术水平》，《宁波大学学报（教育科学版）》2005 年第 4 期。

③ 曾冬梅：《略论大学的学术水平》，《机械工业高教研究》1999 年第 1 期。

④ 康宁：《高等教育资源配置中学术力量的回归》，《清华大学教育研究》2004 年第 1 期。

⑤ 胡银根：《大学学术力量生长的内在要素及相关规律研究》，《现代大学教育》2004 年第 5 期。

⑥ 吴洪富：《理性大学·学术资本主义大学·民主大学——大学转型的知识社会学阐释》，《高等教育研究》2012 年第 12 期。

⑦ 程世岳、叶飞霞：《大学知识公共性与学术资本性冲突反思》，《北京教育（高教）》2013 年第 5 期。

⑧ 蔡辰梅、刘刚：《论学术资本化及其边界》，《高等教育研究》2013 年第 9 期。

⑨ Slaughter S. , Larry L. Leslie, *Academic Capitalism: Politics, Policies, and the Entrepreneurial University*, Baltimore: The Johns Hopkins University Press, 1997.

⑩ Bourdieu P. , *Distinction: A Social Critique of the Judgment of Taste*, Cambridge, Mass: Harvard University Press, 1984.

是指“与那些控制着各种再生产手段的权力相联系的资本”①。大学在当前竞争激烈的高等教育发展中，其自身雄厚的学术资本就是最大的资源，这些资本包括教育、研究、咨询技能以及其他一些学术成果的运用②。学术资本是足以显现大学之为大学的高度所在，是一种隐性资源。对于个人来讲，学术资本是指个人所具备的学识、才干、技能和资历，是教育、知识、能力和学术经验的积累，学术资本是在学术性实践活动中获得的，“做学问”或“搞研究”的学术性实践是学术资本积淀的基本渠道。③

刘春花在《学术资本：促进大学生创业能力提升的要素》一文中④指出，大学的核心价值是学术，大学最基本的也是最核心的资源是学术资源，与其他机构相比大学所拥有的最具有价值的东西是学术资本。作为教育的最高层次和最高阶段的大学教育，“学术资本”是足以显现大学之为大学的高度所在。学术资本是一种隐性资源，包括学术素养和基本研究能力。她从个人的角度分析了学术资本的内涵，重点从个人的学识和才干等方面进行了分析，并对学识和才干的具体组成因素，即知识、能力从学术的角度进行了剖析，其分析知识和能力的视角特别突出了学术资本的意蕴，所以提出了这种知识和能力不同于一般意义的知识和能力，是具有学术性的知识和能力的观点。虽然她对学术资本的分析比较透彻，但她只将个体限定为大学生，也就是说她分析了大学生的学术资本的构成，而且把学术资本理解为文化资本。所以她特别强调是如何通过专业学习、实践能力锻炼和学术训练，让大学生具备知识和能力方面的文化资本，如何积淀这种文化资本，其最终目的是为了促进大学生创业能力的提升。

张丽英在《“全球化”所引发的“新管理主义”、“学术资本化”和

① ［法］皮埃尔·布迪厄、［美］华康德：《实践与反思：反思社会学导引》，李猛、李康译，中央编译出版社 1998 年版。

② 张丽英：《“全球化”所引发的“新管理主义”、“学术资本化”和“大学企业化”思潮》，《高等师范教育研究》2003 年第 2 期。

③ 刘春花：《学术资本：促进大学生创业能力提升的要素》，《教育发展研究》2010 年第 21 期。

④ 刘春花：《学术资本：促进大学生创业能力提升的要素》，《教育发展研究》2010 年第 21 期。

"大学企业化"思潮》一文中指出,[①] 随着全球化进程的加快和高等教育大众化的来临，越来越多的人期待接受高等教育，高等学校的学生人数成倍增加，同时学校的办学成本也不断增加，但是国家对教育经费的投入增长缓慢，有些国家甚至还在缩减大学的办学经费，这就给大学发展提出了一个新的难题。在如此的情形下，大学为了维持较高的办学水平和人才培养质量，确保学术水平和办学质量不降低，就不得不通过创收和获得更多的利润来增加维持运行的经费。因此，大学最基本的和核心的资源就是学术资本，作者提出将大学的这部分资源引入市场经济中运转，从而获得利润以便满足教育经费的开支。该文从经济学的角度提出了大学学术资本的经济价值和商业价值，这样反而赋予了大学更多的功利主义，也给予了学术更多的功利主义，作者所提出学术资本是用于创造经济利润和价值的资本。中国本科及以上的科技人力资源总量已经赶上美国，中国科技人才的供给比较充分，总体上不存在科技人才短缺问题。[②] 在科学场域内，科学资本构造了科学界的内在结构，科学界的分层现象就是根据学术资本的多少来决定的。李侠在皮埃尔·布尔迪厄的资本理论的基础上，对学术资本做了一种拓展性的分析，认为构成人才的关键要件是他内在所具有的学术资本的总量，学术资本包括象征性资本和生产性资本两部分。学术资本的要素有四类：人才自身的学术资质、地域文化梯度资本、机构的声誉资本、学术成果资本。学术资质在几年内变化不是很大，地域文化梯度资本一般来说，发达国家的文化梯度要比发展中国家的高，其实这部分资本对于人才的真实能力来说是一种泡沫资本，虽然著名机构提供的学习资源对于个体水平的提高有很大帮助，但是毕竟机构的学术资本并不完全相等，所以学术成果资本显得更为实在和重要。

通过对中国当前关于"学术资本"研究的分析，可知，学术资本的概念已经有了一些雏形，学术资本在科学场域、大学场域中的价值已经

---

① 张丽英：《"全球化"所引发的"新管理主义"、"学术资本化"和"大学企业化"思潮》,《高等师范教育研究》2003 年第 2 期。

② 李侠：《人才的学术资本增量测评与边际产出率的分析——警惕中国人才市场沦落为"柠檬市场"》,《社会科学论坛》2011 年第 1 期；李侠：《项目博弈背后的学术资本炼金术》,《科学时报》2011 年 2 月 11 日 A3 版。

显得越来越重要，在大学的建设与发展中，如果没有富足的学术资本，那么大学服务经济社会文化发展，培养创新型人才就变成了一句空话。李侠在《学术资本积累与资本炼金术》的学术报告中，提出学术资本存在于大学场域和科学场域之中，学术资本的存量主要表现在成果、声誉、能力、认可度等方面。场域内的文化资本、经济资本与社会资本等各种资本交织在一起发生相互作用，如同古时候的“炼金术”一样，通过把各种金属元素搅拌杂乱地将其混合，经过高温烧制发生多种化学反应，最后炼成诸如黄金等价值高的金属，也就是资本生成的过程。同时学术资本的生成也离不开场域内各种资本和惯习的相互交织及共同作用，学术资本的积累与职业理想有着千丝万缕的关联，学术是获得自由的一种方式，以学术为志业，本身就暗含了一种使命感，学术资本的积累不仅仅是为了生计，更是为了彰显一种荣耀与自豪。

从国外的研究来看，在皮埃尔·布尔迪厄提出了学术资本的概念之后，学术资本开始作为一个重要的术语在学术界得到重视。有的对学术资本的内涵进行了专门的分析，有的从三个维度分析了大学的学术资本构成，有的分析了学术资本与职业发展，有的分析了学术资本如何推动教育政策的改进，有的分析了个人的发展与学术资本的关系，总体来讲，学术资本的内涵变得更加丰富，并主要被学者们用于分析其对教育和个人学术发展的影响。[①]

迈克·布罗维将学术资本看作个人的受教育经历（Curriculum Vitae）[②]，这也是一种纯粹的主观判断。其实，学术资本不同于学术资本主

---

① 近年来这方面的研究主要有以下成果。如：*Family Background*, *Social and Academic Capital*, *and Adolescents' Aspirations*: *A Mediational Analysis*（Marjoribanks K., 1988）, *Academic Capitial and Information Seeking Career*（Savolainen R., 1999）, *Bourdieu and Academic Capitalism*: *Faculty "Habitus" in Materials Science and Engineering*（Mendoza P., Aaron M. Kuntz, Joseph B. Berger, 2012）, *A Three Way Analysis of the Academic Capital of a Romanian University*（Prejmerean M. C., Vasilache S., 2008）, *Academic Capital*, *Postgraduate Research and British Universities*（Eddy M., 2010）, *Breaking through the access barrier*; *academic capital formation informing policy in higher education*（Edward P. St. John, 2011）, *Academic Capital*（Christian W. Terryn, 2012）, *Breaking Through the Access Barrier*: *How Academic Capital Formation Can Improve Policy in Higher Education*（Edward P. St. John, Shouping Hu, Amy S. Fisher, 2010）等研究成果。

② Michael B., *The Public Sociology Wars*, Ed. Jeffries V., *Handbook of Public Sociology*, MD: Rowman & Littlefield Publishers Inc., 2009, pp. 449–470.

义（Academic Capitalism），也不同于智力资本（Intellectual Capital），它包括以下内容：受教育年限、出版成果数量、教学经验、在学术专业领域的权力和威望[①]、学术交流、研究经历[②]等。学术资本是帮助个体获得社会地位的以教育背景和学术经验等形式存在的资本，包括个人的受教育经历、学术身份和学术成果等。[③] 米哈埃拉·科妮莉亚·普雷杰梅雷恩（Mihaela Cornelia Prejmerean）和西蒙娜·瓦西里奇（Simona Vasilache）认为学术资本包括人力资本（Human Capital）、关系资本（Relational Capital）和过程资本（Process Capital）[④]，凯文·马乔里班克斯（Kevin Marjoribanks）认为学术资本包含个体的智能（Intellectual Ability）、学术成就（Academic Achievement）、学术交流（Academic Interactions）、教育愿景（Educational Aspirations）和职业愿景（Occupational Aspirations）[⑤]。

四 学术资本的生成逻辑

关于大学学术资本生成研究的文献不多，但有关大学学术发展、大学学术水平、大学学术生产力的研究，对本书有一定启发，有关高等学校的社会资本生成、教师的文化资本生成、学校社会资本生成等相关成果，对本书有一定的借鉴意义。在资本生成的理论研究方面，主要是从社会历史和经济哲学两个角度进行的。从社会历史角度对资本生成的研究，客观展现了资本生成的历史过程，认为资本是社会历史的产物；从经济哲学角度对资本生成的研究，认为资本具有经济学和哲学的双重品质。资本生成具有经济价值的同时，也具有深刻的哲学渊源，深深扎根

---

① Eddy M. , *Academic Capital, Postgraduate Research and British Universities: a Bourdieu inspired reflection*, Discourse: learning and teaching in philosophical and religious studies, 2006, Vol. 6 (1), pp. 211 - 223.

② Prejmerean M. C. , Vasilache S. , *A Three Way Analysis of the Academic Capital of a Romanian University*, Journal of Applied Quantitative Methods, 2008, Vol. 3 (2), pp. 129 - 138.

③ *Academic capital*, http: //en. wikipedia. org/wiki/Academic_ capital.

④ Prejmerean M. C. , Vasilache S. , *A Three Way Analysis of the Academic Capital of a Romanian University*, Journal of Applied Quantitative Methods, 2008, Vol. 3 (2), pp. 129 - 138.

⑤ Marjoribanks K. , *Family Background, Social and Academic Capital, and Adolescents' Aspirations: A Mediational Analysis*, Social Psychology of Education 2, 1997, pp. 177 - 197.

于近代哲学之中，是人类理性实现自身的必然结果①。在资本生成的实践研究方面，主要是结合学校的建设与发展，从生成依据、实践路径和生成逻辑三个维度进行的。在资本生成依据方面，从高校社会资本生成的前提条件、实践基础和必要条件三个方面分析了高等学校社会资本的生成依据，在对高等学校社会资本的构成要素解析基础上对运作高等学校社会资本的发展路径作了探讨②。在资本生成的实践路径方面，有的学者针对高等学校社会资本的生成，提出了通过履行高校责任、提高诚信度、建构关系网络等途径积累与培育社会资本③。有的学者针对学校社会资本生成，认为信任、互动和建构是学校社会资本创造、维护与增长的关键因素，是学校社会资本的生成性机制，为此提出了通过提高诚信度、建立社会伦理、加强对学校管理者的激励和监督、治理学校内外网络等实践途径生成社会资本的想法④。在资本生成的逻辑方面，有的学者论述了"学校社会资源观、学校社会关系网络、学校社会信任以及学校社会地位"与学校社会资本生成的关系基础之上，提出了学校社会资本的生成逻辑为"树立社会资源观""构建学校社会关系网络""赢取社会信任"和"获取学校社会地位"⑤。

关于资本生成的逻辑，皮埃尔·布尔迪厄从场域（Field）、惯习（Habtius）、资本（Capital）三者的互动生成关系中提出的实践逻辑（Practical Logic）对本书具有借鉴意义。皮埃尔·布尔迪厄为了消除社会学中微观与宏观、主观与客观的二元对立状态，提出了实践逻辑的概念。他认为，要有效描述实际生活中发生的事，使获得的知识具有实践性，就不能作为旁观者，以一种与生活保持一定距离，跳出现实生活之外的方式去认识世界。应避免客观主义以"局外人"的眼光看世界和主观主义从"局内人"的角度看待社会生活的做法，要通过参

① 于浩：《试论资本生成》，《鸡西大学学报》2011 年第 1 期。

② 高健、曾正德：《高等学校社会资本的生成与运作分析》，《中国电力教育》2011 年第 35 期。

③ 郝朝晖：《高等教育社会化下高校社会资本的功能与生成》，《中国石油大学胜利学院学报》2011 年第 2 期。

④ 庄西真：《论学校社会资本的生成机制》，《当代教育科学》2008 年第 24 期。

⑤ 孙士杰：《学校社会资本生成研究》，博士学位论文，西南大学，2010 年。

与生活实践来获得对社会世界的认识。在布尔迪厄看来，用实践逻辑来描绘人类行为的无意识状态，它通常是不可以用理论的话语来解释的。

皮埃尔·布尔迪厄究竟是怎么定义实践逻辑的呢？若首先从实践一词去理解，在皮埃尔·布尔迪厄的社会实践理论中，并没有给实践下一个教科书式的严密的定义。也许是因为他关注的主要问题并不是何谓实践和实践的概念，而是阐释实践逻辑，即人们的实践活动究竟是如何发生的。皮埃尔·布尔迪厄认为，实践活动的原则并不是由人类能意识到的规则来决定的，而是由一些实践图式来决定的。真正的实践活动是随意而又内在的，而理论研究者视野中的实践活动却是外在的，从而无法把握实践的本质。在此基础上，皮埃尔·布尔迪厄把实践逻辑定义得有些玄妙，把它称之为“自在逻辑”，是“无视逻辑的逻辑”，这种实践逻辑“注重于它在现实中发现的、表现为客观性的实践功能，因此它排斥反省（亦即返回过去），无视左右它的各项原则，无视它所包含的、且只有使其发挥作用，亦即使其在时间中展开才能发现的种种可能性”“很少是完全严密的，也很少是完全不严密的，很少是完全清晰的，也很少是一点都不清晰的”，是“不是逻辑的逻辑”“前逻辑”。[①] 为了更好地说明实践逻辑，皮埃尔·布尔迪厄寻找了新的理念框架来更好地解释人与结构的关系，以便在人的行动与结构之间寻求可以相互融通的媒介。由此，他提出了场域、惯习、资本三个重要的工具概念，他应用场域、惯习和资本来探索社会生活实践中的各种关系，继而形成了独具特色的社会实践理论。从皮埃尔·布尔迪厄关于实践的内涵来看，实践事实上也就是惯习、资本与场域三者相乘下进行交互作用的实践活动，是一种有限理性的活动，当行动者遇到的问题是他熟悉的时，他就会自然而然地按照这个场域的规则来行事。皮埃尔·布尔迪厄指出“社会规则在身体内内化成信念，也就是在实践中的惯习，然后在实践的场域中，这种惯习会与场域的规则进行互动，形成一种即时性的实践感来支配实践者的行为选择。实践者就是根据实践感产生的策略来重新组合自己的行为，从而实现最终的目的，这个过程展现出来

---

① ［法］皮埃尔·布迪厄：《实践感》，蒋梓骅译，译林出版社 2003 年版，第 143 页。

的实践面貌就是所谓的实践逻辑”。[①] 本书认为实践逻辑是由场域、惯习、制度、资本等因素构成的实践图式。

皮埃尔·布尔迪厄关于实践逻辑的研究成果目前已被多个学科所借鉴。皮埃尔·布尔迪厄在社会学理论中融入了人类学、教育学、哲学、艺术、语言学、历史学、文化学等学科的内容，内涵十分丰富。特别是围绕实践逻辑提出的社会实践理论，在各学科的诸多研究领域均有影响。正如有的学者所言：“皮埃尔·布尔迪厄的社会实践理论体现了他的非凡的理论综合能力，其理论间接克服了当今学术界中理论与经验研究的脱节。他身体力行地将理论研究与经验研究结合起来，把理论观点运用到研究中去为我们进行研究提供了很好的范例。”[②]

在教育学学科研究领域，实践逻辑的话语主要用来分析教育实践领域的各种问题。国内学者在讨论教育领域中理论与实践的关系时，提出了“教育实践的逻辑”的概念。比如，郭元祥在 1999 年发表的《教育理论与教育实践关系的逻辑考察》一文中，通过分析教育理论与教育实践的关系，提出了“教育实践的逻辑”，并把这种逻辑与教育理论的逻辑区别开来，认为教育理论的逻辑属于推理的逻辑，教育实践的逻辑才是教育活动应该有的逻辑，是关于事实的逻辑。陈桂生在 2005 年发表的《“教育理论与实践关系问题”的再认识》一文中指出，教育实践是受到一般的教育价值观念的影响，通过教育观念转化为教育原则从而规范教育的行为，进而把这样一个转化的过程称为教育实践的逻辑。他提出的教育实践的逻辑可以理解为是关于规范的逻辑和价值的逻辑。石中英在中国最早直接以布尔迪厄的实践逻辑为基础研究教育实践的逻辑，他在 2006 年发表的《论教育实践的逻辑》一文中，从教育的角度使用了布尔迪厄实践逻辑的概念工具，从教育场域、教育惯习的互动关系中提出了“教育实践的逻辑”的内涵。此后在关于皮埃尔·布尔迪厄实践逻辑的研究中，对场域、惯习和资本三个核心概念的论述最为广泛和丰富。如刘生全根据“场域”的概念提出了教育场域，认为：“教育场域是在教育

---

① 姜艳：《实践逻辑下的社会资本生产——浅读布迪厄〈实践感〉》，《世纪桥》2007 年第 5 期。

② 银平均：《布迪厄的实践理论：从理论综合到经验研究》，《思想战线》2004 年第 6 期。

者、受教育者及其他教育参与者相互之间所形成的一种以知识的生产、传承、传播和消费为依托，以人的发展、形成和提升为旨归的客观关系网络。”① 马维娜借助皮埃尔·布尔迪厄的惯习理论，对学校场域中的一些教育行为做出另一番解释：“在学校场域中一些不为常人所关注甚至不为自身所关注的行为，就是惯习所导致的行为。”② 总之通过对实践逻辑的借鉴研究，为教育学增添了许多新的概念，如教育场域、教育惯习、文化资本等，这些都得益于皮埃尔·布尔迪厄高屋建瓴的理论成就。马克思说过：“哲学家们只是用不同的方式解释世界，而问题在于改变世界。”③ 对于教育学来说，我们不应该满足于解释问题，更重要的是运用教育理论来改变教育实践，优化教育实践。

五 相关研究述评

通过以上的文献分析，学术资本作为一个比较新的研究领域，虽然目前尚没有发现有学者进行学术资本的生成研究，但也有学者从大学学术发展，提高大学学术水平，学术资本化等视角进行了探究，特别是从提高大学学术生产力的视角，探究了大学如何在学术资源、学术人、学术组织、学术生产力的协同中促进学术生产力的提高。同时也有一些学者对学校领域中的知识资本、文化资本、社会资本的生成逻辑进行了探索，这为研究大学学术资本的生成提供了有价值的参考。总体来讲，通过对相关文献的分析，已有的相关研究主要呈现出以下特征。

一是在研究方法上，思辨研究比较少，实证研究比较多。从目前所搜集到的文献总体来看，研究者们多习惯于通过理性思辨的方法对学术发展和学术生产力进行分析。与之相反，关于学术资本的理性思辨就显得零星少见，除少数几篇之外，还没有其他研究者对学术资本的生成进行过系统的研究。在大学学术发展和学术资本研究方面，从目前掌握的国外研究的基本情况看，基本上是采用了实证的方法分析了个体或者学校的学术资本构成及其影响。他们的研究成果为今后的研究奠定了一定

---

① 刘生全：《论教育场域》，《北京大学教育评论》2006 年第 4 期。

② 马维娜：《学校场域：作为教育的一种中介力量》，《当代教育科学》2004 年第 1 期。

③ 《马克思恩格斯全集》（第 3 卷），人民出版社 1998 年版，第 8 页。

的基础，特别是在方法论和实证研究的操作上指引了方向。

二是在理论研究中，研究的视角比较多，但对大学学术资本生成的研究缺乏系统性和完整性。在目前搜集的文献中，多数属于理论研究，而忽略了实践研究的重要性，以为理论的逻辑能够完全地指导实践，认为有了深厚的理论，实践操作就理所当然，顺其自然，殊不知，实践本身也有自己的逻辑，就是我们常说的实践逻辑。研究者们虽然对学术、学术发展、学术生产力、学术资本等进行了一定的剖析和解读，并对学术的内涵、学术发展的关键和学术生产力的提高等方面进行了比较深入的探究，但忽略了大学发展中最重要最核心的内容——学术资本，若没有学术资本，大学的人才培养、科学研究和社会服务等学术活动将只有外延没有内涵。虽然对为什么需要学术、如何提高学术生产力、如何促进学术发展以及学术资本炼金术等方面都产出了一定的成果，但缺乏系统完整的对大学学术资本的生成进行的研究。

三是注重本土探索，较少借鉴国际经验。学术资本的概念可以说是个舶来品，关于对学术的研究主要成果也源于国外高等教育领域学者们的探索，但国内的研究中对国外关于学术资本生成、学术生产和学术发展等领域的成果关注不够，对已有的成果总结凝练较少。学术资本，一个源于皮埃尔·布尔迪厄社会实践理论中的概念，学者们在研究中很少能从皮埃尔·布尔迪厄的社会实践理论视角中去分析学术资本，较少使用皮埃尔·布尔迪厄的社会实践理论分析框架和视角去研究学术资本。皮埃尔·布尔迪厄关于场域、惯习、资本的理解，以及“｛场域+（惯习）*（资本）｝=实践”的分析框架，为本书提供了借鉴。特别是皮埃尔·布尔迪厄关于实践逻辑的成果，为研究大学学术资本生成提供了较好的视角。研究大学学术资本的生成，一方面要立足于本土的实际，另一方面要结合国际经验，特别是近几年来国外学者逐渐兴起的对学术资本研究的有益成果，使之成为本书有价值的参考文献。

四是大学学术资本生成的实践逻辑亟待探索和突破。近几年的文献中，已经有一些学者开始对大学的知识资本、文化资本、社会资本、学术资本进行了研究，但学术资本作为一个比较新的概念，目前的研究尚不多，特别是立足于大学这一特殊场域，围绕大学的学术实践活动，结合大学的三大功能，探索大学学术资本生成与积累的研究更少。大学作为一个综合、复杂的机构，其学术资本具有独特性，学术资本也是在独特的场域、性情倾向中生成的，因此大学学术资本的生成亟待去探索和突破。

综上所述，目前关于学术资本的理性思考显得零星少见，也较少对学术资本的生成进行系统的研究，但已有的相关研究成果从方法论和实证操作上为进一步研究指引了方向。已有研究认为学术活动是一项实践性活动，学术资本在学术实践活动中生成，理论有其理论的逻辑，实践活动也有其实践的逻辑，实践本身也确实应有一定的逻辑，即皮埃尔·布尔迪厄提出的实践逻辑。学术资本生成于学术实践活动之中，学术资本应立足于实践的逻辑而非理论的逻辑的视阈，按照“｛场域+（惯习）*（资本)｝=实践”的框架，在惯习、资本与场域的交互中生成。本书将吸收已有学者研究的成果，从实践逻辑和资本理论的角度来探究大学学术资本的生成，力求从研究内容、研究视角、研究方法和研究范畴等方面实现一点突破与创新。

第三节 研究的思路、内容及方法

一 研究的思路

本书以皮埃尔·布尔迪厄的社会实践理论为基础，结合知识社会学中后学院科学时代关于知识生产模式、多价知识观等思潮，剖析了目前中国大学学术生产中的意义危机，通过从主客观二元对立的学术思维规限，工具理性与价值理性的消解，学术理性和学术实践的割裂等方面寻求产生危机的缘由，提出了学术资本的概念。在对学术资本概念分析的基础上，提出了破解目前学术生产意义危机的关键在于遵循学术资本生成的实践逻辑，按照学术资本生成的逻辑从事学术实践活动。学术作为一项实践性极强的活动，学术资本生成的逻辑应属于实践的逻辑，因此，本书借用皮埃尔·布尔迪厄的社会实践理论，从学术场域、学术惯习、学术制度等方面探索了学术资本生成的要素和条件，进而提出了学术资本生成的实践逻辑图式，以期解决当前学术生成的意义危机，为大学的学术发展提供路径和实践逻辑。

二　研究的内容

（一）学术生产的意义危机及归因分析

大学之所以被称为大学的根本在于其学术品性，学术生产是有意义的实践活动。然而在当下的大学学术生产实践中，单价知识观的线性生成逻辑窄化了学术的内涵视域，科学研究代替学术，发表论文和获取科研项目成为学术的全部，理论研究与应用研究被划分为二元对立的存在状态；行政科层式的外生型生成逻辑，在“层级”和“级别”力量的影响下异化了学术人的学术行为；新自由主义的市场化生成逻辑消解了学术的价值理性，以标准化、数量化和商品化为特征的新自由主义市场化逻辑，使学术行为成了“数字化”追求的“游戏”。导致这种状况出现的原因在于，主客观二元对立的学术思维规限，工具理性对价值理性的消解，学术理性和学术实践的割裂。在此，面对学术生产中存在各种相互交织的问题，若一个问题一个问题的解决，似乎是一个系统的工程，点对点触及不了核心问题。若从系统的角度去解决，似乎也是隔靴搔痒。学术到底是什么？学术实践是一种什么样的实践，何许理清本真的问题，只有认清学术资本的存在对于学术的价值和意义，理解学术活动的实践性特征，方能回归于学术的本真。

（二）大学学术资本生成的解读

学术资本是生成和积累的劳动，是一种镶嵌在学术人和学术场域结构当中的力量。学术资本是大学发展的动力，一所生成和集聚了反映特定大学学术场域属性和要求的学术资本，有利于该大学在学术场域复杂的竞争和权力争斗中获取一片生存的空间，进而不断的扩大和增容学术资本，实现自身再生产的良性循环。若一所大学没有生成和积累反映特定大学学术场域属性和要求的学术资本，那么这所大学在学术场域的竞争中将处于不利的地位，通过学术资本所能获取的权力和自身再生产能力将被降低。学术资本是一种特殊形态的资本，以身体化、制度化和象征化的形式存在，学术资本生成于学术人的学术实践活动之中，学术资本的生成应遵循实践逻辑。

（三）学术资本生成的学术场域认同

大学学术资本生成的实践空间是学术场域，它依据特定原则由各种客观关系构成。大学学术资本生成的场域具有斗争性，为了争夺更多的学术权力和学术资本，学术场域里充满着各种斗争。大学学术资本生成的场域具有独立性，并且遵循自身的逻辑和游戏规则。大学学术资本生成的场域具有关系性，在广阔的学术场域中，各种位置之间的客观关系是一个网络空间。大学学术资本就在这个充满学术权力竞争和学术力量博弈的空间中生成，“斗争”“博弈”“关系”是大学学术资本生成场域的构建要素，学术资本生成于它们的运作过程之中。学术场域是大学学术资本生成与积累的依托，大学要在学术场域的不断搭建中确立自身的身份，在大学对学术场域身份的认同及学术人对学术场域身份的认同中，一方面在“回场”与“立场”中生成学术资本，并依托学术资本在不断地“建场”，另一方面在“出场”与“入场”中生成和积累学术资本，进而实现学术场域的拓展。

（四）学术资本生成的学术惯习获得与潜沉

学术人是学术实践的行动者，学术人的学术行为是在学术惯习的支配下自觉或不自觉产生的一种合理性实践。学术惯习深刻地存在于学术人的性情倾向系统之中，它是学术人在从事学术实践活动中的主观心理状态，是学术人在实践中实际表现的学术生活方式、学术行动策略、学术行为规则等精神与行为方面的总根源。学术惯习是一个兼具“结构化的结构”与“促结构化的结构”的存在状态，在学术实践中变成学术人的一种“游戏感”。学术惯习是基于学术场域而生，学术场域形塑学术惯习的形成，学术惯习反映了学术场域固有的必然属性并表现在学术人的学术行为上。促进学术资本生成的学术惯习具备两个来源，一是来源于客观条件对其进行的长期浸润，表现为学术成长过程中的学术场域引导学术人形成的学术观念；二是来源于学术人的学术实践，表现为依托学术场域，与其他学术人和区域经济社会发展互动中形成的学术观念与行为，它不是抽象的概念，而是学术人在具体学术实践中的精神与行为积淀。惯习具有稳定性，对大学学术资本生成的引导往往在无意识层面上运作，即在学术资本生成的实践过程中转变成一种自然的行为。

（五）学术资本生成的制度供给与共有信念构建

学术资本生成需要制度的供给，学术人的学术行为需要学术制度的规范，学术场域的运行需要学术制度的保障，学术惯习的获得和潜沉需要学术制度的引导。在学术制度的供给上，既要有明确的条文给予学术人的具体学术行为以合法性和合理性，同时也要有相应的条款来规训和惩治不正当的学术行为，既要有正式的文本制度供给，也需要非正式的制度供给，从学术工作的精神要求、学术道德水平、学术品格等方面塑造学术人的学术惯习形成。学术制度所包含的规范和规则，将成为学术人群体的学术共同信念，并逐渐形成传承、探究、创造、批判和追求真理的学术使命，学术人将在共同的学术理想信念和一致的实践逻辑下将学术价值观和使命内化为自身的学术行为和学术行动。学术制度引导学术人的学术行为自觉，学术共有信念引领学术实践回归学术本真。

（六）大学学术资本生成的实践图式

大学学术资本正是需要按照实践逻辑不断的实现生成和自我再生产。在学术资本生成的学术实践中，学术场域是从归属的角度确立了学术人在社会空间所占据的位置，学术惯习从精神世界的内部构建学术人的各种性情倾向，学术资本则从动力资源的角度为学术人的学术实践提供能量和工具，三者共同构成了学术资本生成的社会实践活动，形成了学术资本生成的实践逻辑。在不断生成和积累学术资本的螺旋结构中，学术场域不断被建构，学术制度不断在完善，学术惯习也在不断地生成，进而在学术场域、学术惯习、学术制度、学术资本的互动中，通过学术人的学术实践，不断地进行学术生产与再生产，不断地积累和生成学术资本。

三　研究的重点、难点和创新点

本书的重点是以布尔迪厄社会实践理论中的实践逻辑为分析工具，系统分析大学学术资本生成中学术场域、学术惯习和学术制度等要素，厘清在学术场域、学术惯习、学术制度与学术资本的互动中如何促进学术资本的不断再生产。

本书的难点在于学术资本概念的界定和学术资本生成的实践逻辑图式的运行分析。

本书可能的创新点是依托大学三大功能解读大学学术的内涵，并从社会学的视角提出学术资本的概念，认为学术的意义在于以学术资本的方式不断促进学术再生产，进而又推动大学三大功能的实现。本书进一步突出了学术活动的实践性，提出了在学术场域、学术惯习、学术制度互动的实践逻辑中生成学术资本。

四 研究方法

（一）实践理性的方法论

皮埃尔·布尔迪厄在社会学研究中提出了一种“双重解读”的关系主义方法论，其目的是为了化解社会学界普遍存在的客观主义与主观主义，建构主义与结构主义之间的二元对立。皮埃尔·布尔迪厄批评了社会科学研究中存在的不经过任何认识论层面上的反思，就随意选择并采用客观主义方法或者主观主义方法来分析社会现象的操作方式。为此，他提出了实践理性，用以突破理论逻辑中理论与实践的单一化倾向，避免简单按照理论指导实践的绝对化单向逻辑，将人的行动中产生的各种社会现象同社会结构主义建立起关联，从而在研究的认识论上既能做到逻辑贯通，又能消解客观主义和主观主义的二元对立状态。他通过场域、惯习和资本三个概念和分析工具来探索社会生活实践中的关系，从而形成了独特的实践理性。本书运用皮埃尔·布尔迪厄的实践理性方法论来开展大学学术资本的生成研究，主要基于学术资本的生成是一项具有自身逻辑的实践活动，学术资本的生成不应过于注重对规则的关注，而应注重学术场域和学术惯习相互交织的关系中的实践，强调学术资本生成的实践理性。

（二）文献法

重点查阅关于“大学学术”“学术资本”“学术场域”“学术惯习”“学术制度”等的文献，从文献中把握学术资本的概要，形成学术资本的概念。同时查阅皮埃尔·布尔迪厄关于社会学研究的文献，通过对文献的研读，理解皮埃尔·布尔迪厄的社会学研究方法论、资本理论和实践逻辑，为本书打下坚实的研究基础。另外还包括大学学术实践中的一些事实性案例，关于学术活动的文件与要求、官方统计资料、有关会议报告等，并从中提炼出研究学术资本生成有价值的重要事实判断。

（三）访谈法

为了了解大学学术资本生成的实际状况，访谈各种层次的学术人，主要包括在读的硕士研究生，在读的博士研究生，在学术工作岗位上的助教、讲师、副教授和教授等。了解其对学术本身的理解，在学术经历中，所形成的关于学术实践和学术行为的生存心态和性情系统，即学术惯习在他们学术经历中的沉淀和生成状况。通过对不同类型学术人的访谈，了解学术惯习是如何在与学术场域的互动中不断生成的，从而把握学术惯习的生成之路和不同阶段学术惯习的特征。

……古人之观于天地、山川、草木、虫鱼、鸟兽、往往有得，以其求思之深而无不在也。夫夷以近，则游者众；险以远，则至者少。而世之奇伟、瑰怪、非常之观，常在于险远，而人之所罕至焉。故非有志者，不能至也；有志矣，不随以止也，然力不足者，亦不能至也；有志与力，而又不随以怠，至于幽暗昏惑而无物相之，亦不能至也。然力足以至焉，于人为可讥，而在己为有悔；尽吾志而不能至者，可以无悔矣，其孰能讥之乎？此予之所得也。①

——王安石

第一章

学术资本的出场:化解学术生产的意义危机

学术品性和学术化存在是大学之所以为大学之根本，学术性生命体的维系和生长发育需要持续地大学学术活动来保障，追求和弘扬学术活动催生了大学学术的繁荣景象。大学与大学之间拼项目、抢工程、争奖项、比论著，谁都欲与天公试比高，力图占领学术领域的制高点，或者至少以求得在大学学术场域中盘踞一席之地。国家在促进大学与大学的竞争中也发挥了催化剂的作用，它以经费、资源、项目、评估等为手段，通过搭建学术竞争的舞台，提供学术创新的平台，开拓学术发展的新空

① 王安石：《游褒禅山记》，《临川文集（卷八十三）》。

间，带动大学在学术一波又一波的洪峰中激流勇进。大学在这样的机遇和挑战面前，出台了各种政策和措施以创新学术发展，提升学术水平，增加学术成果，扩大学术影响力。大学的学术在这样的境遇中，永不停步地生产和生成，在如此热闹的生产线中，其实更需要静心地反思和深度剖析当下学术生产的弊端，才利于学术真正得到发展。

学术具有意义，学术生产是有意义的活动，并体现了丰富的内涵。大学学术生产不仅具有内在意义，也具有外在意义，不仅具有现实意义，也具有理想意义，不仅具有工具意义，也具有价值意义。从不同的视角可以挖出不同的意义，从不同的诉求中可以截取不同的意义，在诸多意义中对真理的追求才是它的本真意义，其余均属于衍生和派生意义。大学的学术生产不只限于写论文、发表论著、做科研项目，它还包括人才培养、科学研究和社会服务，是一种以思想活动作为背景的人际间充满精神的活动。学术生产是真理的展现和帮助生命的成长，将真善美的精神祈求作为学术活动的背景。若大学的学术生产缺少人际间精神活动的背景，只讲书本，不讲哲学；只做实验，不研究理论；只叙述事实，而没有理论依据；只有学术的方法训练，而精神贫困，那么大学必定是个贫瘠的大学[①]。当前大学的学术生产正在走入一个怪圈，一方面“知识的良心”[②] 在消失，大学场域以思想活动为背景的精神活动在递减；另一方面学术论著的发表和出版数量呈几何级数增长[③]，催生了学术生产数量繁荣。两个方面的叠加，导致了学术资源的无序竞争和产品的粗制滥造[④]，不可避免的出现了学术垃圾、滋长了学术泡沫，呈现出了学术浮躁的状态。究其根源在于学术生产的意义迷失，学术生产的逻辑被扭曲。

---

① ［德］卡尔·雅斯贝尔斯:《什么是教育》，邹进译，生活·读书·新知三联书店 1991 年版，第 151 页。

② ［德］卡尔·雅斯贝尔斯:《什么是教育》，邹进译，生活·读书·新知三联书店 1991 年版，第 151 页。

③ 张志忠:《当下学术生产的怪圈何在》，《中华读书报》2009 年 4 月 15 日第 5 版。

④ 杨光钦:《高校学术生产数量繁荣与学术制度的内在逻辑》，《教育研究》2015 年第 7 期。

第一节 学术生产的意义危机

意义为学术生产提供理由和确立根基。关切学术生产的意义，既是推动学术人对学术实践本身进行正确认识的精神驱动力，也是引导学术人参与学术生产实践活动的指南针，使学术生产自觉地服从和服务于"意义"目标的实现。在学术生产的诸多意义中，将真善美的精神祈求作为学术活动的背景去追求真理才是本真意义，是属于具有超越性的崇高追求，是对学术生产价值深刻而确证的判断。在实践中，若对学术生产所具有的"意义"片面歪曲，那么学术生产的自我定位会变得茫然，学术生产的价值会迷失，也就失去了对崇高的追求，将学术有意义有深度的内涵空虚化，进而使学术生产陷入"意义"危机之中，导致学术价值判断的错误和实践方向的错位，学术生产就会遭遇种种困境，从而偏离了学术之本。

一 单价知识观的线性生产逻辑窄化学术的内涵视阈

科学研究的职责植入大学影响了大学的学术方式。现代大学缘起于中世纪，以传播知识和开展职业训练为主，科学研究被拒之于大学门外。在17世纪以前，以家庭或专门科学团体为单位的科研活动在科学发明和技术发现的知识生产中扮演主角，大学还不是推动科学进步的主要贡献者。1731年，哥廷根大学实施的教学与研究相结合的新模式催生了纯科学研究在大学场域中的萌芽，其首创的以探究高深学问和获取最纯粹及最高形式的知识为目的专题研讨会（Seminar），成为了科学研究生长的土壤。1810年德国教育学家洪堡创办了柏林大学，提出了"崇尚学术自由"和"教学与科研相结合"的办学原则，该原则集中体现了"大学是受国家保护但又享有完全自主地位的学术机构，同时是学者的社团和具有研究性的高等学术机构"① 的理念。柏林大学的诞生，加快了将科学研究体系纳入大学体系的步伐，极大地改变了大学学术活动的氛围，提高了大学知识生产的能力。科学实验室在大学建立，科学研究成为大学的集体

① 刘宝存：《洪堡大学理念述评》，《清华大学教育研究》2012年第1期。

性活动，大学学者在担当人才培养职责的基础上增加了科学研究的专业性工作。特别是在美国霍普金斯大学成立并开始招收研究生之后，使科学研究的职责成了大学确定无疑的职能规定。大学的学术活动方式随之也发生了变化，它已不再是只负责传播知识，它“把科学和学问设想为处理最终无穷无尽的任务——它从事一个不停探究的过程。在高层次的教育中，教师不是为学生而存在，教师和学生都有正当的理由来共同探求知识”①。将科学研究引入大学，使大学学者的学术活动包括了人才培养和科学研究两个部分，并且开展科学研究成了大学重要的学术活动，人才培养与科学研究在大学学术活动中双向互动，互为前提。这个阶段，大学学术活动和方式发生的变化，被有的学者称为“第一次学术革命”。②

“第一次学术革命”意义下的知识生产方式正是英国学者迈克尔·吉本斯（Michael Gibbons）等人所提出的知识生产模式Ⅰ。吉本斯等人在《知识生产新模式：当代社会中的科学与研究动力学》中认为，知识生产模式Ⅰ是以理论独尊、试验性科学、学科内部驱动，并以大学为核心的传统知识生产模式③。这种知识生产模式具有如下特征：在问题选择上，基于学科，由一个特定共同体的学术兴趣主导；在组织形式上，科研组织结构单一，凸显等级制，以同质性为特征；在生产范式上，强调个人的创造力和自主权，独尊理论，以大学为核心开展试验性科学；在成果的展现上，学术共同体范围内以专业期刊或学术会议的方式进行；在评价上，依靠同行对个人所作的贡献进行评议。④ 知识生产模式Ⅰ集中反应了自德国柏林大学创立以来，大学致力于纯粹的科学研究的知识生产模式，并且研究和解决的学术问题在大学学术共同体的圈子内进行。

---

① ［美］伯顿·R. 克拉克：《探究的场所——现代大学的科研和研究生教育》，王承绪等译，浙江教育出版社2001年版，第19页。

② Jencks C., Riesman D., *The Academic Revolution*, New York, NY: Doubleday, 1968.

③ Gibbons M., Limoges C., Nowotny H., Schwartzman S., Scott P. and Trow M., *The New Production of Knowledge: The Dynamics of Science and Research in Contemporary Societies*, London: SAGE Publications Ltd., 1994, p. 18.

④ Gibbons M., Limoges C., Nowotny H., Schwartzman S., Scott P. and Trow M., *The New Production of Knowledge: The Dynamics of Science and Research in Contemporary Societies*, London: SAGE Publications Ltd., 1994, pp. 1 – 166.

知识生产模式Ⅰ秉持单价知识观[①]，形成了从基础科学到技术创新的线性模式。单价知识观将知识划分为不同的类别，包括基础知识、应用知识和专业知识，这几类知识具有明显的界限并占据着各自的领地。单价知识观强调理论的知识、实践的知识和产业化的知识相互分割，在各类知识的相互分割中，对应的知识生产方式也体现了明显的界限和领地障碍，即要严格遵循从基础研究中创新知识再到应用研究中的运用知识的固定顺序，这种知识生产方式由不同的人员在不同的时间于不同的地点进行，按照“基础→应用→产业”的路线，逐层进阶式的开展。万尼瓦尔·布什（Vannevar Bush）在《科学：没有止境的前沿》一书中阐释了知识生产的自发作用机制，在线性生产逻辑的一端投入经费进行知识生产，所期待的知识生产的结果就会出现在另一端。这种从知识生产到产品成型的生产模式，实质上是“基础研究→应用研究→开发→生产经营”知识生产的单向线性模式。[②] 单价知识观是“第一次学术革命”意义下的学术生产理念，集中反应了自德国柏林大学创立以来致力于纯粹的科学研究的学术生产逻辑，形成了从基础科学到应用学科，再到技术创新的单向线性逻辑。单价知识观促成了学术的线性生产逻辑，这种逻辑以柏林大学的纯科学研究为导向的知识生产为开端，生生不息，绵延至今，深度浸染着当下的学术生产活动，产生了诸多弊端。

（一）用科学研究取代学术生产，学术生产演变成了论著生产

科学研究成为学术的代名词，学术等于科学研究。单价知识观的线性生产逻辑恪守知识生产模式Ⅰ，大学在“象牙塔”内操作高深的知识材料，学术生产即为科学研究的成果产出，强调纯学理的科学研究。学术探究活动不注重学术生产的共场性和同时性，割裂理论知识与实践知识的统一性，理论成果与实践需求两张皮现象严重。虽然人才培养仍然被视为与科学研究同等齐名，但学术生产更加关注科学研究成果的产出，学术等同于了发表论著和获取项目。2009 年 12 月 9 日《中国教育报》发

① ［美］唐纳德·E. 司托克斯：《基础科学与技术创新：巴斯德象限》，周春彦、谷春立译，科学出版社 1999 年版。

② ［美］唐纳德·E. 司托克斯：《基础科学与技术创新：巴斯德象限》，周春彦、谷春立译，科学出版社 1999 年版，第 8 页。

表了《对72所教育部直属高校绩效评价的研究表明——影响高校绩效的主因是资源有效利用》一文，其署名为“中央教育科学研究所高等教育研究中心”，被网友们称为中国的首份“官方大学排名榜”，虽然说这份排名“被官方化”，但该评价力图避免绝对化评价的负面影响，按照绩效评价的思路，运用文献分析法、典型相关方法、聚类分析法、主成分分析方法和“产出与投入”数学模型来计算绩效，可见有一定的权威性。在评价指标上，通过专家讨论筛选出来的14项关于大学发展的投入指标和16项关于大学办学水平的产出指标，充分反映了大学办学中在人力、财力、物力三方面的投入以及大学在人才培养、科学研究和社会服务的三大功能上的履职情况。[①] 然而，人才培养、科学研究和社会服务不仅是大学的职能，同时也是大学的三类重要学术活动，对大学的评价也应该揽括这三类学术活动的效益。但这份报告中列出的16个产出指标，除“当量在校生数”“当量学历在校留学生数”之外，其余14个指标均为科学研究成果指标（见表1—1），可以说一所大学的排名和评价，科学研究成果是关键指标，甚至是唯一的决定性指标，其余的学术活动诸如人才培养和社会服务被排挤在外。大学的水平就相当于发表论著、获得科研项目和科研奖励的水平，科学研究产出的成果质量高低也就影响了大学学术水平的高低，大学的学术水平在各种评价和排名中被理解成了科学研究成果的水平，目前这种趋势变得更加明显。

表1—1　　绩效评价的评价指标[②]

序号	专家筛选的最初投入指标（14）	序号	专家筛选的最初产出指标（16）
1	校本部教职工总数	1	当量在校生数
2	博士学历教师占专任教师比例	2	当量学历在校留学生数
3	副高以上比例	3	百篇优秀博士学位论文数
4	研究与发展全时人员数	4	国内学术期刊发表论文数

① 中央教育科学研究所高等教育研究中心：《对72所教育部直属高校绩效评价的研究表明——影响高校绩效的主因是资源有效利用》，《中国教育报》2009年12月9日第4版。

② 中央教育科学研究所高等教育研究中心：《对72所教育部直属高校绩效评价的研究表明——影响高校绩效的主因是资源有效利用》，《中国教育报》2009年12月9日第4版。

续表

序号	专家筛选的最初投入指标（14）	序号	专家筛选的最初产出指标（16）
5	社科/科技活动人员数	5	国外学术期刊发表论文数
6	科研经费总额	6	国际学术会议提交论文数
7	教育经费总额	7	出版专著数
8	其他经费拨款	8	国家最高科学技术奖特等奖数
9	本年度完成基建投资总额	9	国家三大科技奖一等奖数
10	固定资产总额	10	国家三大科技奖二等奖数
11	实验室（实习场所）面积	11	省部级科学研究与发展成果奖数
12	图书册数	12	国家级项目验收数
13	图书馆面积	13	鉴定成果数
14	教室面积	14	发明专利授权数
注：教育/科研经费总额为教育/科研经费拨款与教育/科研事业收入之和。		15	技术转让当年实际收入金额
		16	专利出售当年实际收入金额

单价知识观的线性生产逻辑异化了科学研究的职能，误导了大学的学术活动。在这种学术生产逻辑下，从现实意义上来讲，科学研究“一手遮大学”，成为了大学的外衣，学术的内涵被科学研究的光环遮蔽。此逻辑下的大学建设与发展，使得科研成果发表成为重要追求。当你进入任意一所大学的网页，打开学校概览，你会发现在关于学校的介绍中，科研成果的展示非常醒目和吸引眼球，即便科研水平不太高的院校，也会巧妙地展现科研水平在一个不错的层级。大学为了提高科研成果的产量，则依托学术制度催生科研成果的产出。科研奖励制度、职称评审制度、职级晋升制度、人才称号评价制度等均以科研成果发表的量和层次为核心指标，这必然能提高科研成果的产量，但是也引导了大学学术人在认识上将科学研究等同于了产出科研成果，在行为上追求科研成果的发表。如此一来，专注于科学研究成果发表成为大学乃至大学教师的主要要求，教学研究与课堂教学成为了次要的工作，大学更看中在科学研究成果发表方面卓越的教师，只要科学研究的成效好，你就是一名优秀的大学教师。正如德国教育研究专家弗·鲍尔生（Friedrich Paulsen）在《德国教育史》中对柏林大学的评价一样，“该校认为在科学方面有卓越

成就的优秀学者，也总是最好的最有能力的教师”。[①] 此逻辑下大学的学术人，盯准发表科研成果成为了不得不选的无奈选择。在对教师学术成长的评定中，科学研究成果的产量重于教学工作能力，关于社会服务能力的评价基本属于虚空。不管是岗位职责考核，还是学术职称评定，科学研究成果便是硬性指标。数量众多的科学研究项目、大量的论文发表和专著出版成为大多数学术人取得学术地位的主要砝码，“不发表论文就解聘”[②] 也就成了大学中学术人从事学术实践的金科玉律。为此，单价知识观的线性生产逻辑下的学术观念和学术评价制度，让学术人不得不在投入人才培养与增加科学研究成果产出中做出抉择，在这抉择中，受伤的往往是人才培养，它同样作为学术活动却得不到应有的鼓励，社会服务也被当成边缘化的学术活动。产出科学研究成果似乎成了学术的全部，人才培养的空间被其抢占，与社会服务一起成为附庸，学术人的学术成长依靠科研成果，学术追求指向科研成果。

（二）理论研究与应用研究二元对立，科学研究被人为分化

单价知识观的线性生产逻辑推崇由基础研究到应用研究的线性路线。一般来讲，基础研究生产新知识，而新知识又能够成为新的科学资本，在新的科学资本的推动下，新产品和新工艺也随之出现，正如《科学：没有止境的前沿》一书中所阐释的核心观点一样，“如果大学要满足产业和政府对科学知识的需要，他们就应该加强基础研究”[③]。这种理念又被称为知识生产的“布什范式”，即先基础研究后应用研究的单向线性模式。不可否认，在科学技术发展链的线性关系中，基础研究发挥着先导性作用，是研究与开发（Research and Development，简称 R&D）活动的源头。比如，爱因斯坦提出的相对论，$E = mc^2$ 这个质能关系式对原子能发展的贡献。然而单价知识观的线性生产逻辑从研究目标上对基础研究和应用研究加以分离，并将它们置于一个杠杆的两端，任何一个科学研究只属于两种之内的一种，在一个端点开展的科学研究活动不可能不远

---

① ［德］弗·鲍尔生：《德国教育史》，滕大春、滕大生译，人民教育出版社 1986 年版，第 125 页。

② 涂艳国：《多元学术观与大学学术发展》，《高等教育研究》2011 年第 11 期。

③ Bush V.，*Science*：*The Endless Frontier*，Washington，DC：National Science Foundation，1990.

离另外一端，这种线性一维的图景却逐渐引发了基础研究与应用研究相对立的状态。在这种线性模式下，基础研究处于首要地位，应用研究需要基础研究的引领，但在科学发展的历史中，却出现了应用研究推动基础研究的情况。著名的微生物学家路易·巴斯德（Louis Pasteu）的创举就是一个典型例子。

路易·巴斯德是19世纪法国著名的微生物学家，被称为微生物学之父。他的学术经历和为微生物学学科建设的贡献创造了科学研究史上的一个新的时代，之所以称为新时代，是由于路易·巴斯德在科学探究过程中通过他的学术实践活动证明了认识世界的基础研究和理论运用的应用研究可以并存，甚至可以说是应用研究推动基础研究的发展。路易·巴斯德的这个奇特的学术实践经历，还得从1856年说起，那时他集中精力从事这个应用研究，主要是帮助一个企业家解决从甜菜汁里提取酒精的问题，就是在这个过程中他发现了微生物的发酵机理。这个机理为当时人们控制发酵和防止腐烂提供了一种非常有效的方法。就在同一年，他受到法国农业部的委托，探索一种令法国养蚕业损失惨重的蚕病“胡椒病”的治疗方法，他发现了真正的病源是一种微生物。后来，他又在研究炭疽、鸡霍乱和狂犬病的过程中，研制出了减毒炭疽疫苗和狂犬病疫苗。他在解决这些实际问题的过程中，产生了以微生物代谢活动为基础的发酵本质理论、细菌理论，开辟了微生物的研究领域，建立了微生物学。[①] 路易·巴斯德形成了他的一套“实践→理论→实践”的学术实践路线。由此，美国布鲁金斯学会（Brooking Institution）的学者唐纳德·E. 司托克斯（Donald E. Stokes）还专门提出了“巴斯德象限”（Pasteur's Quadra）的概念来分析科学发展与技术创新。

与巴斯德相同的案例比较多，诸如“为推进工业化进程的需要导致了达尔文物理学的产生，美国的朗缪尔通过对电子器件表面的研究创立了物理化学，为了减轻地震风暴、干旱和洪涝的损失，诞

① ［法］R. 瓦莱里·拉多：《微生物学奠基人——巴斯德》，陶亢德译，科学出版社 1995 年版，第 83—85 页，第 411—435 页。

生了地震学和海洋学大气学等”①。

<table>
<tr><th colspan="2" rowspan="2">研究起因</th><th colspan="2">以实用为目标</th></tr>
<tr><th>否</th><th>是</th></tr>
<tr><td rowspan="2">以求知为目标</td><td>是</td><td>Ⅰ基础研究（波尔象限）</td><td>Ⅱ应用基础研究（巴斯德象限）</td></tr>
<tr><td>否</td><td>Ⅲ非应用基础研究</td><td>Ⅳ应用研究（爱迪生象限）</td></tr>
</table>

图 1—1　科学研究的象限模式

基础研究与应用研究的二元对立状况难以协调。通过上述科学史中的部分案例，可以发现由基础研究到应用研究的线性逻辑存在缺陷，两者不应该处于二元对立的状态。为调适基础研究与应用研究的关系，唐纳德·E. 司托克斯在批判知识生产模式Ⅰ的单向线性生产逻辑的基础上，提出了科学研究的二维象限模式（见图 1—1）②。唐纳德·E. 司托克斯在万尼瓦尔·布什应用研究与基础研究分类的基础上，按照是否以实用为研究目标和是否以求知为研究目标的二维关系，将研究划分为了基础研究、应用研究、应用基础研究、非应用非基础研究（也称为技能训练与经验整理）。司托克斯试图解决基础研究与应用研究二元对立的状态，实现基础研究与应用研究的有效结合，但他的二维象限模式也没有解决基础研究与应用研究的二元对立，仍然无法逃脱线性生产逻辑的牢笼。科学研究究竟是属于基础研究还是属于应用研究，根本就没有界限，也找不到分界线，更没办法确定分界线，甚至应该放弃基础研究与应用研究这两个术语，同时大学的学术生产逻辑也不是这种单价知识观下的线性生产逻辑。可是，在当前大学学术生产中，受单价知识观下的线性生产

① 成素梅、孙林叶：《如何理解基础研究和应用研究》，《自然辩证法通讯》2000 年第 4 期。

② ［美］唐纳德·E. 司托克斯：《基础科学与技术创新：巴斯德象限》，周春彦、谷春立译，科学出版社 1999 年版，第 62—63 页。

逻辑影响比较大，在中国，基础研究与应用研究的关系仍然惟妙惟肖，已经存在的对立关系很难调和，还处于一种“时而重基础研究，时而重应用研究，认识模糊，举棋不定，一种摇摆型”的状态。

中国的大学科学研究真正起步于20世纪80年代，特别是在1985年的全国科技工作会议之后，系统的科学探究才开始启航。1986年国家启动了“863”计划，即“高技术研究发展计划”，以技术开发研究为重点，一些部属的重点大学获得了“863”计划的项目，重点开展应用研究。当然，应用研究的凸显必然导致基础研究的缺位，为了协调两者的关系，1989年2月，中国召开了“全国基础研究和应用基础研究工作会议”，会上提出了应用研究与基础性研究主次兼顾协调发展的战略。这段时间，在中国学术界，关于基础研究与应用研究的关系掀起了一股讨论的热潮，仅在1985年至1990年，中国知网数据库就收录了相关的讨论文章24篇。然而理论研究的热度并不代表实践领域的氛围热烈，在高校的实践中，基础研究与应用研究二元对立状况依然突出。特别是在之后的一段时间，人们发现只依靠应用研究还不能真正现实科学技术的大发展，慢慢地基础研究的地位又逐步提高。随之，自然科学基金、“973”计划、国家重点实验室建设计划、重大科学研究计划、科技基础性工作专项、中科院知识创新工程等成为了中国基础研究计划的重要内容，大学在基础研究中发挥了重要的作用。根据国家统计局的数据分析，自2004年起，中国高等学校的基础研究活动进一步得到加强①。据科技部的信息显示，从2006年起，高校基础研究经费规模超过研究机构，成为中国最大的从事基础研究活动的部门（具体见表1—2）。② 2012年3月，教育部出台了《关于进一步加强高等学校基础研究工作的指导意见》，意见中明确提出：“坚持基础研究在高等学校科技工作中的核心地位”，大学完全成为了基础研究的主体。

---

① 《2004年我国高等学校基础研究活动进一步增强》，上海研发公共服务平台（http://www.sgst.cn/xwdt/shsd/200705/t20070518_94399.html）。

② 余冠仕：《高校基础研究规模超全国半数》，《中国教育报》2011年5月20日第1版。

表 1—2　　2007—2014 年高等学校研究与发展经费 单位：千元（人民币）

项目 年份	基础研究	应用研究	项目 年份	基础研究	应用研究
2007	6339133	14145395	2011	17760985	34393549
2008	9342687	17872988	2012	21328225	34910430
2009	11274125	20918484	2013	26463087	39172449
2010	13902232	25429773	2014	27935647	41042663

数据来源于：中华人民共和国教育部科技司编写的 2007 年至 2014 年各年度高等学校科技统计资料汇编，每年由高等教育出版社出版。

在单价知识观的线性生产逻辑中，基础研究与应用研究各执一端的状态，打破了科学研究的统一性。基础研究与应用研究的二元对立关系中大学偏执于基础研究，大学把基础研究的重心放在了学科建设上，以学科建设为核心的科学研究，带给了大学学术的同质化。

（三）学科建设的线性模式，导致学术同质化

正如前文所述，大学成了基础研究的主体，通过基础研究促进了大学的学科建设。基础研究是不考虑应用目标的研究，而是以拓展对世界的基本认识为目标，它产生的是普遍的知识和对自然及其规律的理解[①]。这种思路受到自柏林大学以来的知识生产模式的影响，强调纯科学研究，基础研究以学科作为基点也以学科作为归宿。19 世纪初期，洪堡开启了史称的“第一次学术革命”，在大学开始探索科学研究与教学的结合，在这种理念的影响下，通过纯科学研究促进新的科学知识生产逐步演变为大学的核心职能，以学科知识生产为主的学科建设和基础研究有了学院的组织建制依托。从组织架构上来看，以学科建设为取向的学术生产涉及大学与国家之间的关系，在一个封闭的组织系统中，依靠大学制度化的组织结构，各学科各成体系，组建团队，在单一学科领域独立开展基础研究[②]。在这样的组织架构模型中，学科便名正言顺的成了大学各项事

① Bush V.，*Science：The Endless Frontier*，Washington，DC：National Science Foundation，1990，p. 18.

② 李志峰、高慧、张忠家：《知识生产模式的现代转型与大学科学研究的模式创新》，《教育研究》2014 年第 3 期。

业发展的龙头，依托大学学科建设实现大学的可持续性发展。

在中国，按照“自上而下”的学科设置逻辑（见图1—2），确立学科门类、凝练学科方向、开展学科建设。学科建设是大学发展的龙头，没有学科作为依托，大学就没有骨架。为了搞好学科建设，做好学科的发展布点工作，中国多次修订了学科目录和学科分类。2009年，中国修订了《中华人民共和国学科分类与代码国家标准（GB/T 13745—2009）》，专门为科技政策和科技发展规划以及科研项目、科研成果统计和管理服务。2011年，国务院学位委员会和教育部第四次修订了高等学校《学位授予和人才培养学科目录（2011年）》。通过修订学科目录和学科分类，一方面指导中国大学的硕士研究生、博士研究生的招生、培养和学位授予等工作，另一方面用于学科建设和教育统计分类等工作。中国大学的学科建设一般会依据这两个文件，按照统一领导、科学计划、组织实施和评估检查的路子，调适学科的结构布局，构建学科组织，制定学科制度，吸纳学科队伍，凝练学科方向，通过学科项目，对照学科评估标准，开展学科的建设和科学研究工作。

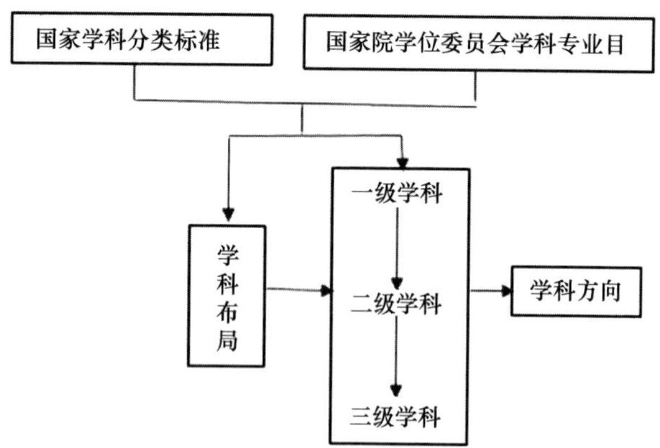

图1—2　中国“自上而下”的学科设置逻辑

单向线性的学科建设逻辑，标准统一，步伐整齐，路径雷同，忽略了学科建设的内涵，使学科建设成效同质化。今天，没有一所大学不搞学科建设，但不是每一所大学都把学科建设做得像学科建设，一些新建地方本科院校建了十几年的学科，但还是没有学科建设，一些重点大学，学科建设的成效主要体现在“国家重点学科、国家重点实验室、国防科技重点实验室、国家工程技术研究中心、国家工程研究中心、教育部人文社科基地、省部级重点学科、省部级重点实验室、省级人文社科基地、国家级奖、省部级奖、专利发明、高端论著和科研项目”等指标上。这种“自上而下”的线性模式，一方面只能在已经成熟的学科范式内，按照同样的建设内容，遵循同样的标准，建设实际已经成熟但该所大学还仍然薄弱的某一学科，虽然能够结合区域优势和特征建设学科，但其结果更多地表现为学科建设的低水平重复，人力、物力和财力的集中浪费；另一方面在封闭固定的学科框架内部，囿于一级学科、二级学科或者三级学科的视阈，有学科标准、有学科门类地建设学科，如此一来，新兴学科、综合学科、跨学科等在“自上而下”的学科线性建设逻辑中将无缘产生。

单价知识观的线性生产逻辑，凸显了科学研究在大学中的核心地位，把科学研究作为了学术活动的全部，进而将基础研究与应用研究置于学术研究的两端，在割裂的知识结构中，首先划分出先基础研究后应用研究的逻辑顺序，然后在大学场域中以单个学科的认知为目的开展基础研究，通过基础研究依靠国家和政府的行动促进学科建设。这种单价知识观的线性生产逻辑，固然在学术生产和学术活动中带来了价值，诸如重视科学研究、提出基础研究与应用研究的学术场景、突出学科建设在科学技术发展中的地位，可它带来的对学术内涵的窄化，应用研究与基础研究难以突破的壁垒以及“自上而下”的学科建设中带来的学术研究同质化，成了当下学术生产的障碍。我们将继承性地摒弃这种单价知识观的线性生产逻辑，在对学术生产和学术内涵重新认识的基础上，探究多价知识观视野下的生产逻辑。

二　行政科层式的外生型生产逻辑异化学术的行为

大学既有社会组织的共性，又有学术组织的个性，但大学仍然倾向于社会组织的行政管理。大学作为社会组织而存在，具有社会组织的共性，同时大学是一个倡导“独立之精神，自由之意志”的学术组织，具有学术组织的个性。具体来讲，在大学的内部同时存在两大类组织：“一类是科层权威组织，负责制度与管理职能，包括协调与社会组织的关系、贯彻法律、管理内部事务、获得和分配必需的资源、协调师生关系；另一类是专业权威组织，负责实际的教学科研的技术过程。”① 可以说，第一类属于行政事务管理，第二类属于学术事务管理，大学治理就在于协调行政事务与学术事务之间的利益关系，消解学术权力与行政权力之间的冲突。学术与行政之间，二者应该“各守其职，各尽其能，各得其所”。一方面需要依靠行政权力协调各职能部门之间、职能部门与院系之间、各院系之间的关系，维持大学内部良好的运转秩序，同时还需处理好大学与政府、大学与社会其他部门之间的关系，以助于大学更好地与外界进行信息、物质和能量的交换。另一方面大学内部的学术事务管理，需要通过教授委员会、学术委员会的团体按照学术事务的内在规律来完成。可事实上，大学的学术权力从一定程度上来讲是名存实亡的，大学内部管理的行政化倾向比较严重，行政权力统领了学术权力，挤占了学术权力的生存空间。同样，中国的大学也是按照政府行政管理的运行模式，搬用了政府行政管理的模型，借用了行政科层式的管理来组织大学的架构。

科层式的管理成为大学管理的主要特征。1745 年，一个名叫蒙西尔·德·古尔奈（Monsieur de Gournay）的学者首创“科层制”（Bureaucracy）来描述普鲁士王国的官员制度。1922 年，德国社会学家马克斯·韦伯在《经济与社会》中，论述了“科层制”的组织理论。其实“科层制”早已存在于古罗马、古埃及等帝国的官僚体制中，是等级鲜明、制度严格、层次清晰、权责明确的组织模式。韦伯将其上升到理论高度，按照理性建立起理想的科层制管理模式。该组织模式“具有劳动分工与专业化、理性与非人格化取向、权威等级与集权、法定的形式化的规章制度、职业取向等典型特征”。② 在韦伯看来，“科层式管理体制是一个合理和严密的社会组织，它具有熟练的专业活动，明确的权责划分，

---

① ［美］韦恩·K. 霍伊、塞西尔·G. 米斯克尔：《教育管理学：理论研究实践》（第七版），范国睿译，教育科学出版社 2007 年版，第 113 页。

② Max Weber, *The Social and Economic Organizations*, New York: Free Press, 1947, pp. 330 - 338.

严格执行的规章制度，以及金字塔式的等级服从关系”。[①] 大学作为社会组织而存在，有自己明确的目标，都建有财务、人事、资产、后勤等专业分工的业务系统和管理系统，建立了各个岗位的职责和责任，制定了一套完善和正式的管理规章制度，对大学教师和管理人员的选拔依据严格的任职条件和考核标准，教职员工按照自己的职称和职务所对应的岗位职责完成工作任务，根据工作量的多少领取报酬，这些完全符合科层式管理的特征。在今天中国的大学中，从外部对大学的管理来看，是“教育部→省级政府→省教育厅→大学”的等级系统，从大学内部组织架构来看，是“大学→学院→系→专业”的权力等级体系，大学内部在机构的设置中，也套用了政府机关的机构设置，大学的治理结构与政府的治理结构具有同构性。将政府机关的行政机构设置模式搬到大学校园，采用从“国家→地方→大学”“大学→职能部门→学院→系”的科层式来管理大学，若从处理行政事务来讲，具有很大的可行性也提高了管理的效益，但从学术事务管理来讲，针对大学的学术发展，可以说带来了诸多的弊端和不适应。

科层式下的学术生产，由“国家到地方再到大学”的时空维度和制度运作方式为我们呈现了一种鲜明的自上而下的学术创新的实践逻辑。按照人们对大学组织的“理想建构”，大学乃研究高深学问、培养人才之地，与行政机关在性质、功能上都有很大差异，大学应该有自己的组织运行逻辑，但现实中呈现给我们的“社会事实”却不是这样的。受科层式管理影响而形成的自上而下的学术创新的实践逻辑，遵循的不是“认识论的法则”，而是基于国家（地方）行动、国家（地方）需要、国家（地方）计划的总体性要求[②]。由“大学→职能部门→学院→系”组成的运行机制和治理架构，需要基于学校（学院）发展、学校（学院）需要、学校（学院）计划的总体要求开展学术活动，追求学术产出。[③] 遵循行政

---

① Max Weber, *Economy and Society*, Oakland, CA: University of California Press, 1978, pp. 218 - 219.

② 徐永:《国家行动下学术创新策略的实践逻辑及其反思——基于大学学术生产的视角》,《教育发展研究》2012 年第 23 期。

③ 徐永:《国家行动下学术创新策略的实践逻辑及其反思——基于大学学术生产的视角》,《教育发展研究》2012 年第 23 期。

科层式管理的层级结构，在权力等级的主导下，有级差的金字塔式的学术生产，本书将这种生产逻辑，称之为“行政科层式的外生型生产逻辑”。中国大学的学术生产走的是“外生型的生产逻辑”，这种逻辑没有保持学术生产过程中的“认识论”传统，而是由外部因素支配着学术生产。“学术生产的实践逻辑不是纯知识层面，而是基于政治、经济等各种外部因素的影响”①，这种逻辑主导下的学术生产，表现为“自上而下”的评估考核，“自下而上”的申报，每个学术人不断地追求更高层次的学术成果。(见图 1—3)

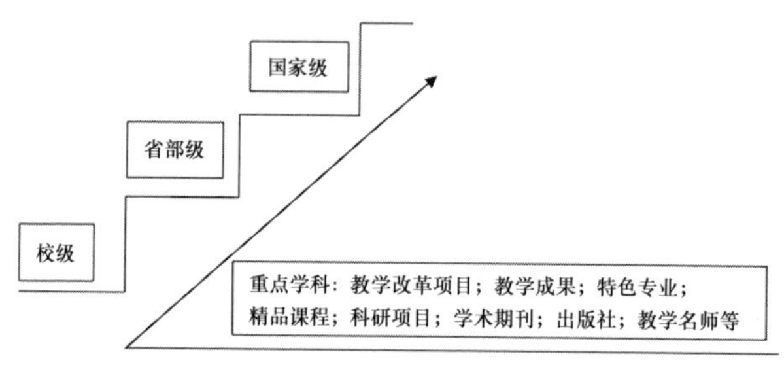

图 1—3　科层式的“自下而上”的学术生产

根据图 1—3，可以得出目前中国学术生产的逻辑属于外向型，更加注重学术成果的“身份”象征。“自下而上”的学术生产中，形成一种关注“身份”的学术评判方式，学术人形成了一种“国字号”高于“省字号”，“省字号”高于“校字号”的学术生产“潜意识”和“潜规则”。比如在教学学术中，要获取“国字号”的教学成果奖，必须经历“校字号”的教学成果奖、“省字号”的教学成果奖的评比，其奖励的分量具有层级性。同理，精品课程、特色专业、教学名师等都需要在一步一步的结构中层级式的申报。在科学研究中，科研项目有国家社科基金项目和国家自然科学基金项目，有中央各部委的部级科研项目，还有各省级科研管理部门的科研项目，甚至市（区县）级的科研项目，高校有高校的校级科研项目。在这些项目中，含金量和影响力按照“国字号”到“省

① 徐永：《国家行动下学术创新策略的实践逻辑及其反思——基于大学学术生产的视角》，《教育发展研究》2012 年第 23 期。

字号”再到“校字号”由高至低的降序排列。在学术期刊中，按照“国际顶级期刊→学科级期刊/权威期刊→科学引文索引（Science Citation Index，简称SCI）收录期刊/工程索引（The Engineering Index，简称EI）收录期刊/社会科学引文索引（Social Sciences Citation Index，简称SSCI）收录期刊/中文社科科学引文索引（Chinese Social Sciences Citation Index，简称CSSCI）收录期刊→中文核心期刊→一般期刊”序列，用学术期刊的级别来判断学术成果的水平和价值。同理，学术成果发表的出版社，学术成果的获奖层级等，在此不一一赘述。受制于上述“潜意识”和“潜规则”，大学学术生产的逻辑形成了一种层级的图式结构，学术人在学术生产实践中也形成了与此相匹配的学术生产意识和学术生产规则。

行政科层式的外生型生产逻辑并非一无是处，它之所以能够存在肯定有其合理性和必要性。从国家层面催生的学术生产，其主导逻辑是学术为国家的建设与发展服务，“一方面促成了学术界与国家间的共生关系，因而使得体制内的学术获得了相对稳定的保障，另一方面又影响了它自主构建的生态”①。随着知识生产模式Ⅱ呈现的新特征对大学功能的影响，大学、政府与企业（产业）形成了三重螺旋结构，大学与政府的关系变得更加紧密，大学逐渐形成了科学知识生产和学术生产的科技螺旋线，政府则形成了支撑科学知识生产和学术生产的政策螺旋线，政府在学术生产中发挥的作用更大，在学术生产中也将获得更多的主导性。但是当行政科层式的外生型生产逻辑完全控制着大学的学术生产时，“国字号”和“省字号”的学术成效必定会成为大学终极的学术生产追求，使学术经济化和学术政治化倾向明显，学术生产变得功利化，国家的各类学术标准成为学术生产的指南针，学术同质化表现比较严重，从而阻碍了学术的创新。另外行政科层式的外生型生产逻辑也忽略了大学教师作为学术人的存在特征，学科专业是学术人的依托，学术人也因从事的学科专业和学科建设的学术任务而崇尚自由且具有一定的独立性，学术专业人员是不过度依赖于行政管理体制的一种独立存在，过度地弘扬行政科层式的外生型生产逻辑，会使学术人亦被异化，他们在学术生产中

---

① 阎光才:《中国学术制度建构的历史与现实境遇》,《北京师范大学学报（社会科学版）》2008年第6期。

会追求更加实在的功利学术，而忽略人文学科等这类非生产性或生产性不强的学科。行政科层式的外生型生产逻辑“作用于大学学术生产行为，使得‘学术创新’与‘学术失范’紧密地交织在一起，国际化、经济化和集体化的‘学术创新’与离散的、非线性的、学科差异明显的”① 学术生产逻辑有很大的不同，正是由于这种不同导致了学术行为的严重失范，使追求学术的外在性目标主导了学术生产，“国字号”和“省字号”的学术成果必定会成为学术人终极的学术生产目标。

综上所述，行政科层式的外生型生产逻辑，是以国家意志为主导力量，按照自上而下的行政科层逻辑，在“国家→地方→大学”的金字塔式学术成果梯级结构中，大学学术生产从“大学→地方→国家”爬阶梯式地开展学术活动，若能够获得“国字号”的各种学术的承认，则深刻表明学术生产的产能足、水平高、价值真。教育系统和大学组织的行政科层式运行框架侵蚀着学术的生产逻辑，更多关注学术生产的外在价值，学术生产逻辑是自上而下的时空维度和运作机理。这里的“自上而下”不仅意味着从国家到地方再到学校的科层式组织运行，还意味着从政治经济到教育文化的上下、高低之别，由此凸显了“教育—文化”的依附性存在，进而凸显了“学术生产的依附性存在”。② 大学学术生产的过于“依附性存在”，无意间会内化为学术人学术实践的心智结构，学术人在学术行为异化和学术活动的极度失范中推动学术的发展，虽然表面上发展和繁荣了学术，然而内在的学术成长动力却不足。因此改变行政科层式的外生型生产逻辑，遵循学术的实践性特征，才能帮助学术人在“识场”与“立场”中调节优化内在的心智结构，破解“内生型逻辑”与“外生型逻辑”的二元对立状态，回归大学学术生产的“内生型逻辑”，探究学术资本生成的实践逻辑。

三　新自由主义的市场化生产逻辑消解学术的价值理性

新自由主义的市场化生产逻辑削弱了学术作为志业的追求。新自由

---

① 徐永：《国家行动下学术创新策略的实践逻辑及其反思——基于大学学术生产的视角》，《教育发展研究》2012 年第 23 期。

② 徐永：《国家行动下学术创新策略的实践逻辑及其反思——基于大学学术生产的视角》，《教育发展研究》2012 年第 23 期。

主义的英文翻译有两个，一为“New Liberalism”，一为“Neoliberalism”，前者是19世纪70年代，为了适应资产阶级发展中的新要求，提出的在国家制度框架内的自由，是有国家干预的自由，后者是20世纪70年代随着“福利国家”政策破产，“New Liberalism”日趋衰微，以哈耶克为首的学者提出的恢复古典自由主义的“Neoliberalism”，即今天所谓的“新自由主义”。新自由主义反对国家的过多干预，主张由市场决定资源配置，并按照市场原则通过个人竞争决定社会定位。其主要的观点是：“市场机制是传递信息和资源配置的有效机制，应缩小国家对经济干预的范围，削减卫生、福利、教育等社会服务中的公共开支，尽可能地将公共服务私营化，并引入内部竞争等市场原则。”① 新自由主义对政治取向、经济政策的影响巨大，通过经济和社会的影响力很快便延伸到了高等教育领域。在新自由主义的影响下，高等教育领域发生了一系列的重大变革，“经济逻辑取代了教育逻辑，企业逻辑取代了大学逻辑，资本逻辑取代了学术逻辑，高等教育日益走向市场化、产业化和商业化”。② 大学学术生产中所倡导的“知识、分享和兴趣”旨意逐渐被“市场、竞争和效率”所取代，科学研究和知识生产的商业化被推到了前所未有的高度，学术生产中原有的学术文化和生态出现了异化。学术达尔文主义（Academic Darwinism）开始在大学里盛行，提高绩效的“工分制评价”取代了教师之间原本的“同僚评价”，评价一个学者的教学和研究能力以他在市场上能够被衡量的能力为标准。③ 受新自由主义的影响，学术人“为学术而学术”的追求被“职称、职级、学术头衔、科研项目、学术评奖”的学术生产目标所取代，只有对学术荣誉的痴迷，从而缺失了为学术繁荣的学术探索。学术不再是一种志业，学术人个人事业的利益统领了其学术生活，④ 通过不断增加学术论著的“产出量”为自己获取更多的学术荣誉晋

---

① ［英］基思·福克斯：《政治社会学》，陈崎、耿喜梅、肖咏梅译，华夏出版社2008年版，第60页。

② 李立国、陈露茜：《新自由主义对高等教育的影响》，《清华大学教育研究》2011年第1期。

③ 吴玫：《新自由主义背景下高等教育研究的社会责任》，《高等教育研究》2011年第4期。

④ Kathleen Lynch，*Neo-Liberalism and Marketization：the Implications for Higher Education*，European Educational Research Journal，2006，Vol. 5（1），pp. 1－17.

升的筹码，对学术成果“量”的热爱超过了对学术成果“质”的诉求。

新自由主义的市场化运作逻辑中标准化、数量化、商品化成了学术生产的价值追求。对标准的渴求是新自由主义时代多数人的实践心态，标准提供了实践的遵循，指明了实践的路向。学术生产实践也不例外，各层面的学术管理机构制定各种标准，规范学术活动。人才培养有专业标准、质量标准和评估标准，科学研究水平有评审标准、考核标准和评价指标，科研项目有立项标准和结题评审标准，学术期刊有评定标准、评价指标和等级标准。可以说只要与大学学术生产相关的活动，都可以找到相对应的标准，在标准的指引下，学术人也成了“标准化”的学术劳动生产者。数量化是新自由主义的另外一个重要特征，大学学术生产也将“数量化”作为评价学术成果的重要指标。在大学学术场域里，“全球财团化的效应最为清晰的巨变，表现在学术生产力的外观及政策上。课程注册人数的多少、学位的授予量、博士找到工作的比率均受到高度的控管与监视，就像把这些数字当成是工业统计来看待一样，学术是用出版量及引文数来丈量计算的”。① 在新自由主义的影响下，学术人的学术生产以“期刊承认”为动机，以论著发表为目的，追求学术成果的数量增长。诸如 Nature 和 Science 发表论文的数量，被 SCI/EI/SSCI/CSSCI/收录的论文数量，中文核心期刊上发表的论文数量，出版专著的数量，承担科研项目的级别与数量，获得学术奖励的级别与数量以及科研经费数量等。大学学术不断进行着论文、著作、科研项目和科研奖励数量的生产，追求“学术成果的生产总量”成了大学学术的重要关切，令人陶醉的数据带来的是失去灵魂的卓越。商品化是新自由主义的最终指向，在市场领域中获得商业价值和利润是最终归宿。商品化的特征深刻影响着大学的学术生产，学术被卷入了市场领域，促成了学术的资本化。新自由主义视域下的学术资本化，有两层含义，第一层含义，学术人依据学术生产的评价标准，在明确规定的刊物上发表了学术成果会获取一笔不菲的奖励，成功立项了一定层级水平的科研项目会获得一笔数量不少的科研经费资助，产出成果和获得项目的数量越多奖励也随之增多，因此从事学术生产活动产出符合标准的学术成果成为了学术人谋取经济利

---

① Masao Miyoshi, “Ivory Tower in Escrow”, *Boundary* 2, 2000, Vol. 27 (1), p. 19.

益的最好途径。第二层含义，学术人将学术成果转化应用于解决各行业在发展中所面临的问题，体现学术成果为商业服务的价值，依托学术成果为一定的行业谋取更大的商业利润，从事学术生产也为经济资本和商业利润，学术成了市场领域的一宗商品。

总体来讲，新自由主义的市场化运作逻辑下的学术生产，“这里没有思想的评价，也没有学术表达是否精练的评估，有的是对核心刊物的迷恋，以及对文章字数的简单统计”①。各类学术标准打着“客观、透明、公平”的旗号，以“量化”的计账方式引领学术生产，学术人成了价格化、商品化和标准化的劳动生产者，大学的学术生产一切以市场、生产力和利润作为依归。学术活动在本质上是一种探索性的活动，而探索未知活动的最大特点就是其不确定性与不可预计性②，一切以市场、生产力和利润为依归的学术生产逻辑，不仅破坏了学风、误导了学术人的学术追求，而且学术人的独立思考能力和创造能力也在“数字海洋”中被抹杀，学术人所需的学术创作空间也被缩小，学术生产也出不了精品，出不了学术性的原创。如果把学术人的学术成果以一大堆简单的数字来评价，那么学术生产就只有低水平低层次的重复和自我克隆。学术人学术生产的价值追求明显偏离正轨，学术创新的大跃进式追求，将使学术垃圾遍地横生，甚至抄袭剽窃等学术丑闻也层出不穷。大学的学术生产不能只讲数量，不能只追求高效率，更不是一个投入与产出，看料加工，来料加工的简单的生产过程。迈克尔·博兰尼（Michael Polanyi）曾经提出，在人类的活动中存在两种秩序，一种是人为设计的秩序，另一种是自发的秩序，两种秩序都有其正当性。③ 学术生产要遵循自由的秩序，“教师对其学术责任的理解并非来自合同或大学规章的批示规定，在这方面，它不像人们作为一个军人或大型公司的一个中级管理人员对其职责的理解那样，可从合同或规章里得到，教师对学术责任的理解乃是大学文化遗传的一部分”④。大学的学术生产是受到大学本真价值和历史使命

① 兴生：《质疑如此“游戏规则”》，《社会科学报》2004 年 1 月 29 日第 5 版。

② 陈洪捷：《学术创新与大学的科层制管理》，《北京大学教育评论》2012 年第 3 期。

③ ［英］迈克尔·博兰尼：《自由的逻辑》，冯银江、李雪茹译，吉林人民出版社 2002 年版，第 168—173 页。

④ ［美］唐纳德·肯尼迪：《学术责任》，阎凤桥等译，新华出版社 2002 年版，第 119 页。

的召唤，学术人将其转化为一种内在的生命精神的追求，是融合科学知识生产、知识传承、思维开发、服务社会的实践过程，并遵循实践逻辑。

第二节 “意义危机”的根源探析

对意义世界的遗忘，是学术生产出现上述危机的根源。不可否认，单价知识观的线性生产逻辑、行政科层式的外生型生产逻辑和新自由主义的市场化运作逻辑使得学术生产陷入了外部繁荣与意义缺失的尴尬局面，是属于消解学术生产意义的外部因素。然而，外部因素只是引发学术生产意义危机不可小觑的力量，对学术意义的遗忘才是大学学术陷入进退两难之困境的内在因素，而且这个因素加剧了学术生产的意义危机。深入分析学术生产意义危机的内在根源，方能在变幻莫测的外部因素中坚守学术的价值追求，学术生产才能更加符合学术的本性。

一 主客观二元对立的学术思维规限

大学学术生产摇摆于主客观二元思维之间。人是实践者和行动者，作为一个复杂的存在，在体现人与他面对的客观世界的关系之时，他的主观世界与实践中面对的客观世界之间的前提假设争论不休，那么主客观二元对立的状态由此产生。这种对立状态，被称为主观主义与客观主义对立，在对立的状态中形成了主客观的二元思维模式，并且主观主义和客观主义各自处于相互独立的状态。布尔迪厄在《实践感》中开篇明义：“在人为地造成社会科学分裂的所有对立之中，最基本、也最具破坏性的是主观主义与客观主义的对立。”① 主观主义将“人”这一行动者视为行为主体并立于社会分析的首位，行动者的“直接体验”贯穿于理论之中，布尔迪厄称主观主义为“想象人类学”。客观主义则将“社会”放置于核心地位，摈弃行动者的意志与意识，“丝毫不考虑与作为客观活动之条件和结果的原初经验相关的距离和外在性问题”②。主观主义的思维将“逻辑的事物”当作“事物的逻辑”，倚重人的主观能动性。客观主义

① ［法］皮埃尔·布迪厄：《实践感》，蒋梓骅译，译林出版社2012年版，第33页。
② ［法］皮埃尔·布迪厄：《实践感》，蒋梓骅译，译林出版社2012年版，第35页。

的思维“将个人群体看成被动消极的承受者，支持着机械地展开它们的自在逻辑的那些力量，是‘客观化的客观化’，只能产生一个代用的主体”①。当前不管是客观主义的思维，还是主观主义的思维，始终无法解决对自身的认识结构进行客观化操作的致命弱点。在学术生产中，主观主义的思维和客观主义的思维影响着学术人的学术思维，大学的学术生产摇摆于主客观之间，或主观主义思维领航学术生产，或客观主义思维规限学术生产。在主客观非此即彼的对立关系中，学术生产更加遵从于单价知识观下的单向线性生产逻辑，习惯性地选择行政科层式的外生型生产逻辑，乐意于新自由主义的市场化生产逻辑。

主观主义思维强调个人对学术的主观理解，学术生产的逻辑是个人理解与行动的结果，学术生产的过程是将人的主观意志赋予作为客体的学术并做出一系列反应的过程。学术生产中发挥主体作用的人，包括具有学术权力的大学官员、学术的管理人员、大学内部的管理者、政府部门的教育管理者以及学术人。学术生成在很大程度上受制于前面的四者，他们主导了学术生产的内涵和方向。正是由于对学术的理解受到人的主观意志的影响，而放弃学术作为一个客观存在的独特意义，因此学术的内涵完全托付于人的主观意志，并将学术等同于科学研究，将知识分割成了理论的知识、实践的知识和产业的知识。完全的主观主义思维，忽略了学术存在的客观性和内在性，学术生产受到外在人为力量的主导，在人为设定的逻辑架构中，遵循行政化的科层式结构，自上而下的按照国家主体的意志，产出学术成果。即便学术人在学术生产过程中，必须将本人已有的学术活动阅历书写于其中，学术人也根本无法摆脱社会关系与人类知识之间的相互制约。主观主义的学术思维过分强调作为行动者的人的自主性，不能将与其对立的客观主义思维关注的学术本真存在相融合，学术生产关注效果的显性，也就导致了基础研究与应用研究的矛盾，“学术质”与“学术量”的矛盾，在学术场域中就会出现各种问题。

学术生产中的客观主义思维虽然避免了人的主观因素的影响，但是

① ［法］皮埃尔·布迪厄、［美］华康德:《实践与反思——反思社会学导引》，李猛、李康译，中央编译出版社1998年版，第8页。

对学术人在学术生产中的主体性价值弘扬不够。客观主义“旨在确定一些不依赖于意识和个人意志的客观规则（结构、法则、关系系统等），在学术认识和实践认识之间引入一种明显的间断，并将该间断所依托的多少有点明晰的表现置于‘理性’‘先天观念’或‘意识形态’的地位。”① 学术生成中的客观主义思维主要表现在两个方面，一是从学术生产活动上来讲，将学术理解为追求纯粹的科学研究，二是从学术生产的结果上来看，以客观的量化标准为依据评价学术成效。纯粹的科学研究是一种“纯学术”的心态，虽然破除了人的主观因素的影响，但是却忽视了学术生产中学术人在对“纯学术”的应用和开发中的主体性价值，使学术生产陷入了基础研究与应用研究的对立状态。以客观量化的学术标准作为评判的标准，固然能够克服由于人的主观因素导致学术评价的非客观性，但纯粹的以“数量化”为标准，会使学术生产逻辑偏向于外在性和市场化的量化原则。客观主义忽略了学术场域空间的非决定性和学术人的实践本性，学术实践不应该是在固定的“结构”中行动并运用。如同“‘说话’的‘言语’不仅是‘语言’一样，我们忽视的是言语和行为的不同用法与情境”。② 正如华康德所言：“客观主义只能消极地把握实践，最多只能用学究式的对实践的思考来替代行动者的立场，而这只不过是对分析者建构的模式的执行操作而已，在方法上已经将行动者所具有的经验搁置一旁，因此只能去解释那种学究的实践感，执行的是其自在逻辑。”③

纵观之，客观主义与主观主义的二元对立，在学术生产中两者不可能融合和协调。主观主义的学术思维不能将客观主义思维关注的学术本真存在相融合，学术生产只关注可以量化并能直接显性的学术成果。客观主义的学术思维虽然能够确保在学术成果评价中对学术人的客观与公正，有助于克服由于人的主观因素在学术成果评价中的主观意志和倾向，但客观量化的学术标准却成了学术人学术生产的指针，导致了学术人在学术生产中偏向于外在性和市场化的实践逻辑。一方面主观主义的思维

① ［法］皮埃尔·布迪厄：《实践感》，蒋梓骅译，译林出版社2012年版，第34—35页。

② ［美］乔纳森·特纳：《社会学理论的结构》，邱泽奇、张茂元译，华夏出版社2006年版，第465页。

③ ［法］皮埃尔·布迪厄、［美］华康德：《实践与反思——反思社会学导引》，李猛、李康译，中央编译出版社1998年版，第8页。

难以采取客观化和对象化的操作，坚守学术生产中的学术本质；另一方面即便意识到了主观意志侵入学术生产的弊端，并能够有意识的避免主观体验先入为主地影响学术生产实践，但依然无法确保学术本质的充分体现。大学学术生产需要超越主观主义与客观主义的二元对立状态，在学术实践活动中，“不仅要与本土经验及其本土表象决裂，它还要通过第二次决裂，对‘客观’观察者立场固有的预设提出质疑，因为‘客观’观察者致力于解释实践活动，倾向于在对象中引入他与对象的关系的依据”。[①] 法国社会学家布尔迪厄通过对客观主义与主观主义的批判性考察，创立了实践理论，从关系主义方法论出发，通过场域、惯习、资本、实践等概念及其之间的相互运作超越传统的主客观二元对立，“将科学实践的所有操作归属于一种关于实践与实践性知识的理论之中”[②]，有助于探讨大学学术生产的实践逻辑。

二　工具理性对价值理性的消解

价值理性与工具理性是完全不一样的思维取向。价值理性所倡导的是价值合理性的行为，工具理性所倡导的是目的合理性的行为，两种不一样的思维取向影响着相应的实践活动。价值合理性的行为是指绝对地不计后果地遵从某些价值信念而行事的行为[③]，目的合理性的行为是指以能够计算和预测后果为条件来实现目的的行为。[④] 价值理性与工具理性的内涵体现在行动者的行为上，行动者的行为符合一定的价值标准和意义，即为价值合理性的行为，行动者的行为有益于既定目的的实现，在目的与手段之间做出了客观合理的评估，即为工具合理性的行为。理性的崛起与发展是人类社会伟大的进步，价值理性能够赋予人类行为的意义，工具理性能够带给人类效率和效益。

当前学术生产中价值理性的位置被工具理性所挤占，过度的工具理

---

① ［法］皮埃尔·布迪厄:《实践感》，蒋梓骅译，译林出版社 2012 年版，第 36 页。

② Pierre Bourdieu, *Outline of a Theory of Practice*, New York: Press Syndicate of the University of Cambridge, 1977, p. 3.

③ ［德］马克斯·韦伯:《经济与社会》（上卷），林荣远译，商务印书馆 1997 年版，第 57 页。

④ 苏国勋:《理性化及其限制——韦伯思想引论》，上海人民出版社 1988 年版，第 89 页。

性消解了价值理性。学术作为一项志业，它是一个意义和价值的存在，“为学术而学术”“为知识而知识”和“为科学而科学”的态度和精神，要求在学术活动中探究未知，在学术争鸣中百花齐放，不仅要净化人的精神世界，还需要丰富人的生活世界。求真、求善、求美，可以说是学术实践所追求的价值理性。在学术实践的价值理性的引导下，行动者可以通过发表学术成果、传播学术成果、应用学术成果、申请学术研究项目、争取各种学术荣誉等方式和手段来促进学术发展。如果说学术实践的价值理性体现了学术的意义和目的，那么学术实践的工具理性则反映了学术活动的手段。通过学术活动中的各种手段来追求学术的意义和价值，合理评价学术实践中手段和目的关系，就能够权衡学术实践中价值理性与工具理性的关系，避免学术实践中出现本末倒置的现象。价值理性是工具理性的精神支柱，工具理性是价值理性的现实支撑，两者统一于学术人的学术实践活动之中。正由于学术实践活动的目的性，才会引发相应的工具理性取向的需求，价值理性解决学术人“为什么做”和“做什么”的问题，工具理性解决学术人“如何做”的问题，在学术实践中价值理性与工具理性互为根据相互支撑。但在社会发展的进程中，受制于市场化的力量，价值理性与工具理性的关系悄然地发生了微妙的变化。工具理性迅速地膨胀，价值理性的存在空间被逐渐挤压甚至蚕食。工具理性的影响程度越来越深远，影响范围不断地扩大，过度的工具理性消解了价值理性。在大学学术生产中，虽然工具理性带来了效率和效益，但深刻地影响着学术人的意义追求，逐渐滋生了学术生产的意义危机。工具理性主导下的大学学术生产，学术的意义和价值迷失，学术内涵被窄化，学术行为被异化，学术名副其实的成了学术人可以利用的工具。

当前在工具理性与价值理性的交融博弈之中，学术实践中的价值理性被工具理性消解，工具理性主导了学术的生产逻辑。工具理性主导下的学术实践，关注外显和外在的效应，学术生成的意义和价值被遮蔽。从西方科学技术体系移植的各种科学计量工具以一种学术研究的姿态凛然应用于大学学术管理的方方面面，信息技术的不断进步使得海量的信息都可以被储存、被分离和被分析，于是核心期刊排行榜、来源期刊排行榜、中国大学排行榜以及研制各种名号排行榜的技术门槛已经不是问题，越来越多的研究机构和传媒企业甚至个人都以无比的热情投入对他人的排序中。[①] 随着这些排行榜工具的影响日趋增大，学术生产的逻辑也顺乎潮流，以外生型生产逻辑为主导，权威期刊、学科级期刊、中文核心期刊、科学引文索引/工程索引/社会科学引文索引/中文社会科学引文索引收录等成了学术生产的终极目标，追求“国字号”和“省字号”的学术项目和学术荣誉蒙蔽了学术的本真意义和价值，关注学术的“外生性”，抛弃学术的“内生性”，学术生产被外生逻辑主导。工具理性主导下的学术生成不仅关注学术成果的“身份”，而且也关注学术成果的“数量”，即“学术成果的生产总量”或“科研成果的生产总量”，以“数量”多少来决定学术荣誉的获取，以学术成果或科研成果的具体数量来给予学术人相应的奖励和衡量学术人的学术水平，如此的学术取向，导致学术生产走向了市场化、数量化和商品化的逻辑，丢掉了学术的价值理性。

过度地强化工具理性必然会导致价值理性的失落和被消解，严重之时，会出现工具理性与价值理性之间的断裂，只有合理平衡价值理性和工具理性的关系，融合价值理性与工具理性才能引导学术实践形成正态的逻辑。工具理性与价值理性是从理论和理性层面而提出，就需要从实践层面上有意识地实现两者的融合。

三　学术理性与学术实践的割裂

学术理性与学术实践相互依存，不可分割。理性和知识作为人存在的基本内涵，人类追寻真理能释放人的自由，并获得理想和人性，这种理性之光在古希腊得以萌芽，进而在古希腊的学术活动中，就要求做到内容与人的存在相统一。在当代学术理性之光依然需要坚守，关于大学的学术理性，有学者这样描述，“理性与真理相连接……大学的学术理性不仅源于高等教育本身是高度理性的社会活动这一内在规定性，而且源于大学天然的有其特殊规律的人才培养使命；大学学术理性不仅是人们关于大学的本质及其现象、活动科学认识后对大学本质及大学办学治校

① 陈燕、崔金贵：《学术评价中的工具理性与价值理性的主导成因及平衡机制》，《清华大学学报（哲学社会科学版）》2012 年第 6 期。

规律的准确把握，更是对大学人才培养之组织属性及其价值判断的选择和守护”。[①] 坚守学术理性需要不断地进行学术反思，学术反思又源于丰富的学术实践，没有学术反思的学术实践是一种学术非理性行为。学术实践是一个积累和沉淀学术思想，提出学术论点，发表学术成果，传承学术成果和应用学术成果的过程，它需要学术人在搜集足够丰富的文献材料的基础上，经历长时间的缜密地思考，而非风暴式的零星地闪现，并对其提出的问题进行基本的理性分析和判断，最后提出富有学术理性的学术思想。在如此的实践过程之中，学术理性与学术实践紧密相拥，不可分割，犹如孪生兄弟，是你中有我，我中有你的一种存在状态，在学术理性中开展进行学术实践，在学术实践中进行学术反思，在学术反思中弘扬和坚守学术理性。

没有学术理性支撑的学术实践，学术生产会处于一种非理性的状态。若抛弃学术实践的实践性，会走入唯理论的误区，即“进入一种‘为理论而理论’的工作状态，是一种脱离了经验工作的实践约束和各种现实的炫耀性的理论工作”。[②] 理论知识的地位变得更高，在理论的知识、实践的知识、产业化的知识之间有了主次和先后之分。学术生产首先是理论知识生产，形成了从“基础→应用→产业”的单向线性生产逻辑。科学研究成为学术的代名词，理论知识生产成为科学研究的目标。若抛弃学术理性固守学术实践的实践性，又将陷入唯方法论之中，“为方法而方法”，通过将方法从对象中错误地分离出来，把对象的理论建构问题化为经验指标和经验观察的技术操作问题，不仅会导致盲见和短视的危险，还会转变成一种方法论帝国主义，即用现成的分析技术和手头现有的资料来强行对对象进行界定，这是和实践社会学的知识生产追求完全不相符合的[③]。没有学术理性支撑的学术实践，学术生产将处于一种非理性的状态，学术生产变成了课题论证、课题申请和论著发表的过程，此过程中只关注项目的级别，项目论著的数量，项目的结题甚或项目的经费，

① 眭依凡：《杰出人才培养：大学必须坚守学术理性》，《中国高教研究》2012 年第 12 期。

② ［法］皮埃尔·布迪厄、［美］华康德：《实践与反思——反思社会学导引》，李猛、李康译，中央编译出版社 1998 年版，第 33 页。

③ ［法］皮埃尔·布迪厄、［美］华康德：《实践与反思——反思社会学导引》，李猛、李康译，中央编译出版社 1998 年版，第 31 页。

过程中没有深刻的理性反思和批判，只有实践，只有追求结果的“国字号”。没有学术理性的学术实践主要关注学术的外在性，外生而非内生成为了学术生产的逻辑。即便在学术的交流过程中，缺乏学术理性的学术实践在学术交流中已经没有曾经的学术争鸣和观点争辩，只有学术成果数量的攀比，发表成果刊物等级的分层，学术评估只有数量的累加，而学术的成果转化完全遵循资本化的逻辑，没有了学术实践中的学术性批判与学术人主体自觉的学术性反思，学术生产就是一种商品化和市场化的逻辑。

学术理性是一种“追求科学、崇尚真理、不断反思”的状态，能够有效防止学术实践中由于市场化、商品化和政治利益的诱惑而偏离学术本真使命的倾向。美国哥伦比亚大学校长博林格（Lee C. Bollinger）曾经提出了一个观点：“大学存在的一个很重要的价值在于，即便全社会已失去了理性，它依然能够提供理性的思考与教育，大学对社会的影响必须建立在理性的引导之上。”① 大学是一个肩负以理性引领文明的学术组织，在人才培养、科学研究和社会服务之中应该选择并坚持学术理性。学术理性是人才培养的理性、科学研究的理性和社会服务的理性、学术自由的理性、学术道德的理性以及学术文化的理性。学术理性与学术实践之间是相互渗透的，没有实践的纯学术理性是空洞的，没有学术理性的学术实践是盲目的。大学的学术生产是开放性的，同时兼具经验性和理论性，在面对学术理性与学术实践的二元关系上，要采用关系性的方法，所使用的各种方法必须与所要处理的问题相适配，并在具体的经验研究中，始终保持对所使用的方法的适用范围及其背后的理论假设的反思性关注，并在研究中尽量避免各种彼此对立又相互补充的危险倾向②。这要求大学的学术生产要遵循实践理性，采用实践的逻辑。

---

① 李斌：《哥伦比亚大学校长：大学需改体制适应全球化浪潮》，《中国青年报》2012 年 11 月 14 日第 7 版。

② ［法］皮埃尔·布迪厄、［美］华康德：《实践与反思——反思社会学导引》，李猛、李康译，中央编译出版社 1998 年版，第 75 页。

第三节 意义危机中的抉择：学术资本的入场

大学学术生产中存在的问题，纷纭复杂，各种问题相互交织，似乎是一个系统工程，若一个问题一个问题的解决，点对点触及不了核心要件；若整体去挖掘问题的共同点，从系统的角度去解决，似乎也是隔靴搔痒。大学学术生产中意义的迷茫实际上是关于学术本质认识的失真，学术生产在主客观二元对立的学术思维中摇摆，学术追求在工具理性消解价值理性的环境中发生，学术活动在学术理性与学术实践相互割裂的状态中展开，学术实践的意义逐渐消失。尝试厘清学术生产的本真，再次追问何谓学术的问题，基于实践理性的视角，关怀学术的资本意义，探寻学术生产的可能出路，或许可以化解当前学术生产的意义危机。

一 学术何以成为资本

学术要成为资本，亟待重新审视学术的价值。何谓学术？学术的价值到底是什么？有人说学术只是为研究型大学而存在，其余类型的大学没有学术可言，也有人说学术就是出科研成果，“国字号”和顶尖级的学术成果越多学术水平就越高，学术的价值即为通过发表的学术成果加强大学的学科建设。通过上文分析，可知在当前的学术活动中存在如此的观点和理解，深刻地影响着当下学术生产的逻辑和方式。在多价知识观的潮流中，却选择了单价知识观，将知识的整体性人为割裂，将学术等同于科学研究，使大学学术在科学研究中偏重于基础研究，以便加强大学学科建设，按照学科的逻辑架构和门类在不同的大学中重复建设着成熟的学科。在大学行政化的视界中，学术受到了行政科层制的影响，学术按照“学术等级”和“学术科层”的发展阶梯，以获取“国字号”和“省字号”的学术成果和荣誉为学术生产的目标。在新自由主义的市场化生成逻辑中，学术生产异化成为“学术成果的数量生产”，数量的多少，论著发表层次的高低，决定了学术生产的效果，在这里学术日益被资本化，资本化的学术意味着谋取经济利益成为了学术的终极追求。学术的意义已经出现了危机，学术已经越来越不是学术，学术活动迷失了方向，唯有依据已有的实践状况进行理性地反思，重新审思学术的价值，才能开辟属于学术发展的一条实践之路。

大学的学术活动是学术资本生成的始点。大学是一个学术组织，学术活动是大学承担的主要职责，大学的学术活动包括人才培养、科学研究和社会服务，学术成为资本不能脱离大学的学术活动，既生长于人才培养、科学研究和社会服务的学术活动中，又服务于人才培养、科学研究和社会服务。同样，学术活动的顺利开展，离不开大学的"硬件"和"软件"支持，"硬件"即为大学的基本办学条件，"软件"即为大学的学术人、教学资源、课程资源、图书文献资源等学术资源。一般来讲，大学的"硬件"资源基本能够满足学校学术活动的需求，"软件"资源却不一定能够满足学校的学术活动的需求，它只有在不断的积累中扩大与增值，充分发挥其学术价值，才有高品质的学术活动。如果说大学的"硬件"设施属于不变资本和固定资本，那么大学的"软件"资源就属于可变资本和流动资本。可变资本和流动资本是直接创造价值的资本，大学的学术活动能够创造学术价值，并促进学术生产力的提高，依赖于学术资源的不断积累和转化为资本。马克思说："商品流通是资本的始点，商品生产与发展的商品流通商业——是资本成立的前提"[1]，大学的学术活动是学术资本的始点，一方面大学的学术活动需要学术资本的支撑，另一方面学术资本的不断扩大再生产离不开学术活动。

学术要成为资本，前提是必须要有价值，同时能够创造价值。大学中的学术本应该是有价值的，直接成为学术资本，创造更高的价值，但并不是所有的能够称为学术的一定具备价值，有些没有价值的学术，注定成为不了资本，也不能促进学术的不断再生产。根据当前中国大学学术发展的现状，相当一部分的学术人所贡献的学术成果属于无资本潜质的学术成果，除了用来职称晋升外，可以说是没有多大价值和意义的学术成果。从大学的人才培养上来讲，按照"教材教"，依据"教材考"的现象比较严重，在精品教材、规划教材和重点教材的框架下，大学教师成了教学中的"录音机"和"播放器"，成为知识传递中的桥梁和运输线，在教学学术中没有思想、没有学生、更没有学术研究，只有书本知

---

① 马克思：《资本论》（第一卷），郭大力、王亚南译，生活·读书·新知三联书店2011年版，第85页。

识的灌输。如此的教学学术活动，不需要学术资本，也不能成为学术资本，很难证明这样的教学具有学术价值。甚至在科学研究对教学的冲击下，教学成为一种附庸乃至负担，敷衍的教学和不当做学术活动的教学，也难以有学术资本的生成和积累。从科学研究上来讲，以过度功利主义为取向的科学研究，以发表论著和获取科研项目为目的的科学研究，也可以说是学术价值不高的学术活动，是不能够生成学术资本的学术活动。在科学研究的实践中，“偷梁换柱”下的学术高产，“代人捉刀”下的学术枪替，“瞒天过海”式的国际学术，“欺世盗名”式的学术剽窃，“一石多鸟”式的学术发表，“自产自销”下的学术成果，“旧药新汤”式的学术重复，“互利互惠”的学术刊物，“利益合谋”下的学术项目，使得学术垃圾由此横生遍地，虽然垃圾也有再生的价值，但从学术发展上来讲，这类垃圾难以称其为有价值的科学研究，也不能促进学术再生产，是不能成为资本的学术成果。从社会服务上来讲，“写在纸上”和“写在合同上”的社会服务居多，单向线性逻辑的服务居多，形式化的服务居多，以为了社会服务的名分而开展的社会服务不是真正的社会服务，更多的形式掩盖了内涵，更多的外在宣传遮蔽了内在的实效，如此的社会服务忽略了学术的价值，忘却了学术的本然，没有资本功能的发挥，也没有资本的积累。目前学术活动的状况，需要大学组织和学术人深刻地反思此种状态，学术人更需要反思作为知识分子存在的价值和意义，学术实践只有在经过内在的反思和外在的改变之后，学术的价值才会出现，学术资本才会生成。总之，不是所有的学术成果都可以成为资本，只有有价值的学术成果才能成为资本，变成学术资本。

什么样的学术可以成为资本，“有用”的学术和“有价值”的学术一定可以成为资本。何为“有用”的学术呢？何又为“有价值”的学术呢？本书认为“有用”的学术，不是指能够满足市场需要，带来经济价值的，具有实际效用的资本化或者商业化的学术。“有价值”的学术，并不是能够创造经济利润，进行经济交换而获取金钱的学术。抛却经济价值和物质利润，学术依然需要进行“有用”和“无用”“有价值”和“无价值”的判断，如果大学“一定要保持价值自由，摆脱价值判断，那么学问就有无人问津的危险"①。我们知道，大学学术的最高目标是"为了知识而探索知识"，而不是为了外在经济和功利目的，大学的学术人"应该宣扬基础研究的价值，但如果基础研究科学家过于强调自由的理由而贬低应用性研究的价值，或根本不考虑科学研究潜在的应用性，那也是很不幸的"②。其实，不管是分析基础研究的价值，还是应用研究的价值，不管是人才培养的价值、还是社会服务的价值，或者是人才培养、科学研究和社会服务相互之间的价值，或者是基础研究对应用研究的价值，或者是应用研究对基础研究的价值，学术真正的价值在于学术内部和学术自身，一方面学术资本在外部同市场与政府的力量博弈，另一方面学术资本是从内部促进大学学术发展的根本。

学术是一种稀缺资源，同样具有自然资源无法代替的另类的稀缺的价值，学术可以成为资本。学术资本是可以带来某种"利润"的东西，这种"利润"并不是外在的经济利润，而是学术内在的利润，是带给人才培养、科学研究、社会服务的内在利润。学术资本不同于经济资本、社会资本、人力资本，它是一种特殊形态的资本，是一种具有独特性的资本。学术资本的独特性决定了其收益回报的独特性，学术资本的收益并非是赤裸裸的金钱或经济资本，而是更多的学术发展的内在收益和更持久的学术发展"利润"，需要生成和运转于大学、学术、资本的互动关系之中。每所大学的学术资本的具体内涵和标准虽有差异，具有很强的个性特征，但学术资本也有共性，以上分析的是大学学术资本的共性。

二　学术资本的意义探析

资本具有一种为其自身而存在的意向，它为实践提供力量。资本作为劳动积累的结果，当这种劳动在个体性（也可称为排他性）的基础上被行为者或其集团占有的时候，他们就能够以具体的或劳动的形式占有社会资源。"资本是一种镶嵌在客体或主体的结构当中的力量，也是一种

---

① ［美］约翰·S. 布鲁贝克：《高等教育哲学》，王承绪、郑继伟等译，浙江教育出版社2001年版，第22页。

② ［美］德里克·博克：《走出象牙塔——现代大学的社会责任》，徐小洲、陈军译，浙江教育出版社2002年版，第172页。

强调社会世界内在规律的原则，正是这一点使得社会博弈区别于简单的碰运气。"① 行动者靠资本进行竞争，而各种资本之间具有转换性，每一种资本还具有传递性，资本具有产生利润和复制自身的潜在能力。在布尔迪厄的社会实践理论中，资本相当于社会物理学中的物质的能量，行动者排他性在竞争中独享资本，他就可以占有一定的社会能量。正如物理学家詹姆斯·克拉克·马克斯韦（James Clerk Maxwell）在解释热学动力第二定律时所设想的一个"精灵"一样，这个精灵能够根据温度的高低，维持粒子运动的区分和秩序。行动者就是具有不同能量的粒子，粒子的能量不同，运动的速度就不同，"精灵"很容易把粒子分到不同的容器内。

学术资本是大学的实践工具和能量。学术资本是布尔迪厄资本理论中比较重要的资本形式，在大学场域中，学术资本是大学发展的动力和后盾，一所生成和集聚了属于反应学校属性和要求的学术资本，能让学校在大学场域复杂的竞争和权力争斗中获取一片生存的空间，进而不断的扩大和增容学术资本，实现着自身再生产的良性循环。若一所大学生成和积累了没有反应学校属性和要求的学术资本，那么这所学校在大学场域的竞争中将处于不利的地位，通过学术资本所能获取的权力和自身再生产能力将减少。大学中不同的学术资本拥有不同的能量，并被分配到了不同的位置。"资本既是现代社会中进行权力斗争的工具"②，同时"资本包含了一种坚持其自身存在的意向，它是一种被铭写在事物客观性之中的力量。"③ 不同大学中的学术资本，决定了大学在大学场域中的地位和力量，学术资本是大学发展中最重要的能量。所以对于大学来讲，学术资本就是实践工具，更是能量，正能量会促进再生产，负能量则限制和阻碍再生产。

学术资本生成是学术价值理性的回归。学术的价值可以分为内在价值与外在价值。外在价值是通过学术而获取属于学术之外的意义，诸如

---

① 薛晓源、曹荣湘：《全球化与文化资本》，社会科学文献出版社 2005 年版，第 3 页。

② 宫留记：《资本：社会实践工具——布迪厄的资本理论》，河南大学出版社 2009 年版，第 122 页。

③ ［法］皮埃尔·布尔迪厄：《文化资本与社会炼金术——布尔迪厄访谈录》，包亚明译，上海人民出版社 1997 年版，第 190 页。

学术人的学术地位、学术人的学术荣誉、学术人的学术职称、学术成果的社会价值和经济价值等。内在价值是通过学术实现对知识的不断再生产，是学术的不断再生产等学术本身的意义所在。在当下学术生产意义危机中，学术的价值更多属于外在价值，力图依托学术获得学术之外的其他资本，从而丢掉了学术本真。本书提出学术资本生成，就是为了凸显学术的内在价值，弘扬学术的内在价值。以外在价值主导的学术生成，往往选择学术的外生逻辑，以学术之外的其他资本获取为目的，在学术生成中忽略了大学学术以“探索高深知识，追求真理”为重任的使命。强化学术资本的生成，是对学术生产的纠偏，主张学术首先为了学术的发展而存在，为了发现真理和探索未知而存在。在大学的学术生产中，以学术资本的不断生成来提高人才培养质量，以学术资本的不断沉淀从而深化对科学问题的研究，以学术资本的不断积累从而更好的服务于当地经济社会的发展。学术资本生成要求学术人关注学术的内在价值，遵循“认识论的传统”，为了学术的发展而从事学术活动。

在学术资本生成中要引导学术生产回归内在逻辑。学术生产意义危机中最突出的特征是“外生性”，即学术在外部因素的刺激下生产，试想若外部因素的刺激一旦停止，学术将会走向何处？其实学术并不是因为外部的刺激而存在，学术存在的生命力所在仍是其“内在性”，即崇尚学术，在学术活动中传承知识、解释知识、保存知识、创造知识、追求真理。这种“内在性”是“为学术而学术”“依靠学术发展学术”的精神，细化在学术实践中，即具有促进学术不断再生产的能力，学术资本作为学术不断再生产的一种资本由此而被提出。学术资本强调了学术成果对于学术不断发展的意义，在学术实践中引入学术资本的理念，能够强化学术生产的内涵与价值意蕴。一些依靠外部刺激而产生的学术成果并非能够促进学术的不断再生产，毕竟这些成果不以学术为首要目的，也难以称得上是学术资本。学术资本的生成需要以学术为本，立足于一定的学术场域，依托于学术人沉积的学术惯习，“在场”地从事人才培养、科学研究和社会服务的活动。学术资本生成关注学术的内在逻辑，遵循学术的基本规范，恪守学术的使命，本书突出学术资本生成，是为学术实践因学术内在需求而生，并非因外部刺激而动。

学术生产意义危机的根本在于学术过多地受制于外部刺激和外部因

素的干扰，使学术失去了内在因素的引导。学术资本的提出，重新让学术找回发展的内在动力，以学术资本生成为目的，以学术资本的不断再生产推动学术的发展。学术人从事学术实践活动，目的在于学术资本的生成和学术发展，并非为了外在目的。在当前学术生产面临意义危机之时，需要去找寻学术生产的意义所在，学术资本也就成为了学术发展、大学办学、提高学术生产力、提升办学的核心竞争力的关键所在。从事学术实践活动目的无他，学术资本生成乃是应然的追求。

……如果我们能够在对象、各类陈述行为、这些概念和主题选择之间确定某些规律性的话（次序、对应关系、位置和功能），按习惯我们会说我们已经涉及了话语的形成，可以避免那些因条件和结果而过于笨重的用语……我们将把这种分配的成分（对象、陈述行为的方式、概念、主题的选择）所屈从的条件称为形成的规则。形成的规则是在一定话语分布中的存在条件（也是它们共存、保持、变化和消失的条件）。①

——［法国］米歇尔·福柯

第二章

学术何与资本嫁接:大学学术资本生成逻辑的话语塑形

自20世纪60年代以来，语言分析逐渐成了社会理论的主流范式。维特根斯坦、索绪尔、米德、伽达默尔等学者将语言和社会现实相结合，基于语言学研究的转向，福柯的话语分析，布尔迪厄的话语审查与形塑应运而生。话语作为一种语言符号，背后蕴涵着深刻的社会、政治、经济和文化意义，从某种程度上来讲，话语是思想表达的工具，思想和体验的建构离不开话语的参与。借助静态的语言描述和塑造社会现实，离不开动态话语的表达，话语在表达中建构了一种社会事实和结构，这种结构与事实可以说体现了话语主体和话语之间的关系。由此，福柯进一

① ［法］米歇尔·福柯：《知识考古学》，谢强、马月译，生活·读书·新知三联书店1998年版，第47—48页。

步将话语定位于“真实”的社会实践之中，他不认同话语是对外在社会实体的某种反映，而认为话语是“构成了社会实体以及事物之间的关系”①，福柯赋予了话语实践性特征，使实践成了话语的一种存在方式，但却脱离了话语主体的内在属性，导致了话语内在性与外在性的对立。话语分析不能脱离主体和情景，正如布尔迪厄所言：“不存在被认为在自身中且为了自身的话语科学；只有当人们将作品与作品生产的社会条件与作品为之生产的市场联系在一起时，作品的形式特征才显出意义。”②话语塑形服从于特殊的场域，在行动者的惯习指导下，话语通过塑形，变成了它的形式，这种塑形“既是形式的改变又是实质的改变，所指的内容正是在表达的形式中实现的”③。正是从这个意义上，通过对大学学术资本生成逻辑的话语塑形，凸显学术生产的真实意蕴。

第一节 大学学术资本的话语演绎

学术与资本一直处于两个不同的话语系统之中，前者与知识、学问和科学有着紧密的联系，后者则一直在经济话语体系中存在。关于资本，直到马克思之后，才被赋予了新的意涵，文化资本、社会资本等非经济形式的资本话语浮现，也促成了学术与资本之间的联姻。然而这种联姻，在已有的关于学术与资本的文献仍然回到了经济学话语之中，诸如学术资本化、学术资本家、学术资本主义等话语，凸显了学术的经济价值和商业意义。这是一种抛弃学术赖以存在的场域，简单移植经济学的话语，贯之学术以外在价值和工具理性的过度功利主义的行为。学术不只为外部而存在，它也为内生而存在，外在价值和工具理性由学术内在意义而生，学术与资本乃是为学术的自我不断扩大再生产而联姻，学术资本是属于学术活动的，是大学实践的学术能

---

① Reiner Keller, *The sociology of Knowledge Approach to Discourse* (*SKAD*), Human Studies, Vol. 34, No. 1, 2011, pp. 43 – 65.

② ［法］皮埃尔·布迪厄：《言语意味着什么——语言交换的经济》，褚思真、刘晖译，商务印书馆 2005 年版，第 136 页。

③ ［法］皮埃尔·布迪厄：《言语意味着什么——语言交换的经济》，褚思真、刘晖译，商务印书馆 2005 年版，第 146 页。

量，生长于实践理性之中。

一　大学学术

在汉语的话语体系中，“学术”是一个联合结构的双音节词，学术的内涵通过“学”与“术”两个汉字分别表达。在《礼记·乡饮酒义》中“学”与“术”组合使用成为一个名词，有“学术”一说，“故日：古之学术道者，将以得身也，是故圣人务焉。”班固在《汉书》中评价霍光时提道：“然光不学亡术，暗于大理……”，自此，学术作为一个整体名词开始出现分化，学与术对举始此[①]。东汉的许慎在《说文解字》中将“学”解释为“觉悟也”；“术”被解释为“邑中道也”。后来“‘学’的含义引申为仿效、认识、学问、学习、学科；‘术’的含义引申为权术、手段、技术”[②]。三国时期魏人张揖在《广雅》中对“学”与“术”分别进行了解释：“学，识也”“学，教也”；“术，道也”。蔡元培认为：“学与术可分为两个词，学为学理，术为应用。各国大学中所有科目，如工商、如医学，非但研究学理，并且讲求实用，都是术。纯粹的科学和哲学，就是学，学必借术以应用，术必借学为基本，两者并进始可。”[③]又如，严复认为：“盖学与术异，学者考自然之理，立必然之例；术者据既知之理，求可成之功。学主知，术主行。”[④]中国的话语体系中“学”与“术”一直分开使用，正所谓学术，乃“学”与“术”也，“学”者，学理，具有自成的理论体系；“术”者，方术、技术，应用，具有实践性，学术即为人类对自然界、社会以及人自身进行理性思考与认知的结晶，是对真、善、美的把握与应用。

受西学的影响，学术在汉语的话语体系中逐渐被当成了一个完整的词语。19 世纪末，在中国的知识界中出现了“中学”与“西学”之分的学术话语体系。在“西学”的冲击下，“今天，我们早已完全习惯于用西

---

① 梁启超：《梁启超全集》（第八卷），北京出版社 1999 年版，第 2351 页。

② 冯天瑜：《中国学术流变》，华东师范大学出版社 1993 年版，第 1 页。

③ 高平叔：《蔡元培论著选》，人民教育出版社 1991 年版，第 329 页。

④ 严复：《严复集》（第四册），中华书局 1986 年版，第 885 页。

方现代学术的范畴和标准来衡量一切学术”[①]。其实学术应无中西之分，唯一的区别应该是在不同的社会历史条件和民族文化下所积淀的价值观和思维方式的差异。学术者，天下之公器也，学或科学，作为纯粹理性的知识而言，本无所谓的中西之分，而只有所谓的真伪或正确与错误之分，也有精粗与高下之异，但无本质之别。[②] 中国直到 20 世纪初才逐渐使用“学术”一词，现代意义上的学术从西方引进，可以说当前中国关于“学术”的概念乃是西方的舶来品。虽然中国话语体系中惯常于“一字一音一义”，但在后人使用“学”与“术”的话语中已经延伸了其含义，正如在前面学者们关于“学”与“术”的分析中，“学”与“术”皆可以相互注解，所以在使用中更没有理由将“学术”一词分开。《辞海》（1999 年版）解释“学术”一词时，以《旧唐书·杜暹传》中的“（杜暹）素无学术，每当朝议论，涉于浅近”为例，这里“学术”被理解为“较为专门、有系统的学问”。学术就是“指学问和学理，是对事物之‘体’或‘知’的探究，是知识的探索、学问的追求、智慧的洞见，以及体现在这些研究中的思想方法论的有机统一”[③]。在中国的话语体系中，学术与知识有关，与解决自然、社会和人类等领域的问题有关，学术重在知识探索、学问追求和智慧洞见的内在价值，而与实用性和经济利益没有直接本然的关系，学术即为非实用性的“纯学术”。恰如梁启超先生认为“学问之为物，实应离‘致用’之意味而立。……就纯粹的学者之见地论之，只当问成为学不成为学，不必问有用与无用，非如此则学问不能独立，不能发达。……学者应当以学问重，断不以学问供学问以外的手段”。[④]

在西方的话语体系中，常常用“Academic”一词意指“学术”，其内涵源于古希腊哲学家柏拉图创建的“Academy”（阿卡德米，又称“学

① 方晓晖：《“中学”与“西学”——重新解读现代中国学术史》，河北大学出版社 2002 年版，第 1 页。

② 何兆武：《“中学”、“西学”与历史文化传统》，《学术研究》2002 年第 1 期。

③ 许苏民：《也谈学术、学术经典、学问与思想——对梁启超、严复、王国维观点的质疑兼评“现代学术经典之争”》，《开放时代》1999 年第 4 期。

④ 梁启超：《梁启超论清史学二种》，朱维铮校注，复旦大学出版社 1995 年版，第 40—86 页。

园”)。在《牛津高阶英汉双解辞典》《美国传统辞典》《朗文当代英语词典》和《剑桥国际英语辞典》等权威工具书中，学术被解释为“与学院有关和非实用性”，学术指“较为专门、有系统的学问”。如果往前追溯，从亚里士多德及其许多后来者的著作中，我们可以看到，在西方的话语体系中学术的意涵极为丰富。

在亚里士多德的话语中，学术与智慧相关，他认为为学术而探究的知识要比为应用而探究的知识更接近智慧。同时，他将学术分成了多种类别，有高级学术，也有低级学术；有研究原因的学术，有不问原因的学术；包涵原理少的学术，包涵更多辅加原理的学术；制造学术，实用学术等。亚里士多德认为，哲学是唯一的自由学术，是为学术自身而成立的唯一学术，它“并无任何实用的目的”①。哲学被亚里士多德称为真理的知识，为理论知识的目的在于真理。所有其他学术，较之哲学更切实用，其目的为功用。“哲学被称为真理的知识自属确当。因为理论知识的目的在于真理，实用知识的目的则在其功用。从事于实用之学的人，总只在当前的问题以及与之相关的事物上寻思，务以致其实用，于事物的究竟他们不予置意。”② 虽然亚里士多德强调高深学问至上的哲学为最高学术，但他没有否定所谓次级学术的存在，即实用之学。从现代社会关于学术的话语发展来看，西方关于学术内涵的研究在20世纪80年代到90年代得到了学者的广泛关注和研究（具体见表2—1），学术的内涵得到了丰富和拓展。

大学学术具有多元化的内涵。关于学术的内涵，人们习惯性地理解为是高深而系统地学问，这种学问与普通的知识相联系，是人通过理性探求自然、社会以及人自身的真谛而揭示出来的具有系统性、高深性和普遍意义的理论知识，具有非实用性的特征。然而通过上面的话语分析，学术的内涵远不止于此，特别是大学学术的内涵显得更加的丰富。李伯重通过分析英语语言中的“Academic”的话语，认为西方现代意义上的学术，更接近于中国古代学术内涵中的“学”，并且现代意义上的学术主

① ［古希腊］亚里士多德：《形而上学》，吴寿彭译，商务印书馆1981年版，第5页。
② ［古希腊］亚里士多德：《形而上学》，吴寿彭译，商务印书馆1981年版，第33页。

要依托于大学，具有很强的专业性。[①] 大学作为学术活动的主要依托和开展学术活动的重要场所，随着所承载功能的日趋丰富和完善，使大学的学术活动具备了多样性和多元化的特征。普通大众对大学的期望首先是本科教学，即人才培养，教学活动是大学教师最重要的学术活动，社会的各种呼声要求大学教师应将更多的时间投入本科教学工作之中。然而科学研究从教学上抢夺了不少的时间，大学教师教学工作时间的减少不能满足大学生对本科教学的需求，因此，学术的内涵在大学领域应该适度拓展。日益走出“象牙塔”的大学，社会对其期望也在日益增加，要求大学教师能够运用专业知识与能力解决和处理各种社会问题，由此可见，大学的学术需要为国家和社会服务才能显示其自身的意义。在知识社会时代，大学的科学研究不仅要在内部形成科学研究的体系和脉络，服务于人才培养和学科建设，同样需要在与外部社会的交流中守住大学知识生产的领地，因此，大学的学术内涵应结合人才培养、科学研究和社会服务等学术活动进行系统的阐释。

表 2—1　　西方现代学术话语中的学术概念与观点[②]

阶段	研究者	学术内涵
20 世纪 90 年代之前	Miller（1972）；Seldin（1980）	基础研究、应用研究 发现的学术、应用的学术
	Ladd（1979）；Seldin（1980）；Braxtan，Bayer（1986）	考评标准：发表的论文著作 书面报告、计算机软件程序等
	Braxtan，Toombs（1982）	发现的学术、公共服务活动 院系活动、课堂内容与活动
	Pellino，Blacklum（1984）	研究与发表论著、教学、专业活动、艺术创作 参与创新、社会服务

① 李伯重：《论学术与学术标准》，《社会科学论坛》2005 年第 5 期。

② 邬伟娥：《知识转移视角的大学学术生产力研究》，博士学位论文，浙江大学，2006 年，第 39 页。

续表

阶段	研究者	学术内涵
20 世纪 90 年代之前	Sundre（1990）	教学、发表文章和专业认可 学者的智力活动、创造与艺术
20 世纪 90 年代初	Boyer（1990）	发现的学术、综合的学术 应用的学术、教学的学术
1992—至今	Rice（1992）	知识的进步、知识的综合 知识的应用、教学的学术
	Centra（1993）；Braskamp，Ory（1994）	研究、教学、服务
	Schön（1995）	发现的学术、综合的学术 应用的学术、教学的学术
	Paulsen，Feldman（1995）	研究与研究生教学的学术、教学的学术 服务的学术、公民教育的学术
	Angela Brew（1999）	准备、创造、综合、质量

大学学术的内涵应在大学三个基本职能的框架中阐释。探讨深奥的知识是学术事业不证自明的目的，大学作为从事学术事业的一个独特的学术机构，它以人才培养为主线开展知识的生产、传承和应用等学术事业活动，即便有的大学“不是从事知识生产的话，至少总要进行高度发展的知识的系统化工作和传递工作①”。在中世纪时期，大学所从事的学术事业“并不追求知识的实际应用，而只是遵循从知识到知识的逻辑，不断地从理论上进行知识推演……知识的应用是为了获得更高级的知识，而不是去解决生活和生产中的现实问题”②。随着德国柏林大学的建立及后来美国赠地学院的兴起，大学的职能得到了丰富和发展，人才培养、科学研究和社会服务以三足鼎立之势支撑着大学的发展，这种职能的扩大激发了大学的学术潜能。在约翰·S.

① ［美］伯顿·克拉克：《高等教育新论——多学科的研究》，王承绪、徐辉等译，浙江教育出版社 2001 年版，第 211 页。

② 张应强：《高等教育现代化的反思与建构》，黑龙江教育出版社 2000 年版，第 69 页。

布鲁贝克的《高等教育哲学》著作中，大学学术的内涵被拓展，大学的学术包括作为知识活动过程的学术和作为知识活动结果的学术。知识活动过程的学术是学术人探究、发现、保存和传承知识的活动过程中的行为方式要遵循学术之道，合乎学术的要求。知识活动结果的学术是学术人在“为学术而学术”“为知识而知识”的精神指引下探究出来的知识和真理。特别是社会服务职能，“大学的教学和科学研究不仅要推动高等教育为公众社会和国家服务的职能……而且还要提供服务……大学作为知识的生产者、批发商和零售商，是摆脱不了服务职能的”①。大学学术已经超越了人们常规意义上理解的学术，它超越了对真理的探究和应用的内涵，传播知识和应用知识成了大学不可或缺的学术事业。

大学学术是大学学术人在学术场域开展的探究和发现知识、传播和延续知识、保存和应用知识的学术实践活动。传统意义上，我们将大学学术等同于科学研究，这反而导致了大学学术出现严重的变异，发表论著和获取科研项目成了学术的全部。“科学研究的使命，本来只适合某些大学，却投射到了整个高等学校——‘伯克利’或‘阿姆赫斯特’模式成为评价所有高等教育机构的标尺”。② 大学的学术不能仅理解为“科学研究”，科学研究主要指人类从认识世界和改造世界的过程中取得科学上的新发现和创造，以期探求真理和规律。大学学术不等于科学研究，需要给予大学学术更富有、广度更大的内涵解释，大学的学术才具有大学的独特性质，大学的学术生态才具备多样性。同时，大学的学术不同于一般意义上的学术，“大学学术不仅要发现知识、增扩知识、探寻规律，同时还要创造性地传授知识，且负有把自己的研究成果传授给学生的责任”。③ 在学术的话语发展中，从表2—1可知，大学的学术内涵不断地被论证和阐释。值得一提的是欧内斯特·博耶的多元学术观，他将大学的学术划分为发现的学术（有的称为探究的学术）、整合的学术、教学的学

---

① ［美］约翰·S. 布鲁贝克：《高等教育哲学》，王承绪、郑继伟等译，浙江教育出版社2001年版，第17—18页。

② Ernest L. Boyer, *Scholarship Reconsidered: Prioritiese of the Professoriate*, New Jersey: Princeton University Press, 1990, p. 12.

③ 王恩华：《学术越轨与大学学术管理》，博士学位论文，华中科技大学，2004年，第18页。

术（有的称为传播的学术）和应用的学术四种类型。发现的学术，反映了学术人对未知领域的追求，始终沿着特定的研究方向探究；整合的学术，即对所从事的学术活动中的各个具体内容能够超出本专业的范围，从整体上加以考究，在跨学科中传承、创新和应用知识；教学的学术，即以探究和发现的态度研究教学，既能更好地实现人才培养的目标，又能在与学生的互动讨论中推动知识的创新；应用的学术，即通过创新方法将知识与当代的社会问题联系，把科学研究的新原理、新知识运用于新产品的开发与研制。通过上述分析，博耶关于四种类型的学术，可以理解为探究和发现知识、传播和延续知识、保存和应用知识，恰好与大学人才培养、科学研究和社会服务的功能相契合，完全能够充分解释大学的学术活动。在大学的学术生态中，发现的学术、整合的学术、应用的学术和教学的学术，形成了一个共生共荣的整体，彼此相连，相互交融。正如博耶所论述的，"要把发现（探究）的学术置于更大的背景之中，促进跨学科的交流和对话，发挥多学科跨学科的优势，离不开整合的学术。应用的学术是嫁接理论与实践的桥梁，学术人成为'反思的行动者'，让他们从理论到实践，然后由实践回归理论，加固理论，验证理论，使理论变得更加可靠。教学（传播）的学术占有重要的一席之地，教学支撑学术，离开教学的支撑，学术发展亦将受阻。"① 因此，本书认为大学学术是大学学术人在学术场域开展的探究和发现知识、传播和延续知识、保存和应用知识的学术实践活动，是学术人探究、发现、传播、延续、保存和应用知识的全部活动过程及活动结果的总和，即是通过人才培养的知识传播与延续，科学研究的知识探究与发现，社会服务的知识应用与保存的活动过程与结果的总和。

在信息时代和知识社会，随着知识生产方式的转变，知识生产模式Ⅰ被知识生产模式Ⅱ所取代，第三次学术革命②已经兴起。知识生产模式Ⅱ和第三次学术革命提出的"三螺旋"结构，要求在学科之间、大学、政府、

---

① Ernest L. Boyer, *Scholarship Reconsidered: Prioritiese of the Professoriate*, New Jersey: Princeton University Press, 1990, pp. 18 – 19.

② Vial R., Etzkowitz H., *Third Academic Revolution: Polyvalent Knowledge As the" DNA" of the Triple Helix*, (http://pdfs.semanticscholar.org/d210/2a037d678fdee6e611819acc007aae0dac9b.pdf).

产业之间建立沟通渠道。大学内部跨学科的研究组织逐步兴起，大学、政府与产业间形成的三螺旋创新模式混成组织，非线性逻辑主导着大学的学术生产，在人才培养、科学研究和社会服务中大学学术的资本性更加凸显，将学术拓展到学术资本的层次，通过学术资本的积累和再生产，大学才能在与政府、产业间形成的三螺旋创新模式混成组织中成为轴心机构。

二 资本

资本起初是一个经济学的概念。“资本”一词来源于拉丁语“Caput”，意思是“源泉”（The Source of a Spring）和“根源”（The Root of a Plant），[①] 引申意义为“最重要的部分”。资本（Capital）最初的含义是对动物占有和买卖[②]，大约在12—13世纪，资本的概念已经具有了“资金”“存款”“款项”或“生息资本”的含义[③]。在资本的原始意义中，习惯于把“资本”理解为物质或金钱，没有体现资本的本质，后来逐渐把利润与资本挂钩，资本不仅属于物质或金钱，而且还可以带来新的财富，“这种繁衍不息的赚钱手段，我们通常称之为资本”[④]。资本是可以积累的财富，一些经济学家逐渐认可能够带来任何利润和收入的手段属于资本。从17世纪开始，资本理论不断被丰富。17世纪中叶古典经济学提出了古典资本理论，19世纪中叶提出了新古典资本理论，20世纪初发展到了凯恩斯主义的资本理论。资本理论在发展的过程中，虽然不同的阶段对资本的内涵的解读不同，但资本的内涵从来没有脱离经济学的话语。苏格兰经济学家亨利·D. 麦克鲁德（Henry Dunning Macleod）指出：“资本是用于增值目的的经济量，任何经济量均可用为资本。凡可以获取利

① Henry Dunning Macleod M. A., *The Theory of Credit*, London: Longmans, Green &CO., 1889, p. 111.

② Joseph T. Shipley, *Dictionary of Word Origins*, Totowa, New Jersey: Littlefield, Adams & CO., 1979, p. 7.

③ ［法］费尔南·布罗代尔：《15至18世纪的物质文明、经济和资本主义》（第2卷），顾良，施康强译，生活·读书·新知三联书店1993年版，第236页。

④ ［法］费尔南·布罗代尔：《15至18世纪的物质文明、经济和资本主义》（第2卷），顾良，施康强译，生活·读书·新知三联书店1993年版，第236页。

润之物都是资本。”[①] 奥地利经济学家欧根·冯·庞巴维克（Eugenvon Bohm-Bawerk）认为：“那些用来作为获得财货手段的产品叫做资本。”[②] 奥地利学派坚持认为资本的内涵就是一种物的存在，是经济发展中生产资料的一部分[③]，保罗·A. 萨缪尔森[④]（Paul A. Samuelson）、约瑟夫·E. 斯蒂格利茨[⑤]（Joseph Eugene Stiglitz）和尼可拉斯·格雷戈里·曼昆[⑥]（N. Gregory Mankiw）关于资本的理论都是从经济学的视角加以分析的。经济学视野中的资本理论皆与利润和财富相关，不管是古典资本理论，还是新古典资本理论，或是凯恩斯主义资本理论，资本属于物，用来扩大再生产，获取更大的利润和财富。

资本不仅以一种物的形式存在，也以一种社会关系的方式存在。资本是为了生产获利而积蓄起来的物质资产，资本的用途和物有关系，其本质就是一种物的存在。简而言之，经济学话语中的资本只以一种形式存在，即经济资本或者说是物质资本。马克思针对这种资本理论，进行了深刻的剖析。马克思提出：“他们只看到了资本的物质，而忽视了使资本成为资本的形式规定”[⑦]，资本只被人们理解为单纯的物，而没有理解成为关系。从经济学的观点来看，资本是可以带来剩余价值的价值，可以表现为一定的物，但资本也不全部表现为物。马克思通过分析资本如何从商品生产过程和消费过程中的资产阶级和劳动者的社会关系中生成，提出了“资本也是一种社会生产关系。这是资产阶级的生产关系，是资

---

① Henry Dunning Macleod M. A., *The Theory of Credit*, London: Longmans, Green & CO., 1889, pp. 111 - 115.

② ［奥地利］欧根·冯·庞巴维克：《资本实证论》，陈端译，商务印书馆 1964 年版，第 73 页。

③ ［奥地利］弗·冯·维塞尔：《自然价值》，陈国庆译，商务印书馆 1996 年版，第 71 页。

④ ［美］保罗·A. 萨缪尔森、威廉·D. 诺德豪斯：《经济学》，萧琛译，华夏出版社 1999 年版，第 6 页。

⑤ ［美］约瑟夫·E. 斯蒂格利茨：《经济学》（上册），高鸿业等译，中国人民大学出版社 1997 年版，第 16 页。

⑥ ［美］尼可拉斯·格雷戈里·曼昆：《经济学原理》（下册），梁小民译，北京大学出版社 1999 年版，第 15 页。

⑦ 中共中央马克思恩格斯列宁斯大林著作编译局：《马克思恩格斯全集》（第 46 卷），上册，人民出版社 1975 年版，第 211—212 页。

产阶级社会的生产关系。”① 随后资本的内涵经过马克思的加工，主要以生产要素和社会关系的形式存在，正如在《新帕尔格雷夫经济学大辞典》中关于资本的两种解释一样：一是作为一种生产要素的资本，二是作为一种社会关系的资本。马克思通过对古典经济学家物化“资本”的剖析，认为“资本不是物，而是一定的、社会的、属于一定历史形态的生产关系，它本质在一个物上，并赋予这个物以特有的社会性质”②。只有在这种社会关系下，即为资产阶级的生产关系，积累起来的“物化的”劳动支配着直接的“活的”劳动，才能够变成资本。这点颠倒的支配关系，也是一种支配的力量，资本由此获得了对劳动及其产品的支配权，资本逐渐成为了衡量万物存在与不存在的尺度。

资本不仅反映了物与物的关系，还关联着人与物的关系以及人与人的关系，甚至人的关系决定着物的关系。关于资本的研究最多的应属马克思，他提出的资本概念是建立在生产关系的基础之上的。受到马克思资本理论的影响，20 世纪 60 年代以后的内生主义资本理论以及 20 世纪 80 年代的社会资本理论均拓展了关于物的资本内涵，使资本作为一种关系的内涵变得更加丰富。比如人力资本理论，就是对传统经济学意义上关于物的资本内涵的拓展，其将资本当成了一个凡是可以带来增值的一切资源的代名词，个人所有拥有的智慧、知识和能力成为了资本。特别是法国社会学家皮埃尔·布尔迪厄肯定了马克思关于资本作为一种社会关系的观点并提出了社会资本的概念，他指出，“必须把资本概念引入对社会世界的解释，……是一种铭写在客体或主体结构中的力量”③ “社会资本是实际的或潜在的资源的集合体，……是一种体制化的关系网络”④。布尔迪厄在马克思资本论的基础上发展了资本理论，将资本定义为行动者的社会实践工具，这个工具是行动者积累起来的劳动，它可以是物质

① 中共中央马克思恩格斯列宁斯大林著作编译局：《马克思恩格斯全集》（第 1 卷），人民出版社 1956 年版，第 345 页。

② 中共中央马克思恩格斯列宁斯大林著作编译局：《马克思恩格斯全集》（第 25 卷），人民出版社 1975 年版，第 920 页。

③ ［法］皮埃尔·布迪厄：《文化资本与社会炼金术——布尔迪厄访谈录》，包亚明译，上海人民出版社 1997 年版，第 189 页。

④ ［法］皮埃尔·布迪厄：《文化资本与社会炼金术——布尔迪厄访谈录》，包亚明译，上海人民出版社 1997 年版，第 200 页。

化的，也可以是身体化的，还可以是符号化的，布尔迪厄的资本理论无疑在扩大资本内涵方面起着里程碑的作用。他在《资本的形式》一文中，把资本的形式划分为四种类型，即经济资本、文化资本、社会资本和象征性资本，这种划分可以说开启了资本的新意义和内涵，资本不再只属于经济学视界中可带来利润和利益的物，从社会学意义上来讲，资本更多地存在于为人的发展、文化的繁荣、社会的进步提供价值支持。如果说马克思把资本概念的外延从物质化能产生利润的资本扩张到物质化资本与社会生产关系资本的结合体，布尔迪厄则把资本概念的外延扩张到了以符号为特征和表现形式的象征性资本。布尔迪厄对于资本理论的贡献在于将一个曾经专属于政治经济学的资本概念嬗变为普遍的概念，将资本的适用范围扩大到了哲学、社会学、管理学、教育学等人文社会科学领域。综合布尔迪厄关于资本理论的观点，资本是一种积累的劳动，它需要通过社会实践活动才能进行积累，同时，资本也是一种获取意义和价值的潜在能力，是一种自我不断再生产的潜在能力。

受到布尔迪厄从社会学视角研究资本的启发，资本的内涵已经不再仅仅是一个物的存在和经济利益的存在，资本所涉及的维度得到拓展，内涵发生了变化。汪丁丁曾指出，“资本范畴有三个基本维度：物的维度、社会关系的维度、精神生活的维度。作为‘资本品’的资本，在纯粹的‘物的维度’内，它与‘消费品’一起构成‘经济物品’范畴；作为‘社会关系’的资本，它是既得利益结构与权力结构的累积效应的载体，可称为社会关系‘存量’；作为精神生活的维度的资本，是资本人格的精神结构。”[①] 对资本内涵的不同理解影响着资本持有者对待资本的态度，甚至影响着资本持有者的人生观和价值观。资本的内涵经过布尔迪厄的拓展之后，关于资本的理解也不能仅局限于经济学视野，只将资本理解为物的存在形式和一个带来经济利益和利润的东西。在社会学意义中的资本更具有价值的存在，这种价值不是一种商品化的价值，而是一种理性的具有意义的价值，是一种精神层面的价值存在，影响着特定社会、特定人群的发展水平和生活品质。

---

① 汪丁丁:《资本概念的三个基本维度——及资本人格的个性化演变路径》,《哲学研究》2006 年第 10 期。

三 大学学术资本

随着资本的内涵向着更加广义的维度拓展，学术资本的话语逐渐显性。从目前掌握的文献来看，学术的资本属性最早应该是由马克斯·韦伯提出的，他从经济价值的角度，认为学术作为一种资本能够推动社会经济的发展。学术资本作为一个完整的词语，在法国社会学家皮埃尔·布尔迪厄的著作中被提及。他在其著作《区隔：一种趣味判断的社会学批判》中提出，个人不是由所处的社会阶层（Social Class）定义，而是由依赖于个体所拥有的资本社会空间（Social Space）所定义。他将资本划分为了不同的类型，我们不仅可以读到“文化资本、社会资本、经济资本、象征资本的术语和表现方式，也能找到家庭资本、宗教资本、教育资本、政治资本、道德资本、国家资本、科学资本、学术资本等概念和话语”[1]。然而在布尔迪厄深入讨论社会资本、文化资本和经济资本之后，他没有再详细地分析学术资本的内涵。他在1986年出版的《资本的形式》[2] 中也没有将学术资本作为影响个体的主要资本类型来探讨。可以说，与其他资本比起来，学术资本在布尔迪厄的眼中显得不太重要。但在布尔迪厄之后，大量的研究开始围绕学术资本展开，一方面有关学术资本的研究成果变多，另一方面对学术资本的话语产生了误读。出现了“学术资本”“学术资本主义”“学术资本化”等容易引起分歧的概念。特别是受到资本作为经济学概念的影响，“学术资本”的提法被质疑，学术资本的概念内涵也众说纷纭，为此学术资本需要正名。

学术资本不等于学术资本化，更不是学术资本主义。“资本化”这个词条在汉语语境中没有被任何权威的辞典列出解释，反而在英语话语中用“capitalization”表示名词的资本化和用“capitalize”表示动词的资本化，前者可以理解成从中获得利益和好处，后者可以理解成资产到资本的转化行为。任何资本都会带来利润和经济效益，人力资本如此，社会

① ［法］皮埃尔·布迪厄：《文化资本与社会炼金术——布尔迪厄访谈录》，包亚明译，上海人民出版社1997年版，第189—207页。

② Pierre Bourdieu, *The forms of capital*, In J. Richardson (Ed.) Handbook of Theory and Research for the Sociology of Education, New York: Greenwood, 1986, pp. 241 – 258.

资本也如此，同样学术资本也脱离不了资本的利润本性和经济效益的本能。但学术资本带来的利润和经济效益属于这类资本的附加功能，学术资本的核心功能在于提高人才培养质量、提升科学研究的水平和增强社会服务的能力。学术资本的内涵更多的是超越了经济学的内涵，成为了一个社会学概念。因此，对学术资本内涵的理解，不应聚焦于经济效益和利润价值，应从社会学的视角解读。学术资本在大学学术场域的各种互动关系中运作，可以说，在某个特定的时刻，大学学术资本的分布结构状态，此时此刻也体现了大学学术场域的内部结构，学术资本在这个内部结构中进行发展学术提高学术水平的学术实践（非经济行为）的利益交换。学术资本的拥有者持续控制着资本所产生的影响，决定着人才培养、科学研究和社会服务等学术实践活动能否达到更高的质量。

在大学场域中，学术资本的拥有者为大学组织，但大学组织所拥有的学术资本需要学术人个体学术资本的积累，所以对学术资本的理解还得从三个层面分析。首先，从学术人的个人层面来讲，学术资本指个体通过教育、学习和工作等实践活动而积累的学识、技能、才干和资历。其次，从大学组织的层面来讲，大学最基本的也是最核心的资源是学术资本，这些资本包括人才培养活动、科学研究、社会服务的咨询技能以及其他一些学术成果的运用。最后，从大学组织与学术人的整体层面来讲，学术资本的要素有四类，即人才自身的学术资质、地域文化梯度资本、机构的声誉资本、学术成果资本①。通过对目前关于“学术资本”已有话语的分析，可知，学术资本存在于学术场域和大学场域之中，一所大学如果没有富足的学术资本，所谓的人才培养、科学研究和社会服务将缺乏大学的特性。本书所提的学术资本生成，是从大学组织作为拥有者的角度分析的，但具体在学术资本生成的实践中需要学术人的行动才能达到。综合上文关于资本的分析，可知，资本的形成与资源、生产、人、积累和增值有关，大学学术资本生成的原始资源包括学术人的资源、学校的硬件资源、课程资源、教学资源、图书文献资源等。大学学术资本生成的过程，是在大学的场域中通过人才培养、科学研究和社会服务，

---

① 李侠:《人才的学术资本增量测评与边际产出率的分析——警惕中国人才市场沦落为“柠檬市场”》,《社会科学论坛》2011 年第 1 期。

以知识传承、知识创新、知识应用等为载体实现大学自我不断再生产的过程。学术资本生成中的主体是学术人，他在已有的学术积淀和学术惯习的基础上，结合学术资源，通过不断地调节自己已经形成的学术惯习，并逐渐与当下所处的大学场域相契合，开展适合该大学场域的学术活动，以此促进学术资本的生成。学术资本的积累和增值，是利用现有学术资源在学术最初存量的基础上，不断增加学术存量，最终实现学术的量增值与质增值。

由此可知，大学学术资本是学术人在大学学术场域中与课程资源、教学资源、文献资源、科研设备等学术资源相结合，通过知识传授、科学研究与创造、应用与社会服务而形成的能够促进学术自我扩大再生产的学术积累和学术能量。

第二节　大学学术资本的存在样态

大学的学术资本掌握在学术人手里，同时也可以说，大学每个学术人所拥有的学术资本，也是一所大学所占有的学术资本，但学术资本以何种样态存在呢？样态既体现了存在的形式，也反映出了表现的形式，大学学术资本的存在样态，首先得突出价值性，其次需展现一定的形式。反映了一定价值的学术才能成为学术资本，这个价值主要体现在人才培养、科学研究和社会服务等方面的价值。同时，也要有能感知到的形式才能被认可和确定，这个的形式以身体化、物质化、制度化和象征化等状态存在。

一　“学术 + 价值”：学术资本的样态写实

学术不是单为科学研究而存在，而是因大学的人才培养、科学研究和社会服务的三大特殊功能而存在。学术不只是写论文、参与科研项目，而是指系统专门的学问，是对存在物及其规律的学科化论证，是对真理的探求，是揭示人类社会发展的规律。在大学的场域中，人才培养属于学术，学术人在博采众长中准备教学材料，设计课堂教学是学术活动，学术人在课堂教学中组成师生学术共同体传承文明、开启智慧、研讨学问、各抒己见也是学术活动，欧内斯特·博耶将其称为“教学的学术”。

如果大学没有人才培养的学术活动，那么它能够拥有的也只是失去灵魂的卓越。在大学的场域中，科学研究属于学术，科学研究的问题源于学术人的行动实践，依靠学术人的实践理性。学术人在人才培养中遇到的问题，在课堂教学的学问研讨中遇到的问题，在广泛的学术阅读中遇到的问题，在社会生活中遇到的问题，经过理性的分析上升为科学研究的问题，均是科学研究的起点。针对这类问题需通过理性的分析探求未知、探求究竟，在学术领域有新的发展，提出新的观点，即为学术人的科学研究活动。学术人的科学研究可以是单学科的，也可以是多学科和跨学科的，跨学科和多学科研究是当今的趋势，这种学术被欧内斯特·博耶称为“发现的学术”和“整合的学术”。在大学的场域中，社会服务也是学术，学术人的科学研究成果的推广和应用，需要结合产业需求在政府的支持下，针对性的解决目前经济社会发展中棘手的问题，这是对科研成果的再造，属于“应用的学术”。学术成为资本，体现一定的价值，这种价值就是在人才培养、科学研究和社会服务上的价值。

（一）学术资本是学术人积累的劳动成果

学术要成为资本离不开学术人的持续参与。就学术自身而言，已经存在于大学的场域之中，如果没有学术人的持续参与，学术就是一种学术存在，不属于资本，也很难说有价值。因为资本“是一种镶嵌在客体或者主体的结构当中的力量，也是一种强调社会界内在规律的原则”①，资本的主体是行动者，资本是行动者的实践工具和能量。在大学的场域中，学术人主要指大学教师和大学的研究者，也可指学生，是学术资本的主体。作为主体的学术人持续参与大学的学术活动尤为重要，不管是学术自身价值的凸显，还是学术作为一种资本的存在，都离不开学术人的持续参与。学术人持续参与学术活动应有一定的表现形式，具体可以描述为学术人参与学术活动的一致性、契合性、连贯性和生成性。学术人所从事学术活动的方向与学术内容要体现一致性，要有稳定的研究方向，持续的坚持在稳定的研究领域探索，能够不断的丰富和优化已有的学术成果。在契合性上，学术人从事的学术活动不管是教学工作、课程

---

① Pierre Bourdieu, *The Form of Capital*, Richardson, J., *Handbook of Theory and Research for The Sociology of Education*, Westport, CT: Greenwood, 1986, p. 15.

建设，还是学术论著发表、科研项目申请，或是科研成果推广、学术成果的应用，要基本与研究的内容和方向保持一定的契合度。在人才培养科学研究和社会服务的非线性关系的学术活动中要具有连贯性，且能够由此促进学术资本的生成。总之，学术资本产生于学术人持续参与的学术活动中，是学术人或学术共同体追求的目标。

学术资本是积累的劳动。在学术人持续参与的学术活动中，需要学术人花费时间不断地进行学术积累，才能成为学术资本。资本积累的过程，就是一个劳动的过程。“当这种劳动在私人性，即排他的基础上被行动者或者行动者小团体占有时，这种劳动就使得他们能够以具体化或活的劳动的形式占有社会资源”①。劳动就是一个获得资源、占有资源的过程，这个过程能够集聚资本。学术资本的积累在复杂的大学场域之中进行，源于大学场域内学术人的劳动，这里学术关系与权力关系交替复杂，需要利用资本积累的策略、投资策略和资本的转化策略，依靠竞争，才能形成学术资本。学术的积累过程需要注意其历时性和共时性，大学组织与学术人在学术活动中有历史的继承性，即大学的学术在这个过程中日益深化、不断扩大变得更加的丰实，同时大学组织与学术人的学术活动与当前社会发展和大学发展的指向能共生共荣。学术只有在历史的沉淀与现实的共生中，表现出继承性和连贯性，通过不断的学术活动积累的过程，才能够成为学术资本。学术之所以能够成为资本，不仅是积累的结果，更是因为它具备不断自我再生产和自我复制的潜在能力，这种能力相当于物理学中的能量。

（二）能实现学术自我不断扩大再生产的学术能成为学术资本

有价值的学术能够实现学术再生产。学术的存在也并非仅仅是“为了学术而学术”的存在，学术更重要的意义是学术作为大学的魂而存在。这个魂是为了大学更好地从事人才培养工作，为了大学更好地开展科学研究，为了大学更好地实现社会服务的职能。这样的学术，是发展的学术，是创生的学术，是不断生成的学术，是不断生产的学术。一方面，学术在大学的场域中，通过学术人在人才培养、科学研究和社会服务中

---

① Pierre Bourdieu, *The Form of Capital*, Richardson, J., *Handbook of Theory and Research for The Sociology of Education*, Westport, CT: Greenwood, 1986, p. 15.

对学术的不断再生产，产生了新的“学术”，在学术与学术的滚动交互中，“学术”不断地被创生，即学术的自我再生产；另一方面，学术人通过培养的人才、科学研究成果的推广和影响力、社会服务中的应用，使学术来到了更广阔的社会的再生产之中，不断传承文明和学术成果，启发新的科学研究，带来了新的技术，制造出新的产品，发挥了学术的社会价值，即学术的社会再生产。学术被用于再生产之中，学术更需要在人才培养、科学研究和社会服务中不断地扩大再生产，学术不再只是学术，而是成为了一种资本，即学术资本，学术作为资本的存在方能够实现学术的不断扩大再生产。

学术资本能够促进学术的自我再生产，同时是不会在生产中被消耗殆尽的资源。资本没有用于再生产的时候，它还只是以一种资源的方式而存在，其意义与价值没有被利用，在学术领域也是如此。人才培养中有课程资源、教学资源等，科学研究中有文献资源等，社会服务中有人力资源、科研成果资源等，这些均是促进大学学术再生产的重要资源。这些资源被用于大学的学术活动中，既成为了学术活动的重要资本，又能在学术活动中实现学术资本的再生产。学术资源成为了学术活动发生的重要条件，在学术活动中学术资源成为了重要的资本，发挥了必要的学术价值，成为学术活动中的学术资本。依靠学术资本能够促进学术的再生产，转化为学术资本的资源也才能够凸显其自身的价值。当学术是一种资源的时候，它可以向学术资本流动，学术资本又可以转化为一种学术资源，在不断扩大再生产的过程中，学术资源与学术资本之间单向反向的双向运动，学术资本回到学术，促进学术的发展。

（三）转化为其他资本类型的学术可成为学术资本

在一定条件下，可以转换成其他资本类型的学术才能够被称为学术资本。由于学术成为资本从来不是虚幻或抽象地存在于世界之中的，需要以某种具体的形式存在，并以某种具体方式能够在人类社会中传承下来，具有一定的交换价值，或者说是可以转换的，即转化为经济资本、社会资本和文化资本，所以学术资本一定要与其他类型资本发展关联，发生相互转化的关联。从学术人的个体来讲，能够成为学术资本的学术通过积累劳动以身体化和客观化的形式存在于学术人的身上，在学术人自我发展中这种资本将转化为文化资本促进个体的发展。积淀了成为学术资本的学术，在学术场域和社会场域中会建立各种复杂的关系网络，这是学术资本转化为社会资本的典型表现。积淀了成为学术资本的学术，在学术场域能够获取更多的学术项目和资助，在社会领域能够通过社会服务获得额外的经济效益，学术资本转化为了经济资本。从大学组织来讲，学术生成于大学场域之中，辐射于社会各个领域，学术人在人才培养的学术活动中，通过知识的传递能够帮助大学生形成文化资本，学术资本转化成为了大学生的文化资本。同样大学要依托能够成为学术资本的学术提高社会服务能力，建立社会合作关系网络，学术资本转化成为了社会资本。再者大学组织具备了成为学术资本的学术，在提高人才培养质量、优化大学与政府及产业的合作关系、提升大学的科学研究水平后，大学会更加吸引学生，大学生数量不断增加，各类相关基金项目数量也会增加，企业会更加愿意投资于大学的学术，学术资本转化为了经济资本。总之，学术一定是可以转化为其他类型资本之时才能称为学术资本。

二 学术资本存在的形式

学术资本是一种特殊形态的资本，不像经济资本直接以物和货币的形式存在，也不像社会资本以网络关系的形式存在。学术资本的存在形式除与布尔迪厄所提出的文化资本的存在形式有共性外，也有自己独特的个性存在形式。

（一）学术资本以身体化的形式存在

正如“肌肉发达的体格或被太阳晒黑的皮肤，不能通过他人的锻炼来获得那样”[①]，身体化形式的学术资本必须靠学术人亲力亲为的投入。身体化形式的学术资本是一个有起点没有终点的不断生成的过程，个体从出生开始，受到家庭教育的影响，学校教育的培养，社会环境的渗透，直到成为一个学术人均在不断的生成中。过去一切的经历在不同的阶段、不同的程度上或有意识或无意识地被获得，这种痕迹犹如烙印一样抹不掉挥不去，并成为了学术人的性情倾向，支配着学术人的学术活动。学

① Pierre Bourdieu, *The Form of Capital*, Richardson, J., *Handbook of Theory and Research for The Sociology of Education*, Westport, CT: Greenwood, 1986, pp. 17 – 18.

术人踏上学术道路以后，学术阅历和经历中的学术积累是身体化学术资本形成的关键，在教学学术、发现学术、综合学术及应用学术中的反思性的获得是主要的方式，身体化的学术资本主要表现为学术惯习。身体化的学术资本虽然会随着学术人一起衰落和消亡，而且很难用量化的指标进行评判，但仍然可以根据学术资本的特性权衡是否属于学术资本。

（二）学术资本以物质化的形式存在

一方面以物质化形式存在的资本具有显性的特征，通过一定的物质和媒介的方式表现出来，另一方面物质化的学术资本只有与身体化的学术资本相联系才能够被定义。学术人在学术活动中能够生成较多的以物质形式存在的学术成果，诸如，教学大纲、教案、学案、教学设计、教学反思、教学计划、各类项目申请书、科研报告、学术论著、成果推广和应用等。这些学术成果以必要的形式表现出来，还需要与身体化的学术资本相联系，才能被定义为物质化的学术资本。因为“生产手段的占有者必须找到一种方法去显现身体化的资本，这种身体化的资本是该资本拥有者得到特别显现或服务的先决条件。为了占有机器，他只需要经济资本；但是为了显现它们，并根据它们特别的目的使用它们，这种目的是由科学性或技术性的文化资本所界定，这一资本已被结合进机器的内部，他必须亲自或由人代理接近”① 身体化的学术资本。因此，以物质形式表现出来的学术成果，需要与学术人的身体化形式的学术资本相联系，才能成为学术资本。

（三）学术资本以制度化的形式存在

身体化的学术资本与资本拥有者受到了生物性的限制，但是制度化形式的学术资本却能够在一定程度上记录学术人的学术资格，也能够抵消这种限制。以制度化形式存在的学术资本，来源于政府监控下的合法渠道，主要表现形式为学术资格和文化能力的证书，“这种证书赋予其拥有者一种文化的、约定俗成的、经久不变的、有合法保障的价值”②。能

---

① Pierre Bourdieu, *The Form of Capital*, Richardson, J., *Handbook of Theory and Research for The Sociology of Education*, Westport, CT: Greenwood, 1986, pp. 19 – 20.

② Pierre Bourdieu, *The Form of Capital*, Richardson, J., *Handbook of Theory and Research for The Sociology of Education*, Westport, CT: Greenwood, 1986, pp. 20 – 21.

够在大学成为学术人的都拥有从制度层面认可的学术资本，诸如学士、硕士和博士学位，助教、讲师、副教授和教授等。这种形式存在的资本，体现了制度化权力的行为力量，使学术人不得不接受这种通过社会公认权力赋予的制度化学术资本。

（四）学术资本以象征化的形式存在

具有象征性形式的学术资本以学术人具备的高声誉、高威信等内涵的表现而存在，而不是以官方按照法律程序予以承认的资本，有时候由于从制度化层面不被承认，只能通过无形和看不见的象征性符号在大学场域和学术场域中被承认。有了这种信任度和威望，“即使两手空空离去也有本事带着整个市场再来的人，即使不带货币，单凭他们的脸、他们的名字、他们的名声也能上市场交易，甚至不管有无本钱都敢下赌（冒险）[①]”。在大学场域中，从学术场域中获取的各种学术荣誉称号，是学术人作为行动者的价值体现，主要表现为学术带头人、教学带头人、各领域的评审专家和委员等。

一所大学，或者个体的学术人，或者学术共同体，衡量他们是否拥有学术资本，能否实现学术的不断扩大再生产，是否生成了学术资本，主要通过身体化、物质化、制度化和象征化的形式来权衡。在衡量是否为学术资本之时，也并非四种形式按照平均或者一定的比例进行分配，它们之间可以此消彼长，甚至只要具备其中的三个或者两个的形式，也能达到学术资本存在的条件。不管以何种形式存在，只要具备价值、能够不断促进学术的再生产，此种学术就是一种学术资本的存在。

第三节　大学学术资本生成逻辑的意义解析

大学学术生成逻辑与大学学术资本生成逻辑是不同的两个概念，也是两条完全不一样的逻辑。大学学术生成逻辑有其合理性，也曾经在历史中发挥过作用，但随着知识生产模式Ⅱ逐渐代替知识生产模式Ⅰ，大学、政府与企业之间的“双边”关系上升为“三边”螺旋结构关系，理论的知识、应用的知识与产业的知识相关割裂的单价知识观向知识之间

---

① ［法］皮埃尔·布迪厄：《实践感》，蒋梓骅译，译林出版社2012年版，第171页。

更加整合的多价知识观的转型，传统的学术生成逻辑已不能够适应知识生产中的新变化。传统的学术生成逻辑，也就是人们习惯的一种学术生成逻辑，在这样的生成逻辑中，以学术为目标，也能算为学术，亦被称为学术。这种逻辑更容易导致学术生成中“东一锤子，西一榔头”的现象发生，这样的学术可能是零散的，很难以学术资本的形式存在，因此这种学术对所在大学的学术活动，对学术人自我的发展，甚至对学术本身是不利的。一是学术生成被窄化地理解为科学研究的生成，忽略了大学学术的丰富内涵；二是学术生成关注外部价值，以“外在光环”层次的高低和数量来衡量学术成效；三是学术生成忽略学术活动的实践性特征，学术生成的实践中实践理性的缺乏导致了学术行为的异化；四是学术生成不能有效支撑大学的人才培养、科学研究和社会服务。对于一所大学来讲，学术活动中若没有学术资本生成，那么大学的人才培养、科学研究和社会服务必然也是乏力的；对学术人来讲，没有学术资本形式的学术积淀也就没有学术方向，更搞不清学术的内涵，在人才培养中没有研究的特性，只有“播放器”的功能，在科学研究中没有固化的研究方向，只有天女散花一样的零星点点的论文和论著，在社会服务中没有解决问题促进社会发展，只有“象牙塔”内对成果“数量”和“级别”的自我陶醉；对学术本身来讲，东挖挖西挖挖，学术就像一个平坦的草地一样被人掘的千疮百孔，没有人对学术持之以恒地深入挖掘和探索，只在表层开拓新地基。所以在当前的知识生产变革的境况下，大学学术需要以资本的形式生成，也需要资本促进学术的再生产，大学应遵循学术资本的生成逻辑。

一　大学学术资本生成逻辑解读

从马克思的资本理论到布尔迪厄的资本理论，虽然资本的内涵被拓展，资本的功能被扩大，但他们都同时注意到了资本需要一个生成、积累、利用、投资和再生产的过程，资本自身也是一个不断生成的过程。生成是一个使用频率极高的动词，一般意义上来讲具有养育、形成、长成等意思，但是在实际的应用中，不同的事物，不同的环境，其意义有扩展也有缩小。根据《现代汉语规范词典》的解释，该词语有两层含义：一是产生，形成（Form，Produce）；二是天生而成，生就（Be Born with)。

学术资本生成，即为学术资本的动态形成、生长的活动过程，简单来讲就是学术资本被生产出来的过程。既有学术资本从无到有的内涵，也有学术资本从有到多的意义，是在形成当中被不断地再生产进而不断地生成新的学术资本的过程。学术资本的利用指的是将学术资本用于目的性的行动中产生效益的过程，是学术资本化或学术资本主义的过程，不适于本书探讨的范围。本书只限于大学学术资本的生成，大学学术资本的生成有其自身的特征，不会去简单套用经济学、社会学中资本生成的经验、模式和框架。

（一）大学学术资本生成具有实践性

要理解大学学术资本生成的实践性，首先需要厘清对“实践”的认识。关于实践，不能狭隘的理解为是对理论的运用，是特定的理论指导着特定的实践。其实，实践并不是与科学理论相对应的，也不只是对科学理论之知的运用。当然在现实意义上，总是会出现理论与实践脱节的现象使得理论与实践的运用相隔甚远，也不能否认对理论的运用属于实践，只是“实践”的内涵远不止于此，还有更多的意义。实践是人类生存的全部事实，亚里士多德就曾把“人类的所有行为和活动都称之为实践，实践就是人类活动的全部形式的总称”,[①] 人类的所有行动都应称为实践。可以说实践是人与世界关系的根本性基础，人通过改造世界的实践活动获得人类生存和发展所需要的物质文化生活资料，在实践活动中满足人类探索世界和改造世界的生活要求。通过对人类实践的认识，实践应是人的主观的和感性的活动。实践的基本主体是人，其规律就是人的惯性行为方式，人的行为范畴也同样是实践的行为范畴。人的实践也是人能动性的表达，是在与其他相关群体间互动中的选择，背后由人所处的空间场所、所拥有的知识、理论基础、阅历、制度规则使然。学术资本生成的过程就是学术实践活动开展的过程，也就是大学里的学术人在特定的空间，结合自身的情况，在遵循学术制度及规则中采取行动策略实践的过程。

---

① ［古希腊］亚里士多德：《尼各马可伦理学》，苗力田译，中国社会科学出版社 1999 年版，第 1—2 页、第 12 页。

学术资本生成既是理性的活动，更是实践的活动。大学的学术资本需要在实践中生成，在学术自我再生产和社会再生产中生成，大学的学术资本生成离不开实践，是在人才培养中的学术实践，是在科学研究中的学术实践，是在社会服务中的学术实践。学术资本的生产与再生产过程，就是一个实践的过程。学术资本作为一种能量和实践的工具，它源于实践的同时也回归应用于实践，实践成为了学术资本的重要特征。从人才培养的角度来讲，学术资本生成于教学的实践和教学改革的实践中；从科学研究的角度来讲，研究型大学的学术资本生成于探求真理、发现未知领域的科学实践中，应用型大学的学术资本生成于“科学”转化为“技术”的科学实践中，职业技术学院的学术资本生成于技术转化为应用的科学实践中；从社会服务的角度来讲，学术资本生成于创新方法解决社会发展等问题的学术实践中。

（二）大学学术资本生成具有实践理性

大学学术资本生成具有实践的特性，然而大学学术资本生成这种实践的诉求，在近代科学和工业文明的冲击下，出现了从理论到实践的单一化取向，实践成为了证明理论观点的经验性实践，单向的依靠理论去解释行为并引导实践。在这样的思维语境下，科学及科学技术在精准、可验证、可重复性、普遍真理、有效的科学理性中有着绝对正确的含义，实践的优劣依赖于客观的检验和证明，非科学的东西则包含了不确定和负向的含义。这种倾向消解了实践理性对于实践所起的作用。实践活动中总是渗透着实践理性，任何分离理论与实践的做法，最终都会导致对实践和实践之知的损害。马克思的实践观告诉我们，实践是人类的生存方式，实践理性就属于人类的生存智慧，从观念上帮助解答人与世界的关系中面临的“应当如何做”和“应怎么办”的问题。科学理性能够解释人类生活中的某一个时期或者某一种状态中的真理，需要将这种真理置于人类实践活动的广大领域才具备真理的品质。“‘实践’这一词语和概念系列，其自身规定根本不是从与理论的对立中获得的”①，实践理性引导人们把握善的原理，实践理性不是工具，它是人类的内在

---

① ［联邦德国］伽达默尔：《科学时代的理性》，薛华等译，国际文化出版公司1988年版，第79页。

追求，并内化在人类的生活方式之中，一切实践科学所追求的是人类的善。实践理性是对人与社会处于何种关系的反思，学术人在学术资本生成的实践中如何行动，如何改造自己实践的环境无不与实践理性相关。

大学学术场域中学术人的学术资本生成实践活动与“各种利益相关”，这种利益既包括物质化的经济利益，还包括学术自身的象征性非物质化的利益，可以称为符号利益，是一种学术自我不断发展的利益。在将资本引入学术之后，正是由于在学术资本生成中缺乏实践理性的引领，学术资本似乎成为了经济利益和利润的名词。恰如布尔迪厄所言，“正统经济学忽略了这样一个事实，即实践除了有其机械性的起因和有意识的意图，以便保证最大可能地发挥效用以外，除了服从‘利益最大化’这一内在的经济逻辑以外，实践还有其他原因，还要遵循其他原则。把行动者的行为简化为机械地反应或有意图的行为，这一有关实践的‘合理性’的狭隘的经济主义思想，忽略了行动者历史、经济和社会的制约性，根本不可能清晰地解释人类所有的实践活动。”① 其背后是对“实践的科学”的呼唤和实践理性的诉求，求助于实践理性把行动者所有的学术资本生成的实践活动指向符号的利益的最大化。

聚焦学术资本生成的实践层面，凸显实践理性的意义和价值，不可不援引布尔迪厄及其后继者的社会实践理论。沿着破除主客观二元对立的路径，布尔迪厄在社会实践理论中，非常重视实践的价值和力量，格外强调实践的重要性。当前实践中出现的各种问题归因于“理论逻辑”在实践领域中的强大力量，将“理论逻辑”强加于实践活动之中。“理论逻辑”将世界当作需要其他人再去解释的一系列的意义符号，而不是通过亲自的实践活动就能够去理解与解决的问题，“理论逻辑”从而就产生了有悖于实践逻辑的“唯智主义偏见”。为了避免这种偏见的出现，布尔迪厄在社会实践理论中提出了实践逻辑，认为实践有着自身的逻辑，这种逻辑依赖于行动者的“实践感”，因而不同于理论逻辑。理论逻辑强调

① 宫留记：《资本：社会实践工具——布尔迪厄的资本理论》，河南大学出版社 2010 年版，第 113 页。

“应然”“应当”，在某种程度上，理论逻辑不能够完全指导实践，真正影响实践活动的是实践逻辑，实践逻辑强调“实然”，注重实践理性，关注场域、惯习、资本，重视实践性知识和个体知识。大学学术资本生成的实践活动发生在实践逻辑之中，是实践逻辑策划了学术资本生成的实践，大学学术资本生成逻辑应为实践逻辑，实践逻辑比理论逻辑更贴近大学学术资本生成实践的真实。

二　实践逻辑在大学学术资本生成中的意义

布尔迪厄为了消除社会学中微观与宏观、主观与客观的二元对立状态，提出了他的“实践逻辑理论”。布尔迪厄的实践逻辑理论（Practical Logic）从翻译过来的文献来看，有三种译法。其一是实践逻辑，这种译法出现在由蒋梓骅翻译，2003 年由译林出版社出版的《实践感》中；其二是实践理性，由谭立德翻译，在 2007 年由生活·读书·新知三联书店出版的《实践理性：关于行为理论》中，将其翻译为“实践理性”；其三是实践感，出现在 1998 年由中央编译出版社出版，李猛等翻译的《实践与反思：反思社会学导论》中。这三种译法体现了翻译者不同的理解，也有一定的区别。本书用其原创的词汇“实践逻辑”来表达其实践理论是比较合适的。布尔迪厄用实践逻辑来描绘人类行为的无意识状态，它通常是不可以用理论的话语来解释的。“理论的谬误在于把对实践的理论看法当作与实践的实践关系，更确切地说，是把人们为解释实践而建构的模型当作实践的根由。……即科学的实践与把科学的无时间性时间强加于实践从而破坏实践行为的时间之间的互相矛盾，……从实践图式转到事后构建的理论图解，从实践感转到可以像解读方案、计划或方法，或者像解读一个机械性程序，一种由学者神秘地重建的神秘安排那样来解读的理论模型，这就忽略了产生正在形成的实践之时间实在性的东西。”[①] 布尔迪厄认为，实践活动的原则并不是人类能意识到的规则来决定的，而是由一些实践图式来决定的。真正的实践活动是随意而又内在的，而理论研究者视野中的实践活动却是外在的，从而无法把握实践的本质。

---

① ［法］皮埃尔·布迪厄：《实践感》，蒋梓骅译，译林出版社 2012 年版，第 115 页。

在布尔迪厄的社会实践理论中，并没有为实践概念一个明确的教科书式的定义。因为在他的社会实践理论中关注的主要问题不是实践的概念，而是描述何谓实践逻辑，即实践活动究竟是如何发生的。布尔迪厄以场域（Field）、惯习（Habtius）和资本（Capital）作为分析工具来探索社会生活实践中的各种关系，进而在场域、惯习和资本的互动关系中形成了以实践逻辑为核心的社会实践理论。从布尔迪厄的实践的内涵来看，实践事实上也就是场域、惯习与资本三者进行交互作用的实践活动，是一种实践理性的活动，当行动者遇到的问题是他熟悉的，他就会自然而然地按照这个场域的规则来行事。布尔迪厄提出了“{场域+(惯习)*(资本)} =实践”[①] 的实践逻辑，他认为场域是行动者实践活动的空间，是行动者惯习形成和资本生成的场所，场域内形成的游戏规则在行动者的身体内内化成实践信念，也就是实践中每个行动者已经养成的惯习，资本是一种生成性的积累，以物质化、身体化等形式而存在；然后在实践的场域中，资本和惯习会与场域的游戏规则进行互动，行动者在即时性的情景中通过这种互动产生出了“实践感”并支配行动者的实践行为选择；行动者就是根据实践感产生的行动策略来重新组合自己的实践活动行为，进而实现实践的最终目的；这个过程中惯习与资本之间是几何的增长方式，所展现出来的实践状态就是实践逻辑，又称为实践理性。

（一）大学学术资本生成的实践逻辑诉求

将实践逻辑引入大学学术生成中，凸显了学术资本的价值，更加利于大学学术的发展。大学场域内部有各种各样的资本，如经济资本、社会资本、文化资本、学术资本等，学术资本是大学的核心资本。在关于学术资本的理解中，主要从学术资本主义的视角出发，以学术资本化取代了学术资本的存在形式，学术以促进学术自我再生产的资本形式存在被忽略。实践理论重新定义了资本的内涵，学术资本不再只是以“物化”和“经济化”的方式存在，而是在学术与学术人的融合下通过劳动积累以制度化、身体化和物质化形式存在具有促进学术自我再生产的价值。大学学术资本与大学场域密不可分，大学学术资本在大学的场域中才有

---

① Pierre Bourdieu, *Distinction: A Social Critique of the Judgment of Taste*, Cambridge, Mass: Harvard University Press, 1984, p. 101.

意义，它是大学场域中各种竞争的焦点，也是竞争所用的工具。学术资本是学术实践活动中学术人的工具和能量，是意味着一种学术不断扩大再生产的潜在能力，是一种以等量或扩大的方式来自我再生产的能力，学术资本体现出生成性。

将实践逻辑引入大学学术生成中，能够克服学术生成中主客观主义的二元对立及学术理性与学术实践的相互割裂状态，有利于大学学术在外在性内在化和内在性外在化的实践活动中生成学术资本。大学学术资本生成的实践逻辑中的学术惯习和学术场域两个概念工具的交互作用形成了实践理性，实现了学术活动中主观因素和客观因素相互渗透，学术理性与学术实践的深度融合。一方面学术惯习以非机械决定论的方式使学术人在学术活动中针对不同的境况采取不同的策略，体现学术活动的自由度和创造性，即外在性内在化的过程。另一方面学术场域为学术人提供了竞争空间以及从关系的角度思考和实践学术活动的工具，学术惯习在学术场域中发挥作用之后形成的结果与学术场域的再次共谋中不断生成学术惯习，即内在性外在化的过程。大学的学术人需要深刻地反思学术资本生成的实践活动，通过分析“对象化的对象化”① 的有效性和先决条件，即分析学术人自身的情况和具备的条件，分析学术实践活动的对象（如人才培养、科学研究和社会服务的具体情形）以及分析学术人自身与学术实践活动对象的关系，从而将学术人置身于学术场域，受制于学术场域规则的影响，在学术场域中理解学术资本生成，并对自己的学术生成实践保持批判反思的态度。

大学学术资本生成的实践逻辑具备其他生成逻辑的优点，同时又能够克服其他逻辑的缺点。正如前文所言，当前大学学术生成主要有单价知识观下的线性生成逻辑、行政科层式的外生型生成逻辑和新自由主义下的市场化生成逻辑，一方面这几类生成逻辑对学术的发展有一定的价值，另一方面也导致了学术的异化，特别是工具理性消解了价值理性。将实践逻辑引入大学学术资本生成之中，突出了学术资本生成的实践理性、无意识的意识性、模糊性、时间紧迫性和不确定性，在学术人的实践与“对象”之间找到了沟通的桥梁和相互转换的中介。由学术惯习、

① 谢立中：《西方社会学名著提要》，江西人民出版社2003年版，第610页。

学术场域等构成的实践图式支配学术人的身体——“包括了思想、说话、姿态、动作、行为等完整的身体”①，学术人的学术生成实践遵循实践理性，不会继续在分割的知识系统中封闭地开展学术活动，知识的整合性和多样性被高度关注，大学、政府与产业各种利益及力量参与学术生成。大学学术资本生成的实践逻辑是一种凸显资本价值的生成逻辑，新的知识生产模式和新的学术革命理念化为学术人的实践理性，通过实践理性化解学术人在学术实践活动中的各种二元对立的冲突，将学术资本置于学术场域、学术惯习的多元互动关系之中，突破传统的线性逻辑、外生逻辑和市场化逻辑，凸显学术生成的实践理性。

（二）大学学术资本生成实践的特性

“实践”的话语在布尔迪厄的社会学思想中扮演着极其重要的角色。实践作为各要素间相互作用的真实运动，在大学学术资本生成中表现为学术人在学术场域中的人才培养、科学研究和社会服务的学术实践活动。大学学术资本生成的实践表现为以下特性。

1. 大学学术资本生成实践的紧迫性

当开始从事学术实践活动时，学术资本生成的时间维度和空间维度也随之确立，通常学术人会受时间有限、从事学术活动的空间局促和支撑学术活动开展的学术资源匮乏的制约，在这种情况下实践逻辑发挥其作用，需要在学术实践的临场中择机决策，采取行动。特别是人才培养的教学学术实践活动和社会服务的学术实践活动，在实践中遇见了理论逻辑不曾有过的样本，此时的理论逻辑显得特别苍白无力。在这种情况下，绝大多数时候完全是依靠“实践感”在展开行动。大学学术资本生成的实践逻辑其实是长期全身心融入某种紧迫环境而形成的“实践感”的状态。

2. 大学学术资本生成实践的独立性

大学学术实践不是严格遵循着某种预设的理论逻辑行动，更不是完全按照事先的结构性计划来执行，而是相对独立于一切预知的理论逻辑和行动结构来实践。大学学术资本生成的实践逻辑在实践中也是一个不断生成的过程，可能与预先设计好的特定结构一致，也可能超越现存的结构领域。

---

① 石中英：《论教育实践的逻辑》，《教育研究》2006 年第 1 期。

3. 大学学术资本生成实践的总体性

实践逻辑能够以独特的生成机制将相互分离的各个要素结合成一个新的社会事实，实践就成为了各种因素内在的系统性关联。在实践意义上的大学学术资本生成的实践逻辑、运行的特征和发展的规律虽然超越了学术人的事实存在，但也并不是只以学术资本生成本身为中心，而是与学术场域、学术惯习、学术制度等要素一体互构，从而形成了大学学术资本生成的总体性。

三　学术资本在场域与惯习互构的实践逻辑中生成

布尔迪厄将场域、惯习、资本的社会实践理论用于分析社会群体或者个体行动的实践逻辑，认为"实践是实施结果和实施方法、历史实践的客观化产物和身体化产物、结构和惯习的辩证所在"①。大学学术资本生成的实践就是学术人关于学术实践活动的行动，那么大学学术资本生成中的实践逻辑是如何形成的，又是如何运转的呢？换句话说，在学术人的学术实践中，他们为什么会有这样的学术行为，他们需要什么样的学术行为才能生成学术资本。将学术实践的理论逻辑运用于学术实践可以称为实践，但不属于本书谈论的实践，本书所谈论的实践主要突出学术人在学术实践中的主体性参与。学术实践中虽然会有预设的形式，预定的架构，但在具体的学术实践中，都需要学术人用自己的"实践感"把握所面对的学术实践境遇的问题。在学术实践的行为中没有一个完全确定的符合实践理性的固定模式，实践理性所趋向的既有普遍性也有特殊性，需要学术人根据此景此刻做出符合实践理性的行为。实践逻辑是产生实践行动和发生实践行为的根源，大学学术资本生成的实践逻辑，即是在学术场域、学术惯习、学术制度、学术资本等因素在学术人的实践活动中相互作用而构成的实践图式。

学术资本是在学术活动实践中积淀而成的。作为行动者的大学学术人和学术组织利用学术资源（后来成为学术资本），开展学科专业的知识生产、传授和应用活动，提高大学生的认知水平，培育大学生的情感态度，创新科学研究成果，为社会各领域提供学术性服务，"做学问"和

---

① ［法］皮埃尔·布迪厄：《实践感》，蒋梓骅译，译林出版社2012年版，第74页。

“搞研究”的学术实践是学术资本生成的基本渠道。在学术实践中，学术资本的生成离不开自由而肥沃的学术场域，在大学学术场域中以学术人为行动者，学术场域、学术惯习、学术制度、学术资本各种因素之间交织在一起发生相互作用，如同古时候的“炼金术”一样，通过把各种金属元素搅拌杂乱地混合，经过高温烧制发生多种化学反应，最后炼成诸如黄金等价值高的金属。学术资本的生成是学术场域、学术惯习、学术制度的相互交织共同作用的结果。

学术资本同其他任何资本一样有其存在的空间，或者说生成场。大学学术资本的生成场在大学，大学学术生成“场”具有向心力和凝聚力，同时也是具有动能的“能量”，影响着学术资本生产的效能。本书将这个“场”称为“学术场域”（简称“学术场”），是不同位置的学术人之间存在的客观关系的一个关系网络架构，为学术资本生成提供了一个空间，处于场域内的学术人会触碰到“场”所给予的能量和力，也受到“场”的约束和激励，这种激励和约束的力量是大学场域和学术人相互博弈的张力，学术人也在博弈之中形成了学术资本生成的惯习。本书将其称为“学术惯习”，学术惯习不仅是表现在学术人身上的学术生存心态，而且还源于学术场域不断地对其进行的形塑，学术人需要通过学术惯习的塑造和影响，才能在学术资本生成中产生合乎实践理性的行为。大学学术资本生成的核心要素为学术人，学术人拥有基本的学术资源，学术资源转化为学术人身体化的学术资本，通过不断与学术场域的共谋实现学术惯习的潜沉和积淀，依托学术惯习产生“合情合理”的学术行为。作为外部条件的学术制度为学术场域和学术惯习提供必要的补给，通过学术制度建构学术共有信念，保障学术场域的运转，引领学术惯习的形成，规范学术人的学术行为。大学学术资本正是学术人在学术场域、学术惯习、学术制度的互构的实践逻辑中，通过学术生产与再生产生成学术资本。

你必须牢记这一点，什么是宇宙的本性？什么是自我的本性？二者之间有何关联？我是怎样的一个宇宙中的怎样一部分？无论你怎么说怎么做，没有人能阻止你追求符合自然，你自己原本就是它的一部分。①

——［古罗马］马可·奥勒留

第三章

学术资本生成的“在场”：大学学术场域的自我认同

大学学术场域是学术资本生成与积累的依托，学术人在大学学术场域中开展学术实践活动。学术人的学术活动需要“场”给予力量，也受到“场”的制约和规限，大学学术场域作为一个空间的存在，在学术资本生成的实践逻辑中，为学术人在学术惯习指引下提供了从事人才培养、科学研究和社会服务等学术实践活动生成和积累学术资本的场所。大学学术资本生成的实践逻辑是实践感的逻辑，学术人在实践中离不开所涉及的学术实践活动，需要在场域的网络结构关系情景中展现出学术实践的行为方式。任何一所大学，自建校以来，学术场域就处于不断的搭建之中，大学逐渐成形的场域空间也确立了大学自身再学术活动中的身份，大学组织和学术人在学术场域空间的学术身份认同中，一面在“回场”与“立场”中生成学术资本，并依托学术资本在不断地“建场”，另一面在“出

① ［古罗马］马可·奥勒留：《沉思录》，李娟、杨志译，生活·读书·新知三联书店 2008 年版，第 13 页。

场”与“入场”中生成和积累学术资本，进而实现学术场域的拓展。

第一节 学术资本与学术场域的联姻

学术场域是一个空间，这个空间由学术人占有的各种位置而形成的客观关系构成，这种客观关系表现为处在不同位置的学术人之间形成的力量关系，正是力量关系之间的相互牵制和着力，方能形成一个网络状的或构型的空间，才被称为学术场域。决定着学术场域中学术人（也可以是学术群体）位置的因素是学术资本，学术资本的形式、质量和数量界定了位置关系。在学术场域中，占据不同位置的学术人（也可以是学术群体）是学术资本的承载者，有的处于支配地位，有的处于被支配地位，学术人在学术场域中因学术资本而不断行动，要么维持当下场域的结构，要么改造目前场域的结构。为了学术场域的位置关系，维持者要控制更多的学术资本，改造者也要掌控更多的学术资本。学术场域为学术资本生长提供了场所，学术资本在学术场域的争斗中不断生成。

一 学术场域的形成

场域（Field）的概念，一般被认为是法国社会学家皮埃尔·布尔迪厄首先提出并使用。他利用关系性思维，将“社会宇宙”理解为一般意义上的社会，而复数的“社会世界”涵盖了各个具体的社会领域，这种分化的社会有着自身独特的游戏领域和运作逻辑，即社会世界是由高度分化后的一个个社会小世界构成，“这些小世界自身特有的逻辑和必然性也不可化约成支配其他场域运作的那些逻辑和必然性”①。社会小世界就是布尔迪厄认为的客观关系的空间，这种客观关系就是处于不同位置的行动者之间的力量关系。因此，一个场域可以被定义为在各种位置之间存在的客观关系的一个网络（Network），或一个构型（Configuration）②，

---

① ［法］皮埃尔·布尔迪厄、［美］华康德：《实践与反思——反思社会学导引》，李猛、李康译，中央编译出版社 1998 年版，第 134 页。

② ［法］皮埃尔·布尔迪厄、［美］华康德：《实践与反思——反思社会学导引》，李猛、李康译，中央编译出版社 1998 年版，第 134 页。

如宗教场域、艺术场域、科学场域。在布尔迪厄的话语体系中，场域的概念后来居上，并上升为核心概念，成了统领性的概念，是他研究社会的基本分析单位。

布尔迪厄在《学术人》《国家精英：名牌大学与群体精神》和《科学的社会用途：写给科学场的临床社会学》等作品中阐释了“教育场域、科学场域、大学场域”等的运作逻辑，特别是科学场域。科学场域是研究者为了知识的合法性而有规则的斗争空间，研究者在场域内为了科学知识发现和科学承认，力求在分歧的基础上达成一致，其争论的问题以及解决问题的方式乃是建立在科学标准之上。科学场域只是一个研究者为了争夺知识合法性的空间，虽然与大学的学术有一定的关联，但大学的学术不仅局限于科学研究，故用科学场域的话语来分析大学的学术具有局限性。如果用教育场域来分析大学的学术，教育场域是一个以人的发展为旨归，在知识生产和传承中形成的客观关系网络，虽然大学具备这种特性，但高等教育的特殊职能，用教育场域分析大学的学术显得太泛。也许使用大学场域是一个不错的选择，因为大学是一个自主性比较大的受到社会各种因素困扰较少的空间，它以追求高深学问及知识的再生产引领和推动社会进步为目标，然而大学场域却是一个大学不断完善其内外部各组织系统、关系系统、权力系统而最终形成的一个庞大的关系联盟。[①] 如果采用大学场域的话语，虽然能够分析大学的学术，但是大学场域中的次场域会弱化大学的学术，甚至遮蔽对大学学术的解读。因此，本书选用了大学场域的核心——学术场域，作为分析工具，论述大学的学术活动。

学术是一所大学的生命支柱，纵观古今中外的各种大学，其广泛的影响和极大的声望均源于它精深的学术水平。在大学漫长的千年历史中，即便大学的功能不断地被丰富，学术也从未在大学里式微过。人才培养离不开学术、科学研究离不开学术、社会服务离不开学术，没有学术的支撑，何来大学的本性。学术是大学的核心，学术也有一个由学人的知识生产、传承、交换和服务构成的一个空间系统，学术在大学场域中占

---

① 李全生：《布迪厄场域理论简析》，《烟台大学学报（哲学社会科学版）》2002 年第 2 期。

据着一块相对独立的自主空间，大学的学术系统就是一个特定的场域，即学术场域。学术场域虽然仍处于社会“元场域”之中，但大学的本源性组织结构——行会，建构了学术自由制度、大学自治制度和社会中介制度，为学术人从事知识探索提供了学术自由的堡垒，保护了大学内部学术的自由。学术场域即为一个充满意义的世界，一个被赋予了价值和感性，既充满了知识生产和传承矛盾的，又值得学术人去付出、去努力的相对自主的小世界。学术场域为大学的知识生产、传承、交换和服务提供了活动的空间，正是大学在知识生产、传承、交换和服务一体化的存在，才构成了学术场域的重要内容。大学的学术场域也有广义和狭义之分，广义的学术场域泛指大学作为一个整体的系统内部的学术场域，狭义的学术场域仅指某一大学内部的学术场域。学术场域没有规定存在的实体媒介，相对于时空场域来说，归属于意义场域。

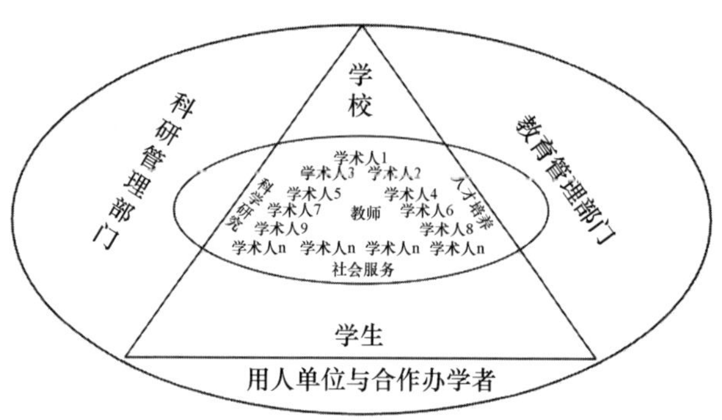

图 3—1　大学学术场域结构

大学学术场域由相关利益主体构成，包括内、中、外三层（见图 3—1）。部分与学术场域发生联系的教育管理部门、科研管理部门、用人单位与合作办学者构成了学术场域的外层空间，为学术场域提供必要可能的大学（学校）、学生构成了学术场域的中间层，几乎全部与大学学术场域发生联系，并承担了人才培养、科学研究和社会服务三大职责的教师（学术人）构成了大学学术场域的内层，这是学术场域最为集中的核心圈层。内层、中层与外层之间的关系及其相互作用共同构成了大学学术活动的领域和边界，外层是学术核心场域运行的直接的社会环境。

大学的学术场域是学术人的学术劳动和学术化生存的空间，学术自由制度、学术评价制度、学术工作制度和学术规范等为学术人在学术场域中的学术化生存和劳动构筑了组织载体和规范。学术人在学术活动中，学术化生存和学术劳动会受到某种限制和制约，这种制约固然有组织载体和制度规范的限定，但深层次的以无形的方式出现的却是学术场域内部各种位置力量形成的客观关系。这种关系是学术在长期的生存和发展中形成的独具特色的一种积淀，这种积淀体现在学术场域已经形成的文化价值观念、传统的惯习、学术群体的意识和学术行为，这才是学术场域的内核。这个内核帮助“入场”和“在场”的学术人，知道学术场域中的学术信仰是什么，游戏的规则是什么、禁止什么、遵守什么、提倡什么、怎么发展、有哪些角色、什么最重要、谁在挑战权威、什么是真实的、谁说了算，应该怎么做等问题。唯有如此，学术人才能真正认识学术场域的本质、学术场域的主要任务、学术实践的目标和学术活动的组织方式。当“在场”的学术人适应了学术场域的这些内核，并将其与自我的需求融为一体之后，学术人才能真正“入场”，并能“在场”履行学术劳动，体现学术化生存和存在。

大学学术人的学术活动具有高度专业性，学术场域中的组织载体和规范为其自由学术和自治学术提供了保护膜，学术人在学术场域中的学术生活难以通过外部的行政管理和权力机制去驾驭与约束，这种单纯的行为控制手段不如根植于学术场域内核的经多年积淀的学术生活方式的控制。学校历史积淀形成的文化、院系历史积淀形成的文化、专业历史积淀形成的文化，构成了大学学术场域中无形的内核，学术人在这个共同体中，享受共同的使命感和规范，被共同的精神、情感和职责推动开展以学术为志业的学术活动。大学学术人与学术共同体的高度相关性，大学学术与人才培养、科学研究和社会服务紧密相连，可以说是学术场域的“场力”发挥了凝聚力和向心力的作用。每位“在场”学术人的学风、教风、精神面貌和志向追求，在学术场域中已经形成了一种相对稳定的心理现象，已经成了一种学术精神和文化诉求，学术场域的力量，促进了大学学术在发展中积淀和创造学术资本。

二 学术场域的逻辑起点

学术场域的概念内在地包含着权力因素，占支配地位的学术人（可以是学术群体）会用各种手段维系场域内力量关系的平衡，处于非支配地位的学术人（可以是学术群体）会采取各种策略力图改变场域内的客观关系。“场域的结构本身始终都是赌注游戏，以场域为地盘的各种斗争，为了维护其赌注的性质，总是争夺正当性权力的斗争。”① 在学术场域中存在着两种权力形式，一种是世俗权力，属于制度化的权力，与学术人在学术机构、学术委员会中所占据的位置有着紧密的联系；另一种是独立于制度化的个人声望的权力，建立在学术同行认可的基础上。学术场域中的权力也并非仅为权力自身而存在，只有被处于支配地位者认可这种权力的合法性，权力才有存在的理由和运作的价值，换句话说，学术场域中权力之间的较量，是为了维护或者颠覆学术资本分配的结构。垄断学术资本的学术人（可以是学术群体），倾向于采用维护学术再生产中的正统性策略，较少掌控学术资本的学术人（可以是学术群体）则倾向于采取异端的颠覆性策略。

学术资本在学术场域中扮演着关键的角色，学术资本总是在特定的学术场域中才发挥效力，它既是学术人实践的能量和工具，又是学术人学术实践的目标和归属。学术资本是学术场域独立于其他场域的运作逻辑和必然性的客观关系的重要依据。“确定何为场域，场域的界限在哪儿，诸如此类的问题都与确定何种资本在其中发挥作用，这种资本的效力界限又是什么之类的问题如出一辙。”② 由此，我们可以看出，学术场域的概念和学术资本的概念是紧密相连的。大学作为高深学问之地，大学的各种要素及其相互之间的关系，需要通过以知识生产、传承、交换和服务为重心的学术活动来实现。每个场域都是资本的特殊形式构成的地方，③ 场域由资本所界定和划分，虽然大学作为知识中心的地位受到挑

---

① 高宣扬：《当代法国思想五十年》［下］，中国人民大学出版社 2005 年版，第 516 页。

② ［法］皮埃尔·布尔迪厄、［美］华康德：《实践与反思——反思社会学导引》，李猛、李康译，中央编译出版社 1998 年版，第 136 页。

③ ［法］皮埃尔·布尔迪厄：《科学的社会用途》，刘成富译，南京大学出版社 2005 年版，第 32 页。

战。但目前，知识的中心仍在大学，大学学术场域的资本必定为以知识为形态的学术资本，学术资本的获取离不开自由而肥沃的学术场域。不可否认，布尔迪厄资本话语体系中的社会资本、政治资本、经济资本也会在大学学术场域中发挥作用，但是大学的学术性和教育性，还不足以让这些类型的资本成为大学学术场域的基本形态，因此，学术资本构成了大学学术场域的“逻辑和必然性”起点。

学术资本是能够不断扩大再生产的资本形式，以身体化、物质化、制度化和象征化的方式存在，这种存在形式的载体是知识。不管是制度化的学术资本，还是象征化的学术资本，不管是身体化的学术资本，还是物质化的学术资本，在大学的学术场域中，知识通过多种形式，成为了学术资本的载体。只有从对载体的分析入手，才能把握学术场域逻辑起点为什么是学术资本，亦能加深理解学术场域与学术资本的联姻。

知识有主客观之分，知识的生产与创新、传播与延续、保存与应用是学术人个体具有的主观知识与社会客观知识之间循环交互的转化过程，即主观知识客观化和客观知识主观化的过程。知识的生产与创新、传播与延续、保存与应用，一为学术人个体好奇心的使然，二为特定社会的文化选择，学术人个体知识选择的合理性与知识的社会文化选择的合法性内嵌于大学的知识生产、传承、交换与服务的过程之中。合理性与合法性保持适度的张力，有机地协调，离不开大学学术场域的作用。“学术场域是一种建构高深知识研究对象的方式，它使我们考察高深知识的特性、边界成为可能。”[①] 学术场域给学术人提供了能够保持独立自主的空间关系，学术人只有真正投入严谨的知识生产、传承、交换与服务的学术活动之中，获取的学术收益才能经得起学术尺度的考验，才能够成为真正的学术资本。在学术场域中最活跃的力量是称为学术资本的东西，学术资本的有无和多寡，影响着学术场域的广度和深度，没有学术资本的生成和积累，客观关系网络则很难扩展，一旦学术资本滑落于他人之后，自身存在的学术场域空间也会随之萎缩，陷入这种境况亦很难予以拯救和改变。

① 周富强：《高等教育组织与高深知识的环境：学术场域》，《三峡大学学报（人文社会科学版）》2007 年第 4 期。

三 学术场域的特征

本书的学术场域的主体指向大学，学术场域是由大学的学术人组成的学术共同体，是依靠生成学术资本和积累学术资本的学术活动的各种学术力量关系组合而形成的空间和构型。大学的学术人（教师）在学术场域中所处的位置、所拥有的学术权力以及与其他学术人之间的关系，受到学术资本的影响。生成学术资本和积累学术资本是大学的学术人巩固或者改变在学术场域中的位置的主要途径。在学术场域中，学术人、学术惯习、学术行为、学术权力、学术资本、学术制度等元素具有一定的张力和合力，并在学术场域的运作中形成了不同的关系，学术场域才形成了自身的特征。

（一）学术场域的历史生成性

大学的学术场域经历了漫长的历史生成过程，在大学的演进中学术场域也相生相伴。一方面在历史积淀中形成大学的组织架构、大学功能、大学制度、大学学术、大学的运行机制等被其他大学认可之后，不断的被仿效和模仿，成了大学的共性特征，学术场域在大学共性的追求中逐步成型。另一方面带着共性特征的大学学术场域，在面对不同的政策取向、不同的教师队伍结构、不同的区域经济文化特征、不同的人才培养目标，从办学定位、服务面向、培养目标、科学研究等方面不断形塑和生成具有大学个性特征的学术场域。学术历来是大学的本位和大学活动的中心，连绵不断的学术活动促成了大学学术场域的生成。大学学术场域生成的源动力是学术（知识）生产个体性与学术（知识）生产社会性矛盾的此消彼长，在这对矛盾的失衡与平衡之中，大学的学术场域逐渐成长、发展和壮大。“一方面，围绕知识个体自由创造属性，大学创造了自由的学术场域，并形成了大学的固定场所和原初组织结构；另一方面，开放的官僚科层系统是在知识社会效用持续扩张的背景下，对涣散、封闭的行会模式的一种‘纠偏’或调整，因而合乎学术场域平衡知识生产的目的。”①

大学在引入社会的科层式组织管理系统之后，大学与社会在组织管理形式上便有着某种程度的相似，随着大学与社会的关系变得相对紧密，

---

① 茹宁：《学术场域：解读大学自主性的新视角》，《江苏高教》2008 年第 3 期。

社会对大学的影响也日渐显著，逐渐滋生出了学术（知识）生产的社会导向，随之社会中的其他权力资本也乘机攻入大学的学术场域，力图取代学术资本的地位，以其他的权力资本支配大学的学术场域，在相互的较量过程中，大学学术（知识）生产的平衡性再次被打破。但是，大学凭借经久不衰的顽强生命力发展了学术自由、学术自治、社会中介制度等，守住了学术资本的地位，维护着大学学术场域的平衡与有序。即便从狭义的大学学术场域来看，随着高等教育的转型发展，民众对高等教育需求的不断变化，社会经济文化发展对高等教育提出的新要求，在大学与社会的矛盾中，每所大学内部的学术场域不断地自我调整和生成，办学定位、人才培养、科学研究、社会服务、人事制度等的变化都在促成学术场域的自我生成，大学的学术场域一直处于一种未完成时的状态。大学学术场域的生成没有人为的干预，是一个纯粹的自发的过程，大学学术场域仍在不断地完型中。

（二）学术场域的自主性

学术场域是一个与其他场域一样的社会世界，同样需要遵循一些社会法则，但它又是一个相对自主的小世界，具有自身法则的自主空间，大学学术场域享有高度的自主性。在布尔迪厄的话语中，场域的自主性已经被论述，他认为“处于一个特定的场的行动者（知识分子、艺术家、政客、或建筑公司）从来都不是直接承受来自外部的决定的，外部决定只有在被重新构造以后，通过场的特殊形式和力量的特殊调节以后，才会影响到行动者身上。这个场越具有自主性，这一重新构造就显得越加重要。也就是说，这个场越有能力施加其特殊逻辑、其特殊历史的累积产物的影响”。[①] 在大学的学术场域中，学术人需要一个能够保持相对独立的自主空间，才能恪守学术原则，践行具有学术价值的学术活动和取得经得起学术尺度检验的新知。虽然要注重学术场域与其他场域之间的动态关系，但学术场域的自主性，是学术人在学术场域中进行知识生产、传承、交换与服务的活动应该特别予以保护的。

学术场域的自主性，并不意味着对社会干预的刻意规避，更不是为

① ［法］皮埃尔·布尔迪厄：《文化资本与社会炼金术——布尔迪厄访谈录》，包亚明译，上海人民出版社 1997 年版，第 151 页。

了躲进“象牙塔”的逍遥自在。大学学术场域的自主性与大学学术的内在逻辑紧密相关，大学学术的内在运行逻辑决定了大学学术场域的自主性。大学学术场域的自主性体现在能够用学术资本影响其他公共事务。如果大学的学术场域缺乏自主性，那么其相互之间的学术竞争便会被扭曲，学术人（可以是学术群体）会倾向于在学术争斗中引入非学术的力量，大学学术场域的自主性一旦被遮蔽，世俗力量便会更多地介入学术场域。反之，大学学术场域越具有自主性，学术活动才更像学术，学术场域的运作才会有学术性和科学性。

学术场域的自主性越强，就越脱离外部社会规范的约束。在学术场域的运转中要排除“短路式的错误”，不要把学术场域运作时所遵循的规则简化为外部社会的法则。在学术场域中也要尽量避免“强纲领”现象的发生，即避免把学术人的战略简化为社会的战略，而无视外在和政治的因素。在大学学术场域的运行中，需要借助学术理性的方法与其他学术人争斗，而非一种专制的行为，采用另外一种秩序的权力作用于学术场域的秩序，否则，学术场域就会失去自主性。大学学术场域的特征就在于学术同行中的竞争者同心协力、致力于对一致“事实”审核准则的建立，对论点或假设宣告无效的共同方法的制定，即彼此缔造默认的合同，来建立和管理“客观性劳动”。① 大学的学术场域在朝自主化的目标迈进中，往往也会有行动者把社会中的审判乔装打扮成学术审判，只要明辨披着学术理性外衣的社会越权现象，自觉主动地抵御外部世界的入侵，提高自我保护的意识和程度，并对外界的入侵实施消极地反映或者积极地制裁，就能坚守学术场域的自主性。

（三）学术场域的开放性

大学学术场域本为一个自主的小世界，但自主的小世界，并非意味着学术场域的封闭性和孤立状，学术场域属于社会“元场域”的次场域，并不是一个孤立的存在，与所处的社会相关，它具有一定的开放性。场域的存在有助于场内的行动者通过实践行为实现努力追求的目标，学术场域在“场内活动者的实践与周围社会和经济条件之间，起到了关键性

① ［法］皮埃尔·布尔迪厄：《科学的社会用途》，刘成富译，南京大学出版社 2005 年版，第 37 页。

的调解作用”。[①] 因此，学术场域并非独立而生，它的存在与其他场域相生相伴，即便高度封闭的学术场域系统也无法抹掉与周边社会和经济文化发展的契合，学术场域的不断生成与发展，也需要切合经济社会文化的发展轨迹。由此可知，大学需要自主的空间，自由的场所，才能为学术的运作提供定力和恒力，学术场域不仅是一个自主的小世界，同时也是一个开放的空间。

学术场域的开放性是一种运作方式的开放。虽然学术场域内部由于学术资本的作用，存在着支配与被支配的关系，但这种支配与被支配关系却不应当让学术场域内的学术人生存于恐惧和威胁之中。在致力于追求人性解放，避免被奴役或物化为工具的今天，追求理解的平等对话、学术场域内学术人之间的协商、沟通和交流，其共同目的都为了追求学术的意义。在学术场域的内部，本身就构成了“学术共同体”，共同体有着共同的愿景追求，有着共同的学术理想，分享着共同的价值诉求，这种以共同追求为基础的学术场域不再是对学术人的外在约束，而是提供了一个所有学术人共同工作和学习的关系空间，使学术场域踏上了自由开放的理想之路。学术资本是一种追求，但若是缺失了共同学术价值理念的学术资本追求，那么学术场域也就失去了意义，在学术场域中，学术人积极主动地探寻自然与世界的奥秘，积聚人类生活共同的“善”，保障每个成为精神自由的，开放性的学术场域才会出现。可以说，这是学术场域精神层面的开放，除此之外，还有物质层面的开放。学术场域在物质形态上依赖于一些具有开放性的实体，诸如大学的机构、大学的设施、大学的环境等，这些实体在与经济、社会、文化的互动中，也促成了学术场域的开放性特征。

（四）学术场域的争斗性

场域是一个凝聚了多种力量的关系场所，这种力量的碰撞和转化容易引发内部的争斗。虽然各种力量的碰撞与转化有随机性，但场域的发展方向并不是任意延伸的，同时场域内部的一切从时间上来说都是可能的或不可能的。“在那些擅长驾驭场域的人的社会利益中，在一种上帝授予亚当知识的形式下，确实存在着一种场域的内在规则的事实，这些不

---

① ［法］皮埃尔·布尔迪厄：《文化资本与社会炼金术——布尔迪厄访谈录》，包亚明译，上海人民出版社 1997 年版，第 151 页。

成文的规定，以倾向性的状态存在于现实之中。”① 在学术场域中的学术人，在学术化生存和学术劳动中会不同程度的主动或者被动地改行，他们会依据自身所拥有的学术资本的种类和数量，从一个学术领域跨越到另一个学术领域，从一个学术主题转换到另一个学术主题。一个熟悉学术场域的学术人，他知道什么时候该做什么，什么时候不该做什么。一个力量的场所就会有力量的较量，学术场域中力量的较量也就会出现改行和不断的转换，这是学术场域内部斗争的结果。

学术场域，与其他场域一样也是拥有各种力量的关系空间，是一个为保持、扩大或改变相互间力量的较量场所。在经济场域，一个大型的公司可能会改变整个经济空间，正如科学领域中爱因斯坦的成就，改变了科学的空间结构。在学术场域中，一样包括着力量关系和主导关系，学术场域内部学术人之间的客观关系结构的形成，必然会出现相互的斗争，只要有了学术场域的客观结构，就有了与这些结构的斗争，斗争围绕着学术资本而展开。学术场域中的学术人会根据各自占有的位置和拥有的学术资本，采取相应的策略，通过学术资本的进一步生成和积累，不断地再生产、建构场域的结构。学术场域中学术资本的形式和数量形成了支配地位和被支配地位所组成的结构性空间，在维系和改造学术场域结构之时，学术人将围绕控制学术资本而进行斗争，可以说斗争促成了学术场域的发展，进一步讲是学术资本促成了斗争的发生，学术场域离不开斗争。

四　学术场域的边界

提及场域，作为一个空间的关系存在，就应该有一个边界的问题。大学学术场域的边界是大学学术与学术之外的其他活动之间的分界线，这条分界线不仅属于大学与非大学领域的分界线，也属于大学学术领域与大学其他领域之间区分的分界线，同时还属于大学学术领域与大学其他领域之间相互关联和作用的界面。学术场域的边界不是一条线，而是一个界面集合。教育失去效用的分界线就是教育场域的边界，法律失去

① ［法］皮埃尔·布尔迪厄：《科学的社会用途》，刘成富译，南京大学出版社 2005 年版，第 33 页。

效用的分界线就是法律场域的边界，学术失去效用的分界线就是学术场域的边界。任何组织的场域都存在边界，教育有教育的边界，法律有法律的边界，学术有学术的边界，一旦没有边界，主体便会迷失。

学术场域必须有一个相对稳定的边界，学术场域的边界是学术发挥学术能量和作用的界限，是大学学术影响力及其辐射力的表征。大学学术场域的边界到底在何处？这与大学学术活动内涵的深度有极大的关系，若大学学术充分反应了人才培养、科学研究和社会服务的诉求，学术场域的边界相应地会扩大，边界会延伸得更长。若窄化大学的学术内涵，窄化大学学术实践的范围，人才培养、科学研究和社会服务的学术活动没有得到充分的反应，那么大学学术场域的边界便会收缩。大学学术场域的边界也与学术资本相关，拥有学术资本的类型和范围较大，学术资本的价值较大，相应的学术场域空间也较大，学术场域的边界也会得到延伸，反之，学术场域的边界也会收缩。同时大学学术场域的边界还与其他场域相关，大学若能凭借其强大的学术力量为其他场域提供服务，那么其场域的边界也会扩大，若大学孤零零地守住"象牙塔"，那么其场域也就是它应有的一种状态，没有延伸，但可能会收缩。大学的学术场域为了使自己在竞争和斗争中占据有力位置，它需要不断地扩张或者收缩自己的边界。人才培养、科学研究和社会服务等学术活动，若没有大学学术场域边界外的其他场域参与，那么它们只能自娱自乐，高唱独角戏。为了利用各种资源不断促成学术获取更多资源，积累雄厚的学术资本，学术场域应主动与其外部组织开展合作。

学术场域是一个特殊的场域构型和关系网络，它应该按照学术成长和学术发展的规律来运行。学术场域的边界，一方面需要去维护大学学术的稳定性，以便坚守大学学术的自我意识；另一方面又要对社会的变化和需求做出积极的回应，与社会经济文化建立良性的互动关系。学术人或者学术群体应该有能力自主管理自己所在场域的边界，恪守学术场域的独特价值和意义，尊重学术自由，确保学术场域中学术能够按照实践逻辑去发展，将人才培养、科学研究和社会服务等学术活动圈定在学术场域边界的内部进行。唯有如此，学术场域才能守住学术价值和意义。因为有了学术场域的边界，大学的学术活动才可以一直拥有反省的态度，才能保持一种批判的精神，大学的学术活动在大学学术场域中才可以按照学术自身的逻辑去行动。

五 学术场域的功能

大学的学术场域对于大学的学术活动开展具有一定的功能，深刻地影响着学术人的学术价值追求、学术人的精神状态和学术人的学术行为方式。在目标导向、过程激励、行为约束、选择甄别等方面，大学学术场域发挥着其应有的功能。

（一）学术场域的目标导向功能

学术场域作为一个客观关系的构成空间，更作为一个为了学术资本而相互竞争的空间，学术资本在学术场域中生成，学术人在学术场域中按照学术的逻辑推动着学术资本的生产与再生产。一般而言，凡入场的学术人（可以说是学术群体）应该明了学术场域是干什么的，什么该做，什么不该做，该怎么做，一言以蔽之，即学术场域提倡什么推崇什么，学术场域中的学术人就应该倾向于追求什么。学术场域成了学术人积累和生成学术资本的方向标和领航者，不断处于生成中的学术场域可以长期的引领学术人为实现学术资本的积累和生成，而积极主动地去行动。凡入场的学术人，应当潜移默化的接受学术场域内部作为一个学术共同体所追求的共同价值观，并朝一个明确的目标奋斗。学术场域的这种导向功能，是纷繁复杂、流离琐碎的规章制度所不能达到的。在传统的操作策略中，为了把学术人引导到学术价值追求上来，往往采用单纯的政策制度手段，而忽略了学术场域这一力量场的能量。以学术场域引导学术人的行为和心理，使学术人在学术场域的争斗之中如沐春风的接受共同的学术价值和学术理想追求，就能有效地把学术场域的整体要求与个人的需求统一整合起来，将学术人融于学术场域之中，将学术场域对学术资本的整体诉求化为个体对学术资本的渴求，以学术场域去引起学术人在学术活动中的心理共鸣与行为反应，更能有效地引导学术人立足于学术场域，生成属于该场的学术资本，促成学术场域的不断发展。

（二）学术场域的激励凝聚功能

学术场域内部的竞争可以调动学术人的积极性。学术场域作为一个学术共同体的栖居地，人人在学术场域，人人参与学术活动，每个人对学术场域的贡献都会得到即时的肯定，学术人也因此为了获得新的、更大的成功而努力。学术场域是学术人共同缔造和共同促进其不断生成的空间关系构型，有着每一个学术人的付出和努力，每一个学术人的理想和希望寄托于此，因为有着一群共同的学术追求的人齐聚学术场域，积累和生成学术资本，促成学术场域的不断生成，变成了学术人的共同诉求，这种共同诉求能够积聚强大的力量，使学术人在学术场域中有着深切的归属感和自豪感。学术场域的凝聚力和激励力对每个学术人来讲会越来越大，学术场域能够感染身处其中的每个学术人，并将这种感染上升为一种积极向上的力量，推动学术人在学术资本生成和学术活动中积极进取、攻坚克难、攀登高峰。

（三）学术场域的约束功能

学术场域有边界，也有自身运作的逻辑和必然性的客观关系。学术人对学术场域的认同，遵循学术场域的内在运行机制，坚守以人才培养、科学研究和社会服务为核心的学术活动，积累学术资本、生成学术资本，这是对学术人个体的一种约束作用。学术场域在激励学术人的同时，在无形中也约束着学术人，学术场域帮助学术人明确在学术活动中，哪些不能做，哪些不能逾越，哪些需要坚守，这种约束使学术人在心理认同的基础上形成一种持久、稳固的心理状态。学术场域的约束不同于生硬冷冰制度的强制性管束，它能较好地估计具体而复杂的客观实际情况和学术人在各个方面的需要，即便时空变化，出现了一些无法预料的突发事件，学术人也能够一张一弛地调节。学术场域就像一双无形的手，通过手势告诉学术人，应该做哪些，不该怎样做，规范着学术人的行为，引导着学术人以学术资本追求为目标，以学术资本的生成促进学术场域的扩张与发展。

（四）学术场域的选择与甄别功能

大学学术场域是围绕知识的矛盾形成的，这决定了其功能的发挥与知识生产特性具有一定的耦合性。因此，完善的大学学术场域执行着选择与甄别的功能。一方面是"甄别功能"，即以学术权力为组织保障，并通过学术自由制度、学术评价制度、学术工作制度和学术规范等制度屏障，将来自大学之外的对学术发展的消极干预"反射"回社会场域的同时吸收有利于大学学术发展的积极干预，为学术人按照知识的"合理性"和学术的"价值属性"去生产与创新、传播与延续、保存与应用知识提供自由“空间”。另一方面是“选择功能”，如果说甄别的功能属于大学学术场域被动的存在，那么选择功能就属于大学学术场域主动的出击与适应。大学的学术场域要与社会保持密切的联系，不能脱离于社会的场景而如“象牙塔”般的运行。学术场域要主动把握社会发展中的各种诉求和机遇，特别是对于学术价值来讲具有“合法性”和“价值理性”的要求，学术场域要“主动”邀请这些因素“入场”。

学术场域的甄别功能是为了保持学术场域的学术性和纯洁性，真正发挥学术场域在人才培养、科学研究和社会服务中的作用，维系着学术的意义与价值存在。学术场域的选择功能是为了保持学术场域的发展性和可持续性，避免在知识社会时代，学术场域过度封闭和保守存在的情况发生，进而增强学术的生命力和活力。通过学术场域对社会各种因素的甄别和选择，能够形塑并稳定大学学术场域的内部秩序，维护学术场域的有序性。通过学术场域的甄别与选择功能，引导学术人既要在学术实践活动中承担社会责任，又要接受学术实践的共同规则与约束，从而在一定限度内自由地从事人才培养、科学研究和社会服务活动。这样，“通过学术场域的双重功能，使知识生产个体自由与社会需求之间的矛盾性得以调和，大学内外力量趋向平衡”。[①]

六　学术场域与学术资本的相互生成

学术场域这个我们无法描绘也无法用手触摸的无形的存在，它组织着学术人的学术活动和表现，学术人在学术场域内需遵循特定的限定和规则，利用各种策略、学术资源和学术资本来争夺和维护有利于自身位置和空间的场所。学术资本界定了学术场域中不同的位置关系，拥有学术资本就意味着把持了学术场域中利益攸关的利益权，学术资本争夺与学术权力博弈属于真实的学术生活世界，并发生于学术场域之中。学术人需要身体的在场和信念的在场，在学术场域中根据各自占有的位置和拥有的学术资本，采取相应的行动策略，从而不断实现学术资本的再生产，构建学术场域的新结构。学术人在学术场域中的学术活动，并不是纯粹理性选择的行为，而是一种符合实践逻辑的前反思行为，学术场域

---

① 茹宁：《学术场域：解读大学自主性的新视角》，《江苏高教》2008 年第 3 期。

具有生成性和动态性的特征，并非静态的关系空间，学术场域中的学术人既要依托于已经取得和占领的位置，又要在学术活动中不断积累和生成学术资本，叙写着学术场域的不断生成。

学术资本的分量决定了学术场域的结构，学术场域承担了学术资源配置和学术生产与再生产的双重使命。学术人进行着学术活动，在活动中创建了学术场域，学术人的学术场域控制力与学术资本有关，与学术资本的分配有关。在学术场域中，其主导作用的学术活动和学术价值，确定了一定时期重要的东西，正如在经济场域中，价格的变动会带动整个经济场域的变化一样，当学术活动中有革命性的发现和变革之时，可以对既定的学术活动范畴的基础本身提出质疑，使学术场域内部不得不重新定义学术资本的分配原则，在重新确定学术场域在一定时期的结构之时，学术资本也就介入整个学术场域的人员之间的分配结构之中，重新确立了因学术资本的变化带来的场域新结构。学术场域与学术资本的互动生成具体见图 3—2。

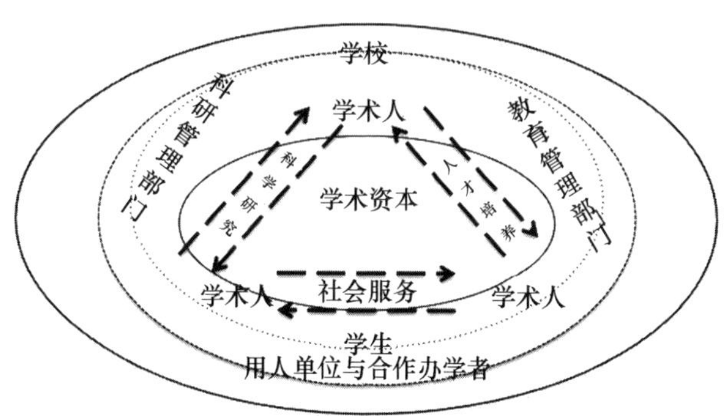

图 3—2　大学学术场域与学术资本的互动生成

学术人的行动催生了学术场域与学术资本之间的互动关系。在大学学术场域里，不仅只有学术资本，还包括象征资本、社会资本和经济资本等，社会资本是大学学术场域运行的环境，经济资本是大学学术场域运行的基础，象征资本是大学学术场域运行的表征，但学术资本是学术场域运行的核心。大学学术场域的存在价值是探究高深学问、培养人才和社会服务，学术人依托自身已有的学术资源，在大学场域内的学术活动中，不断生成学术资本，一方面守住了大学学术场域的领地，另一方面扩张了学术场域的空间。大学学术场域与学术资本在互动中不断地生成。离开大学学术场域，学术资本生成便失去了必要的依托，没有学术资本的积累和生成，学术场域亦将失去生机。

第二节 学术场域区隔与大学学术资本生成

空间为社会活动的互动提供场所，是人类作为行动者的活动领地。对空间的理解可以从两个层面着手，一层为物质空间层面，是属于比较具体的物化的层面，由场地和建筑等实物的布局组成；另一层为精神空间层面，是属于比较抽象的社会化空间层面，由空间中的位置分配及其位置关系中的行动者的社会互动空间组成。大学学术场域虽然离不开物质空间层面的支撑，有部分物质空间层面的存在，但其实质是一个精神层面的社会化空间。大学学术场域不再像具体化物质性的空间生硬孤独地置身于社会脉络之外，而是关系再生产的承载体，由学术人的参与性实践创造出的互动网络的集合体。大学学术场域作为一个有着“封闭性”的制度化空间，通过一种严格的例行化方式来维持大学学术场域的空间存在，从管理学的视角上来看，主要通过对学术场域的区隔来控制大学学术活动的内涵，规限大学学术场域的空间位置。

不同的办学条件和办学环境成了不同的大学学术场域得以形成的基础，有了大学学术场域就有了“区隔”存在的空间。18 世纪之前，高等教育的组织形式单一，随着高等教育职能的拓展和高等教育大众化的来临，高等教育的内涵发生了深刻的变化，高等教育开始分化。由于大学所产生的历史背景、文化传统、经济基础、制度条件等方面的差异，大学的形式、规模与管理也各具特色，大学类型的多元化、多样化逐渐现形，以学术为灵魂的大学学术场域的区隔也孕育而生。大学在发展目标、办学定位、社会服务、人才培养、科学研究、资源渠道和管理体制上的区隔与差异引起了学术系统和学术性质的差异，造就了大学学术场域之间的区隔。

一　大学学术场域的区隔划分

从广义和狭义的视角分析看，大学学术场域既表达了大学作为整体而言的“大学术场域观”，即每所大学及学术人归属于广义的学术场域中，又表达了大学作为一个独立的个体存在而言的“小学术场域观”，即每所大学内部存在学术场域，属于狭义的学术场域。每所大学在作为整体的学术场域中所占据的位置与该所大学内部存在的学术场域相关，每所大学有自己的办学特征和历史脉络，大学间在学术资源掌控和分配上的状况，限定着大学自身内部的学术场域，也决定了大学在整体的学术场域中的位置关系。由于各所大学在组织资本、社会资本、经济资本和文化资本上分配的不平衡，导致大学学术场域也出现了明显的阶层分化和区隔，不同的阶层分化和区隔表现在对大学教育资源占有上的差别，反映出在学术活动的内涵差异和学术资本诉求的差异。一所大学的学术场域在作为整体的学术场域空间中居于何种位置，拥有何种学术资本，在一定程度上决定了该学术场域将开展何种学术活动，何种学术资源可以转化为促进该学术场域不断生成的学术资本。作为知识生产、传承、交换和服务的大学学术活动，学术资本是整体的学术场域区隔的重要标识，学术资本事实上也成了不同层次大学之间的关键性斗争的重要筹码。当下中国的高等教育正进入转型发展时期，学术场域的区隔正在被调整和重新划分，这种调整与划分与大学自身的客观存在的事实密不可分，大学自身有何种客观事实的存在，也就会形成相应的学术场域，同时也在整体的学术场域中占据着恰当的位置。因而从学术场域形成的过程来看，大学学术场域的区隔也是一种客观的事实存在。

（一）学术场域的文化区隔

学术场域在意识形态上多姿多彩，一是因为构成学术场域的学术人本身将文化作为自我利益和工作，二是受制于社会不同的意识形态和外部的信念。“用系统的方法来探讨学术生活的文化，要强调的是学术场域内部自然产生的或是最牢固地存在于学术场域之中的那些信念的源泉，可以区分出学科文化、院校文化、职业文化和全国学术系统文化。”① 在大学学术场域中，信念最强大，影响最深远地，区隔场域空间存在的，以学科文化和院校文化最为贵。

目前，任何一所大学已不再局限于某个单一的学科领地，都拥有了多个学科门类，甚至多个跨学科门类。每门学科都会形成独特的学术方式、行为准则和符号系统。在每所大学的学术场域内，学科在形成和发展中所积累的话语体系、价值观念、思维方式、行为规范等构成了学科文化，它需要几代学术人的努力才能成型，是学术场域中最基本的学术文化。若形成了独特的理论体系、方法路径、话语系统、价值观念、思维方式和行为规范，学科发展就越成熟，学科的发展水平就越高。学科是大学学术场域主要“关切的事”，学科文化能够激励和引导学科的发展，学科文化的内涵越丰富，学科的内涵越强大，学科的发展程度就越高。当一所大学学术场域内的学科文化呈现出消极和保守的特征时，学科发展会受到阻碍，当学科文化表现出积极进步和健康向上的特征时，学科会获得新的发展。每所大学学科门类不一样、学科建设的目标和要求不一样、学科的话语体系和学科方向不一样、学科建设的价值观念和行为方式不一样，学科文化也不一样。不一样的学科文化，形成不一样的学术场域，造就了各大学间学术场域的差异和区隔。

每所大学的学术场域为了协调一致地致力于本校的学术工作，离不开学术场域的组织文化为其建立共同的哲学观和价值取向。大学学术场域的组织文化一方面来源于学科文化，另一方面来源于院校文化。院校文化是需要大学学术人、学生和管理者在大学的办学和学术实践活动中逐渐形成，是能够判断是非及决定价值取舍的一种精神存在。这种文化会成为大学管理和大学学术实践活动的基本信念，也反映了这所学校的基本格调和整体的精神风貌，因此会影响着大学的各种活动。院校文化是一种无形的存在，悄无声息地渗透大学的办学理念、办学定位、人才培养、科学研究、社会服务和院校管理之中，通过院校的各种活动可以体悟这种文化的意蕴和内涵，可以说院校文化影响着大学学术场域的整

---

① ［美］伯顿·R. 克拉克：《高等教育系统——学术组织的跨国研究》，王承绪等译，杭州大学出版社 1999 年版，第 99 页。

体运行。从大学学术活动的视角来讲，良好的院校文化能够强化学术场域中学术人的责任感和使命感，激励学术人在学术实践中恪守学术理性、敬畏学术、崇尚学术、弘扬学术价值和追求学术卓越，从而推动学术资本的生产与再生产。不同的大学由于历史不同，所处的区域不同，所承担的使命不同，因此在发展中形成的院校文化也不同，正是由于这种差异，才会形成不同的教风、学风、校风、学术价值观和行为规范。院校文化体现了大学的个性，表达了大学在学术实践中的独特诉求。由此可知，院校所形成的独特文化会弥散于大学学术场域之中，渗透进大学每一个学术人的学术活动和学术行为之中，成为学术场域中又一只无形的手。

（二）学术场域的地域区隔

除开精神化的存在空间之外，大学学术场域依托大学这个实体也有自身物化的空间分布。物化的空间分布，相当于环境位置分布，环境属于自然的社会空间，是大学学术场域得以生长的真土壤，是大学从建校之日起为学术场域烙刻的身份印记。大学为了满足群体大众接受教育的需求，各级行政区域内设定了类型多样的大学，形成了大学分布的地域结构。大学的地域分布结构，不仅促进了当地教育的发展，也为当地经济社会文化的发展提供了必要的服务，大学也形成了地域性环境赋予的特征。地域有沿海和内陆之分，也有以方向作维度的中部、东部、西部之分，也有按照经济纽带关系进行的划分，还有农村与城市之间的划分，同时不同的地域之间在政治、经济、文化等方面也存在差异。以中国为例，按照沿海地区和内陆地区的划分，沿海与内陆地区的经济文化社会发展程度不一，东部、西部和中部的发展程度也各异，东北、华北、华东、西北、西南、中南区域之间的发展也各有千秋。在经济社会文化与教育互动的关系下，大学的发展程度在不同的地域有不同的状态和特征，每所大学的学术场域也出现了区隔和差异。

地域间发展的不平衡和差异促成了各大学学术场域的分层和区隔。身处特定地域空间的大学，从招生到学生构成、从人才引进到教师结构、从学科建设到科学研究、从专业设置到人才培养目标确定、从课程建设到教学方式、从社会服务面向到学生就业都摆脱不了地域特征的规限。大学学术场域中开展的以人才培养、科学研究和社会服务为核心任务的学术活动，既有地域的特征也反映了地域的限制，学术场域有了地域的区隔。

(三) 学术场域的类型区隔

大学的分化成了高等教育发展的必然，过去高度集中、类型单一的大学在多元化、多样化的社会需求中已经逐渐地分化，各类新建的本科院校、高等职业技术学院犹如雨后春笋般茁壮成长，大学的多元格局基本成型。20 世纪 70 年代，关于大学的分类研究从西方萌发，在实践中，各大学将明确办学定位放在首位，错位竞争和分类发展成为大学加强内涵建设、深化发展的主题词。大学学术场域依托于大学而存在，大学学术场域不能无视大学的办学定位和类型归属，学术场域的学术活动亦不能脱离大学的基本位置而自成一家、独立门户，各所大学的类型归属成了各大学学术场域的类型区隔。

目前有多种大学分类的方法，一是根据传统的层次理解，将大学按照大学本科、大学专科进行划分，大学本科可以进一步划分为重点本科、一般本科、独立院校本科，大学专科可以划分为高职专科一、高职专科二；二是根据行政隶属关系，将大学划分为教育部直属、省部共建、省属、省地共建、民办等类型；三是根据学科专业结构，将大学划分为综合类、师范类、单科类；四是按照建校的时间可以划分为老牌院校和新建院校；五是按照从事学术活动的内涵归类，划分为学术型大学、应用型本科和职业技术学院。学术型大学培养研究型的高级专门人才，在高深学问的探究中强调基础学科和应用学科的基本理论，在社会服务中重点解决国家经济社会发展中出现的重点问题和重大问题。应用型本科院校以学习各行各业的专门知识为主培养能将科学转化为技术承担建设、生产、管理和服务一线岗位的应用型人才，在科学研究中强调应用的学术，在社会服务上解决区域经济社会发展中的问题。职业技术院校以学习各行各业的职业技能为主，培养不同层次的生产、管理、服务第一线的技能型人才，在科学研究上强调技术的使用和运用，在社会服务上重点解决行业和产业中的具体问题。按照此种分法，还可以把大学分为研究型大学、教学科研型大学、教学型大学、职业技术大学。

目前，在国际社会被广泛认可的大学分类方式，是联合国科教文组织《国际教育标准分类法》（1997 年修订稿）的分类（见图 3—3），高等教育属于5级的中学后教育，该级教育分为了5A1、5A2、5B三种类型，5A1一般是为研究做准备的，相当于学术性研究型大学，5A2不是为研究做准备，而是依据应用科学理论从事高技术要求的专业工作。5A1、5A2、5B三种类型的教育分别对应研究型、应用型、职业实用型，以研究型教育为主的是研究型大学，以应用型教育为主的是应用型大学，以职业实用型为主的是高职院校的教育。

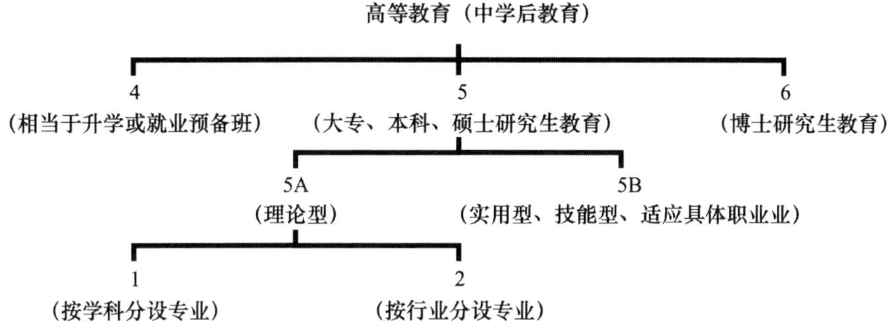

图3—3 联合国教科文组织高等教育分类示意

大学的每一种划分法皆有其价值和意义，但也有其局限性，若只用某一种分法仍不能准确定位一所大学。大学会依据它所属的层次、所隶属的行政关系、学科专业的结构、建校时间、人才培养的规格和学术研究的取向找准自我的方向与定位。学术场域依据大学所处的位置与类型，形成了自己的定位和类型，在区隔中找到自己的存在。

学术场域的区隔为不同的学术场域开展学术活动指明方向，若在学术活动中忽略学术场域区隔的存在是危险的，学术生成会被外部因素捆绑，失去学术的内在意蕴，可能导致学术的泡沫化、学术的同质化。在当下的学术生成意义危机中，正是因为在学术实践中割裂学术理性与学术实践的统一以及主客观二元的对立，忽略了学术实践活动的学术场域空间，忽略了学术赖以生长的土壤，放弃实践理性，无视学术场域区隔的存在，盲目用外在尺度和其他学术场域的标准衡量学术生成所致。学术生成要基于学术场域的身份认同，用自己的尺子衡量自己的学术发展，适合学术场域的，契合大学办学实际的学术行为，才能生成学术资本，为特定学术场域的人才培养、科学研究和社会服务提供支撑和再生产能力。

二 学术场域的身份认同与大学学术资本生成

区隔对于大学学术场域来讲是一种客观存在，规定着学术场域的身份。认清身份，就能明晰自己是谁、来自何处、将要追寻什么和最终走向何处。“身份是由一系列的自我观点组成”，[①]“个体会把自己所承担的角色内化为各种自身具备的身份，……而个体的自我也是在各种身份认同的过程中得以体现出来”。[②] 认同的形成是社会建构的结果，是“基于他人的社会承认之上的一种自我表象，这种自我表象的内容要和其他行为体对该行为体的再表象取得一致性”，换言之，“个体从他者的眼中获知自我的身份，身份‘存在于和他者的关系之中’。”[③] 身份的确认过程也是一个身份的认同过程，个体在社会情景中通过自我分类或者认同获得自我身份。大学学术场域身份的认同与确认，首先要认清学术场域之间的区隔，在区隔中通过一系列自我观点的获取，找准位置和定位。大学学术场域根据所依托院校的地理位置、社区环境、教育资源、教学水平、科研实力、社会服务能力、服务面向和对象的需求情况，发挥优势、扬长避短，实事求是地明确学术活动的宗旨、价值和任务，开展有特色的学术活动，增加学术资本。大学学术活动的开展只有在大学学术场域自我认同的基础上，将学术与自我身份自然地融合统整起来，学术资本才会在积聚中产生学术能量，不断拓展学术场域，在积累中不断生成的学术资本才更能促进大学的发展。大学学术场域对身份的正确认同是生成合适的学术资本的前提条件。

在美国的高等学校中，有公立大学、私立大学；有教会大学、非教会大学；有大学、四年制本科院校、两年制初级学院和社区学院等。卡内基教学促进基金会（The Carnegie Foundation for Advance-

---

① Stets J. E., Burke P. J., *Identity Theory and Social Identity Theory*, Social Psychology Quarterly, 2000, vol. 63 (3). pp. 224 – 237.

② Stryker S., *Symbolic Interactionism: A Social Structural Version*, Menlo Park, CA: Benjamin/ Cummings, 1980.

③ ［美］亚历山大·温特：《国际政治的社会理论》，秦亚青译，上海人民出版社 2000 年版，第 285 页。

> ment of Teaching）创立美国高等教育机构分类法（The Carnegie Classification of Institute of Higher Education），将美国高等教育分为：博士/研究型大学、硕士学位授予院校、学士学位授予院校、社区学院和专业院校。研究型院校具有最好的高等教育系统，属于第一层次的院校，基础研究和应用研究是重要的学术任务，在人才培养中以学术型为主，培养学生知识探索和求真的研究素养，为社会经济社会发展贡献显著。第二层次是教学研究型，教学是其首要任务，从事应用研究和整合的学术。第三层次是社区学院及专门院校，科学研究以改进教学质量为主，教学是重心。在美国高等教育的区隔中，各层次院校的人才培养定位、科学研究定位和办学层次定位都与此适应，这种定位从该校建校初就已经形成，不同区隔归属的院校在不同的发展方向上追求卓越和完善，这种区隔引导了各层次院校的差异化发展，各种层次的院校在人才培养、社会服务和科学研究上，各显示出不同的特色，避免了大学发展的同质化和学术发展的同质性。美国的社区学院就是很好的例证。
>
> 社区学院兴起于第二次世界大战之后，属于美国高等教育层次中最低的一级。承担的主要学术任务有四个方面：一为两年制的预科性教育，为有志于进入大学四年制学习的学生提供一、二年级的课程学习；二是职业技能教育，提供两年的职业教育，帮助学生获得职业技能；三是补习教育，为未达到高中毕业水平或者在职的工作人员提供各种补习课程；四是为满足社区民众的爱好和业余生活需求而开设课程。

不同层次的院校承担不同的学术任务，有不同的学术发展目标，这属于学术场域区隔带给院校的身份自我认同。学术场域区隔为不同类型层次的院校提供了“各守其职，各尽其责”的切入点和依据。美国的高等教育院校系统中，没有出现过越级、越位，甚至盲目追求升级升格的现象。社区学院在六十多年的发展中，没有学院想通过升格为学士学位授予院校改变学术发展的立场，也没有盲目追求超越了学术场域诉求的学术发展目标，而是在本职的学术志业中追求卓越，积淀和生成学术资本。学术场域给学术发展提供了一个空间，也给学术发展指定了一个位置，生成学术资本与追求学术卓越离不开学术场域区隔的身份定位。

（一）认清大学身份，恪守大学理性，致力于学生的成长与发展

“大学不仅是知识的加工厂，也不仅是知识的守望者，也是价值观、传统和社会文化的守护神。”[①] “大学是对人类素质改善和提高、社会文明发展和进步具有不可替代的重大公共影响力与推动力的教育机构和学术组织。”[②] 大学给青年人提供“通识＋专业”的正规教育，青年人通过大学提供的理性文化环境，接受系统的学习和实践，获取社会经验，为青年人的生活给予必要的准备。大学通过科学研究活动，发现、生产、整合和保存各种形式的知识，大学通过专业知识、技术研发服务社会，满足社会政治经济文化发展的需求。认清大学自身的身份，做大学自身该做的事情，履行大学的职责，不做大学自身不该做的事情，这就是大学理性。

比如牛津大学在近八百多年的发展历程中，一直坚持人才培养的核心地位，首先致力于学生的成长与发展，学校一直用大学理性来维护学校的学术身份，所以才能一直矗立于世界著名大学之列，在学术上取得卓越的成就。

> 牛津大学建校于1167年，牛津大学八百余年的历史留下的大学精神就是对卓越的追求和自由而公开的辩论。学术上的卓越追求既体现在教学上，又体现在科研上，学术人处于一种不安于现状持续追求的学术生存状态中。自由而公开的辩论是实现卓越最重要的手段，包括教学中的辩论，科学研究中的辩论，其他事务中的辩论。牛津大学在学术发展中的追求，恪守大学的身份，致力于学生的成长与发展。该校当初分散的组织管理，造就了当下牛津大学享誉全球的“导师制”和“学院制”。“导师制”从本科教育开始，每个星期，导师和学生、学生和学生之间，针对论题自由发言和讨论，学

---

① ［美］詹姆斯·杜德斯达：《21世纪的大学》，刘彤译，北京大学出版社2005年版，第35页。

② 眭依凡：《理性捍卫大学》，北京大学出版社2013年版，第300页。

生可以向导师挑战，更需要在辩论中坚持自己的观点。“学院制”是牛津大学教学体制中的又一特色，学生在按照专业划分到学系之外，还会归属到一个学院，核心在于学院不是按照专业划分，不同专业不同学系的学生就在“学院制”提供的平台中开展跨学科的交流。对牛津大学而言，“导师制”和“学院制”是最好的，最适合这所大学的学术场域。在牛津大学的学术殿堂中，任何有违学术精神、亵渎学术、不尊重学术的行为是不被接受的，学术殿堂的神圣性一直在坚守，思考学术问题，以学术为志业是学术人的追求，浓厚的学术氛围和创新的学术精神，是牛津大学一直在教学与科研方面持续领先的法宝。恪守大学的本真，坚守大学的学术理性，继承大学历史积淀的优良传统，致力于学生的成长与发展，是牛津大学对所在学术场域的认知和学术身份的认同。

大学学术场域作为学术活动发生的空间，首先需要承认大学学术场域的大学身份，认同学术场域具有的大学性质，庄严而神圣地履行知识的生产、传播、交换、服务和保护的使命。任何一个学术场域，只要身处大学，就要遵循大学的发展规律办学，按照大学的人才培养规律教学，追求科学、崇尚科学和对国家负责。大学在发展中能够凸显大学的身份，离不开学术场域对大学身份的坚守和捍卫，人们在不断呼吁大学要像大学，大学要真正成为大学，其实，最为关键的是大学学术场域中各种学术活动对大学身份的捍卫和对学术资本生成的渴求。大学学术场域在承担社会责任和自律的前提下，活跃学术自由风气，成为一个有容乃大、海纳百川的关系空间，这个空间应有学术独立的意识，有学术的规范要求，有各种制度对学术自由的保障。大学学术场域需要弘扬批判的精神，形成独立思考、不断求索和敢于担当的关系空间。大学学术场域应维护大学的尊严与理想，不跟风，不随流，在物欲横流的时代，是一个与社会紧密相连又与其保持适度距离的关系空间。

大学学术场域作为学术资本生成的空间，需要恪守大学的理性，捍卫学术理性，以大学生的成长和发展为核心，履行大学的职能。“学术理性不仅源于高等教育本身是高度理性的社会活动这一内在规定性，而且源于大学天然的有其特殊规律的人才培养使命。”① 学术场域在人才培养、科学研究和社会服务的使命担当中，尤其是在人才培养过程中，若放弃应该坚守和捍卫的学术理性，那么其能否生成学术资本，并自觉履行学术的使命实现学术的意义和价值则值得怀疑。学术场域要认同大学的身份，就应在实践中按大学的身份行动，履行大学的应为之事，进而捍卫学术理性。人才培养是重中之重，教学是核心，学术场域中首要的学术活动为教学学术，大学教学不能理解为教书，更不只是上课和讲授知识，是教授与大学生之间的交流、研究和创造，共同追寻知识，并确保学术之火的不断燃烧。任何时候学术场域需自觉于人才培养之中心使命的忠诚和守护，坚定不移的人才培养使命感是学术场域不可或缺的学术理性。科学研究被作为知识的探索、发现和保存的学术活动，学术场域要坚守科学至上，知识至上，忠于科学、敬畏科学、崇尚科学、追求科学和守护科学的学术理性。学术场域坚守学术理性，能够为学术人营造科学研究时思想自由的环境，也能约束学术人的学术行为。社会服务强调应用和开发，是学术场域促进大学融入社会而开展的学术活动，学术场域要坚持协同创新，推行产学研用融合，用学术理性在学术与市场的博弈中守住学术的底线。学术场域只有坚守大学身份，捍卫学术理性，履行学术的使命，才能为学术资本生成提供可能。

西南联合大学的办学水平和影响力至今仍被广大学者传为佳话，主要由于那个时期的西南联合大学致力于学生的成长与发展，恪守学术理性，坚持大学的身份意义。以下为洪德铭对西南联合大学的精神和办学特色的分析。

> 从 1938 年 5 月到 1946 年 5 月，八年的时间里，西南联大按照“兼容并包，学术自由”的思想从事学术实践活动。教师与教师之间、教师与学生之间、学生与学生之间在学术上是平等的。从教学上来看，不同学派观点的教师开设同样的课程，在课堂上，教师与学生可以自由的表达自己的观点，学生对教师所提出观点可以反驳和质疑，可以提出与教师不一样的看法，教师尊重学生的想法和观

① 眭依凡：《杰出人才培养：大学必须坚守学术理性》，《中国高教研究》2012 年第 12 期。

点，教师绝不以绝对权威的态度去拒绝和否定学生的观点。从教学研究上来看，学校的教师结合自己研究的最新成果和自己的最新观点，编著高水平教材，西南联大当时所有课程使用的教材和讲义都是由本校教师自己编著的，每一门课程和每一本教材都饱含着教授的思想和观点。从科学研究上来看，教师根据当时条件结合教学的需求，积极地解决在教学中出现的科学问题，并且很多研究属于科学前沿的研究。特别是理科方面的研究成果在海内外的学术界已经处于先进的水平，为后来取得重大的科研成果奠定了坚实的基础。从社会服务上来看，教师们面向云南，积极开展文化、科技、教育社会服务活动。从学术风气上来看，教授都勇于坚持真理，及时修正错误，不断地更新自己的知识。在西南联大没有文人之间相互瞧不起的不良习气，真正形成了浓厚的学术氛围和求是民主的学风。[①]

（二）明确类型归属，承认场域区隔，追求学术活动的适切性

类型划分是对大学系统秩序的重建，能够唤起人们对大学之间差异的注意[②]，强化大学多样化的存在必然。大学的类型划分界定了学术场域的类型区隔，大学通过身份认同确立了发展中的办学定位。类型划分和办学定位是对大学差异性的认同和大学多样性的认可，类型划分是源于外部世界贴给大学的“标签”，是对大学“身份”的深度确认，这种被动地接受有助于大学找到自我类型的归属，在归属中产生自觉行为——主动定位大学的办学，将被动地接受转化为主动地认同。大学通过外部的规则引导和内部的自我选择，获取了学术场域的身份，找准了学术定位，明确了担当的学术使命。

大学通过一系列的自我观点的认同，获取了身份，找到了学术场域应有的位置空间，类型划分明晰了学术场域的位置，类型区隔明确了学术使命中的关键任务。学术场域所选择的学术活动要与自身的学术使命相适应，每种类型和区隔中的学术场域，要形成与该大学办学定位和发

---

① 洪德铭：《西南联大的精神和办学特色》（上、下），《高等教育研究》1997 第 1、2 期。

② Alexander C. McCormick, Chun - Mei Zhao, *The Rethinking and Reframing the Carnegie Classification Change*, The Magazine of Higher Learning, 2005, Vol. 37, No. 5, pp. 51 - 57.

展目标相适应的学术使命。欧内斯特·博耶提出的学术范式给予了学术场域在人才培养、科学研究和社会服务的学术活动中取舍的空间。大学学术场域的学术活动要根据类型划分和区隔，有的可以将重点放在探究或发现的学术上，有的可以将重点放在教学的学术上，还有的可以把重点放在整合的学术或应用的学术上，有的可以涵盖学术各个方面，有的可以择其一二，还有的可以侧重其一。在中国大学学术场域中，开展契合身份、类型和区隔的学术活动，方能生成推动学术再生产和场域再生产的学术资本。

学术场域中的学术实践活动和学术资本生成，依赖于学术场域的类型归属和区隔，学术场域的区隔决定着学术活动的内涵和价值要求，不同大学类型下的学术场域，其学术活动有差异。在大学的生态系统中，每所大学的学术场域都应认同和悦纳自己的办学定位和发展目标，并与其他的学术场域形成互补，大学与大学之间，学术场域与学术场域之间不应相互模仿。所有的学术活动能够在每一所大学学术场域内发生，前提是每个大学学术场域都应该找到自己合适的位置。探究的学术、整合的学术、应用的学术、教学的学术的学术生态系统应在大学学术场域中逐步确立，教学的学术应得到充分的重视，划分的不同类型的学术场域之间能够和谐共生，同类型的学术场域之间能够实现学术多样性的发展和有效的互补，学术生态系统形成了良性的运作模式，学术资本才能在良性的运作环境中不断生成。为帮助学术场域认清类型归属和学术活动的基本要求，以联合国科教文组织的国际教育标准分类，对不同类型归属的学术场域进行举隅，仅以联合国科教文组织的国际教育标准分类中第五层次（高等教育）的教育来说明。

属于5A1类型的大学，也可以说是综合性大学或研究型大学。在该学术场域中，在科学研究上，以发现的学术为主，强化对基础学科和应用学科的基本理论研究，要善于利用多学科的优势，开展多学科跨学科的研究；在人才培养上，以高深学问为主，培养高尖端的专门人才，追求优异的教学和有灵魂的卓越；在社会服务上，应用重点解决国家层面在经济社会发展中的重大问题。属于5A2类型的大学，人们习惯称为应用型本科高校，在该学术场域中，科学研究以应用研究为主，解决科学转化为技术的关键环节和关键问题，在人才培养上，要以高素质应用型人才培养为主，推进产教融合校企合作的办学模式；在社会服务上，要把基础研究和应用研究的最新学术成果用于解决区域经济社会发展的问题上，成为促进地方社会与经济发展的服务中心。第三种类型是职业技术院校，此类高校相当于联合国科教文组织的国际教育标准分类法中的5B。在该学术场域中，在教学上要为区域经济社会发展和行业培养技能型人才，在科学研究上要强化技术理性和技术的应用，在社会服务上，要为区域或行业提供技术服务，为社区文化建设、技术推广、技能培训和文化普及提供服务。

比如位于河南省驻马店市的黄淮学院，多年以来一直从事着大学专科阶段的人才培养任务，在2004年合并升为新建地方本科院校之后，没有盲目的追求老牌本科院校的发展之路，更没有忽视新建地方本科院校所处的学术场域，也没有抛弃学校承担的区域经济社会发展的社会服务的责任，学校在人才培养上以应用型人才培养为主，在科学研究上强化应用研究，在社会服务上以解决地方经济社会发展的问题为目的。黄淮学院在识读学术场域中认清了身份归属，也认同这种身份归属，承认不同学术场域之间的区隔，没有盲目跟风，而是“在场”的从事与黄淮学院学术场域相契合的学术活动，为学校的发展打开了一扇新的窗户，使学校的发展进入了一个新的阶段，学术发展水平也得到了提高。

> 黄淮学院在2004年才由原驻马店师范高等专科学校和中原职业技术学院合并组建而成。作为一所新建地方本科院校，学校根据所处的区位条件，学校现实情况的实际身份，认同了作为一所新建的地方本科院校的现实，学校瞄准建设特色鲜明的应用型本科高校这个目标，主动适应区域经济社会发展的新形势，在学校的学术活动中坚决按照应用科技大学的身份实践。在教学上，引入行业企业的新知识、新技术、新工艺、新标准，积极推进教学内容更新，在教学方法的手段上，以案例教学为突破口，积极推行讨论式、启发式、探究式、仿真教学等多样化的教学方式方法。在科学研究上，紧扣地方主导产业和战略新兴产业，以解决区域经济社会发展需求中的问题和产业发展中的问题为主，强化科学研究的应用性。在社会服务上，学校实现专业链与地方行业产业链的集群对接，做到“学校

> 教的要适应市场要的”。总体来讲，新建地方本科院校坚持差异化发展，认清自己的身份，不盲目攀比，不简单盲从，着力培育和凝练办学优势与特色，积极探索适合自身发展的特色办学之路。①

从类型归属和类型区隔的角度来审视大学学术场域的学术定位，其目的是为了让每一个大学的学术场域能够把握自身的学术重点，各尽其职、各尽其能、各守其责，追求学术活动的适切性，在“有为与无为”“有所为与有所不为”的学术使命担当中，生成学术资本，促进学术活动可持续健康开展，维系大学学术生态系统的良性运作。

（三）明晰角色认知，发挥比较优势，凸显学术的价值与特色

从大学身份的认同到类型区隔的承认，虽然大学学术场域的自我认知逐渐明晰，但仍未深度地解剖。大学学术生态系统要实现持续的良性运转，切实落实“有为与无为”“有所为与有所不为”的学术使命担当，生成学术资本，学术场域还需深刻识读建校的历史传统、成长和发展的演进脉络、文化性格、地域条件的优势及特征等与大学共生共存的个性特色，确立学术角色。

大学规定着学术场域，大学学术场域属于大学的，学术活动契合大学的内在规定性，只有反映每所大学内在规定性的学术，学术对于场域来讲，对于大学来讲，才具备价值，才能成为学术资本，进而促成学术场域的不断生成和大学的发展。每一个学术场域在学术实践、学术资本生成和场域建构之时，识读所在的大学，回应所在大学的诉求，方能创造学术价值，形成发展特色。

> 1980 年，创办合肥联合大学，2002 年，合肥联合大学、合肥教育学院、合肥师范学校合并组建合肥学院。2003 年，学院确立了“地方性、应用型、国际化”的办学定位。②

---

① 介晓磊：《破解地方本科高校发展难题探索应用技术大学办学之路》，《中国教育报》2014 年 4 月 14 日第 12 版。

② 周飞、储召生、俞路石、俞水：《一所地方高校的转型突围》，《中国教育报》2014 年 4 月 16 日第 1 版。

合肥学院学术场域准确认识了角色定位，通过与同类学术场域的比较，避免学术同类生态大学的学术场域的同质化，以“应用型”为学术的突破口，可以说放弃了探究的学术，将学科导向变成专业导向，重点发展整合的学术、应用的学术和教学的学术。在教学的学术上，突出课程资源的相互整合和教学内容的优化，以模块化教学突出应用能力培养，把每一项能力转化成一个个的教学模块，由“知识传授为主”转向“能力培养为主”。在应用的学术上，面向合肥及其周边区域科学技术、社会发展、行业产业经济等急需的问题，推动科学研究的协同创新。在整合的学术上，重点将多学科、跨专业的课程内容进行整合，积极开发应用型课程，建立多学科融合、多技术集成的研发平台。

> 位于美国伊利诺伊州的芝加哥大学，1892 年 10 月正式开课。第一任校长推行“哈珀计划”，第五任校长推行“芝加哥计划”……。芝加哥大学取得的成就与学术场域的角色认知密不可分。不论是“哈珀计划”还是“芝加哥计划”，芝加哥大学都将学术作为最高器量，其主导的价值追求是学术思想，而不是财富。“哈珀计划”虽然将探究新的学术作为创建一流大学的资本，但并没有放弃教学的学术，通过小班授课、研讨式教学，培养学生的批判性思维。第五任校长赫钦斯在芝加哥大学实施“芝加哥计划”（又称为“名著教育计划”），通过组建跨学科的委员会，将不同学科背景的教师和学生组成团队，使学生在跨学科的氛围中对学术研究中的基本问题进行广泛而深入的研讨。不管是“哈珀计划”，还是防止学术课程和职业课程过分专门化的“芝加哥计划”，都没有时间节点，没有历史断裂，使学术文化的传统在发展中传承，沿用至今，影响至今。[①]

芝加哥大学学术场域的学术活动，纠偏了只有科学研究才能称为学术、教育教学不能称为学术的误解，在本科教学学术中发展探究的学术，按照学术的运行逻辑，不断生成学术资本。

---

① 别敦荣、陶学文：《芝加哥大学的发展历程、教育理念及启示》，《华中师范大学学报（人文社会科学版）》2011 年第 5 期。

学术场域虽然是一个独立的关系空间，但需要在身份、类型、角色中认清学术场域自身。人才培养、科学研究和社会服务等学术活动不能肆意妄为，更不能随波逐流，学术使命的追求亦不能趋同、求大、求虚，学术内涵也不可窄化和曲解，学术场域是学术成长、发展、繁荣的空间，是学术资本积淀和生成的场所。唯有深度认同学术场域的身份归属，在属于自己领地的学术范围中，担当学术使命，参与学术实践，才能生成学术资本，守住学术领地并不断生成学术场域。

第三节　学术资本生成的“在场”建构

学术场域虽然是一个自我建构的空间，但不是一个自我满足的独立封闭的网络和系统。由于属于自我建构的空间，学术场域需要在自我认同中确认身份，树立身份的权威性，有了这种权威，规定了什么是场域内具有合法性的学术产品，限定了什么是场域内具有合法性的学术活动，这种限定促成了学术资本的生成。由于学术场域不是一个自我满足的独立封闭的网络和系统，因此学术场域不仅要从大学系统的学术归属和关系来分析，还需要从学术场域之间的关系来分析，在特定的学术场域支配和影响下的学术生产、流通、再生产，离不开争斗和竞争，学术产品具有公共性特征，学术活动具有正规性，学术资本成为竞争和争斗的砝码。虽然学术生产属于自主性和自发性的行动，但需要学术人对学术场域的共谋为前提，并且学术人不能沦为学术机器的机械生产工具。学术场域基于自主性和公共性，进行着自由的学术和不自由的学术生产。自由的学术生产是学术场域自我构建空间进行自由地学术生产，不自由的学术生产是学术场域边界之外对学术的规限。学术场域内有限定自由地学术生产，其目的是为了更好地履行大学的三大职能，繁荣学术、提高学术生产力、增加学术产能、培育学术核心竞争，但其根基仍在学术资本，离开学术资本的生成和积累，都将成为空谈。学术场域要有学术资本的生成才能促进学术生产、流通和再生产，在学术场域内生成了学术资本，学术资本再制了学术场域。

一　“在场”与“建场”的身份认同中生成学术资本

大学学术场域的学术生产，不能脱离每一所大学深厚的历史与地域脉络，不能脱离学术场域的基本条件和实际能力。学术活动有“场”，“不同的学术场域有不同的游戏规则，行动者的实践策略必须适合身在其中的游戏规则”①，因此认清学术场域的性质，“在场”地开展学术活动，开展“在场”的学术活动，学术才有意义。场作为“分享、创造及运用知识的动态的共有情境，为进行个别知识转换过程及知识螺旋运动提供能量、质量和场所。换句话来说，‘场’是以‘含义流’形式不断涌现的现象学上的‘时空’。新知识是通过既存知识的含义和情境的改变创造出来的。”② 学术场域是从事学术生产、分享学术成果、生成学术资本和应用学术成果的共有情景，学术场域为学术资本的生成提供能量、质量和场所，学术资本正是通过既存学术资源或学术资本的情景改变创造出来的。唯有学术活动的“在场”，学术生产的“在场”，学术实践中取得的学术成果，才能成为学术资本，进而不断地再制所在的学术场域，促进场域所在大学的发展。

学术生产虽然也会受到外部因素的影响和制约，但从整体意义上来讲，学术场域为学术生产保持了以“学术本身为目的”的“认识论传统”，这种内生型的纯学术生产逻辑成为学术资本生成的源动力。这种实践逻辑作用于大学的学术生产行为，学术人从学术内在理路进行学术活动，学术资本生成与学术创新交织在一起，从本质意义上来讲，学术资本生成就成为了学术内在价值以及学术人内在生命力和创造力的呈现。“弃场”的学术生产行为，制造了学术泡沫，窄化了学术内涵，割裂了学术之间的关联，这种外生型的生产方式难以生成学术资本。“弃场”者需要“在场”，重新识读学术场域，回归学术理性，积累学术资源，凝聚学术能量，通过“在场”的知识传授、创造与运用，在人才培养、科学研究和社会服务的学术生产活动中生成学术资本，依托学术资本在“立场”中不断地“建场”。每所大学的学术场域都蕴藏着不可估量的学术潜力，每个学术场域都有着饱满的信心和十足的勇气，在探究的学术、整合的

---

① ［法］皮埃尔·布尔迪厄：《科学的社会用途》，刘成富译，南京大学出版社 2005 年版，第 241 页。

② ［日］竹内弘高、野中郁次郎：《知识创造的螺旋》，李萌译，知识产权出版社 2006 年版，第 95 页。

学术、教学的学术和应用的学术中确定独特的任务，详细厘定人才培养、科学研究和社会服务的方案，妥善处理不同形式的学术之间的关系，生成学术资本，不断建构学术场域。

“在场”的目的是要识读大学场域，明了身处的学术场域，在学术生产中不“弃场”也不“缺场”。分别从人才培养、科学研究、社会服务三大职能上，认清场域的办学定位、学生诉求、教学理念、人才培养目标、学科建设取向、科学研究主题、社会服务面向等要求，在学术生产中指向学术场域的性格，遵循所在场域的规则，服务于所在的学术场域。在大学学术场域中，人才培养、科学研究和社会服务是为一体、相互交融，体现学术内涵的探究的学术、整合的学术、教学的学术和应用的学术也不是相互割裂，各自为政的存在，宽广的学术内涵融于大学履行三大职能的学术生产中。科学研究是大学重要的工作，是学术生命的心脏，知识生产模式Ⅱ的多价知识观提出了理论的、实践的和应用的知识生产可以同时进行，给予了非线性、集成化的知识生成模式。不同的学术场域在学术生产上各有侧重，学术场域限定了对探究的学术、整合的学术、应用的学术和教学的学术的选择，学术生产也并非沿着“理论→实践→应用”的线性逻辑发生，不同学术场域的学术生产也并非受制于区隔的存在而人为地以等次、优良等方式进行价值判断，更不能说探究的学术至高无上，应用的学术和教学的学术矮微卑贱。学术场域决定了学术活动的选择，有的应专注于探究的学术，有的应擅长于整合的学术，有的应执著于应用的学术，有的应投身于教学的学术，有的选择其一，有的选择其二，也有的四者兼有之。唯有基于学术场域的学术生产活动的选择，突破理论的、实践的、应用的学术生产的线性逻辑，不同类型的学术场域才有属于自身的一席空间，才能“在场”的进行学术生产，一边生成学术资本，一边促成学术场域再造。

“建场”须要以“在场”为前提，是学术场域依托学术资本在学术生产中的不断自我再生产。“建场”离不开“在场”的学术生产，唯有坚守“在场”的学术生产，学术场域才能在与学术资本的交互作用和互动生成中，进而不断地“建场”。“建场”的前提是需要学术资本积累，学术资本的生成源于“在场”的学术生产，若学术生产无视学术场域的客观存在而随波逐流和盲目跟风，不仅学术资本难以生产，学术场域也会因为畸形而萎缩。本该以教学的学术和应用的学术为主的学术场域，若舍弃实然，贪图或然，追逐发现的学术和整合的学术，不但学术生产不能生成资本，而且还会带给学术场域更多的学术垃圾，一个遍地学术垃圾的学术场域，应然的学术生成便失去了生存的土壤，或然的学术生成也缺乏必要的根基，学术场域就会萎缩，甚至消失，随之学术也将不复存在，大学的灵魂就被悄然的抛弃，只剩下一个冠以“大学”字样的躯壳。“立场”的学术生产是大学成为大学并履行大学职责的基础，是学术场域不断生长的前提，唯有“立场”的学术生产方能“建场”。“立场”的学术生产能为学术场域增加资本，补给学术能量，以教学的学术和应用的学术为主的学术场域，致力于教学的学术和应用的学术的生产，必将逐步增加教学的学术和应用的学术的资本，提升教学的学术和应用的学术的影响力，学术场域随之将不断被“建构”，且能在教学的学术和应用的学术的根基上，萌发出整合的学术，甚至发现学术的新生长点，学术场域被不断建构，学术资本在生产中不断积聚学术能量，足以促进学术的再生产和大学的发展。

二　“出场”与“回场”的学术博弈中生成学术资本

英国著名的高等教育学学者埃里克·阿什比提出了“一所大学要继续生存必须满足的两个条件，一是必须足够稳定地保持它得以产生的理念，二是必须有足够的行动同支撑它的社会保持联系”。[①] 言外之意，一方面大学需要坚守“象牙塔”的精神，保持其学术活动的独立性和自由性；另一方面大学需要走出“象牙塔”，加强与社会的沟通和联系，培养一定的社会经济文化发展需要的人才，开展以满足社会发展需求为导向的科学研究，服务于一定的社会经济文化的发展。同理，大学学术场域，一方面要“立场”和“建场”，基于学术场域的客观图景，确保学术生产的独立性和自由性；另一方面要“出场”和“回场”，强化学术场域的开放性和学术生产的多元协同性。学术生产的“出场”，即加强学术生产的合作和协同，建立起学术场域与其他场域（也包括其他学术场域）的联系，共同推进学术创新，开展学术活动。但“出场”不等于“弃场”，

---

① Eric Ashby, Universities: British, Indian, African, *A Study in the Ecology of Higher Education*, London: TheWeldenfeld and Nicolson Press, 1966, p. 1.

“出场”的学术生产不等于放弃原有的学术场域，茫然的随波于社会其他场域（也包括其它的学术场域）的大流之中，而是为了“回场”，更好“建场”的一种“出场”，是依据协同创新的力量，为本学术场域增添学术能量，生成学术资本。

传统的学术生产主要体现了大学的意志和国家的诉求，是一个封闭的系统。随着经济的全球化和教育的大众化，使学术生产成为一个开放的系统，原来单纯的大学意志和国家诉求之间的双边关系，演变成大学、企业和政府之间复杂的三边关系，学术生产的复杂性和不确定性大大增强，日益显示出“超学科性”或“超机构性”的特征，学术生产的社会基础日益扩大。学术场域不能固守传统的人才培养模式、科学研究范式和社会服务方式来进行学术生产。在大学、政府和企业的三边关系下，学术生产方式发生了根本性的变化，学科知识体系主导和驱动的学术生产难以回应社会经济发展的诉求，大学学术场域的边界受到来自政府、企业、非政府组织等的侵蚀，此时，大学学术场域若不主动“出场”，学术场域可能会胎死腹中，将被其他场域一点一点蚕食掉。主动“出场”是学术生产的需求，是知识生产方式转变的必然选择。

美国学者戴雷克·普赖斯在20世纪60年代所著的《小科学·大科学》一书中提出了知识生产的小科学和大科学，他指出，在“小科学”年代，是一种“为科学而科学”“为学术而学术”的氛围，为了认识自然和认识世界，学术人凭借个人的兴趣进行着知识生产；“大科学”模式下的知识生产，通常围绕一个总体目标需要开展跨界和跨学科的合作，大学、政府、企业、科研机构、中介机构之间为了一个共同的社会和经济目标，建立起交互的机构网络，将知识的生产、传播、交换、转移和应用有机地包含在整个系统功能的设计中。1994年，英国学者迈克尔·吉本斯等通过对知识生产的过去与现在的分析，构想了未来的知识生产模式，并结合知识生产对大学及市场的影响，提出了知识生产的模式Ⅰ和模式Ⅱ理论。当今社会已经跨越了知识生产模式Ⅰ的时代，知识生产模式Ⅱ成为今后一段时间中知识生产的主要模式。知识生产模式Ⅱ“是一种非线性、集成化的知识生产模式，能同时实现理论性知识、实践性知识和可商业化知识生产的共场性、同时性”。[①]

英国科学哲学家齐曼在“知识生产模式Ⅱ”和“学术资本主义”等观点的基础上，在《真科学》一书中提出了“‘学院科学’和‘后学院科学’的理论，后学院科学是学院科学在‘应用语境’下运转的新的知识生产模式和新的生活方式，是学院科学向产业领域的延伸”。[②] 知识生产模式正在发生变化，学术生产活动也在逐渐转型。作为国家创新系统中学术生产主体的大学学术场域，必须实时地跨越边界，将原先大学、企业、政府相互分割的知识生产、传递、交换、转移与应用会聚，按照知识生产模式Ⅱ的要求，终结学术场域封闭的学术生产，逐步实现从学科规范和过程控制下的封闭系统到与社会环境良性互动的开放系统的转变，从传统学科范式规范和内部权威控制的封闭知识体系，转变到与外部利益相关者、“消费者”或“客户”和其他知识生产过程处于动态互动的开放知识体系。[③] 在当前学术生产方式的转型中，大学学术场域要超越小科学、学院科学、知识生产模式Ⅰ的知识生产方式，按照大科学、后学院科学、知识生产模式Ⅱ的知识生产方式创新知识生产模式。通过强化大学学术场域与社会其他场域的协同合作、大学学术场域内部之间的协同合作，整合大学学术场域内外部的学术资源，创新知识生产模式。

“‘知识’产业的增长，不仅带来‘知识’员工的增加和‘知识’生产场所的涌现……新兴的‘知识’机构正在兴起……更激进的变化，目前正在进行中。”[④] 具备知识生产和学术性质的场域越来越多，从事知识生成和学术活动的主体变得多元化，一些跨界形成的学术场域的异质性和多样性必然要求学术生产协同创新场域的形成。在多元开放的协同创新时代，单靠大学学术场域封闭的系统，学术资本的生成将受到阻碍。

---

① 邹波、孙堤：《三螺旋混成组织视阈下的科学知识生产》，《哈尔滨工业大学学报（社会科学版）》2012 年第 5 期。

② 李志锋、高慧、张忠家：《知识生产模式的现代转型与大学科学研究的模式创新》，《教育研究》2014 年第 3 期。

③ 蒋逸民：《新的知识生产模式及其对我国高等教育改革的启示》，《外国教育研究》2009 年第 6 期。

④ ［瑞士］海尔格·诺沃特尼、［英］彼得·斯科特、迈克尔·吉本斯等：《反思科学：不确定性时代的知识与公众》，冷民、徐秋慧、何希志等译，上海交通大学出版社 2011 年版，第 2 页。

因此，整合凝聚学术人的力量、积聚学术资源的能量，学术资本生成的协同创新应运而生，并成为一种新的主流的学术生产范式，通过在高度整合中达到整体大于部分之和的效果，以实现学术资本生成的多方共赢。为生成学术资本，需要大学学术场域敢于“出场”，适当放弃学术生产的垄断地位，与其他场域加强主体协同，通过形式和功能的拓展以及多样化的组织协同，不断再制自身的学术场域，促进自身的生存与发展，生成学术资本。大学学术场域的“出场”，应充分发挥自身的优势和特征，从人才培养、科学研究和社会服务三方面与其他场域进行深度合作，协同创新。

（一）大学学术场域在人才培养方面的“出场”

从人才培养上来讲，大学学术场域的“出场”，在教学的学术上要探索产教融合、工学交替、校企合作、校校合作、嵌入式、订单式的学术生产方式。大学学术场域主动与中介机构、企业、大学、政府开展合作，共建学术队伍、共建专业、共建课程、共建实践教学体系、共同研讨教学范式改革、共创人才培养模式改革。在教学学术上的协同创新，将给大学学术场域注入新的血液，带来新的活力，大学教学学术生产将突破传统的封闭状态，进而在更加广阔的领域生成新的学术资本，促进教学学术的不断再生产。

中关村软件园作为国内第一、国际领先的软件与信息服务行业自主创新示范园区，已经形成大数据、云计算、移动互联等战略新兴产业的集聚效应，与之相适应的人才培养体系较为完善，应用课程、实践师资、实践教学能力处于国内领先水平，2014 年 12 月 3 日，国务院常务会决定在全国范围推广“中关村模式”。为响应国家关于加大产教融合、促进应用型人才培养的号召，更好的为园区近 300 家高新技术企业不断培养应用型 IT 技术人才，2014 年 9 月，在充分整合课程、师资与实践教学条件的基础上，软件园组建了工程实践教育发展中心，并以其为载体引导园区 IT 龙头企业与国内应用型本、专科院校共同建构校企协同创新平台，以企业前沿课程、实践师资、实战项目以及实践教学条件等，嵌入高校人才培养过程，全面改善学生职业能力、学习能力、创新创业能力，为社会经济发展培养具备创新思维和创业能力的高技能、应用型IT技术人才。中关村软件园工程实践教育发展中心，依托中关村软件园国家级孵化器的体系与机制，以推动人才创新创业为根本目标，共同建设集“工程实践教育、创新创业教育、创业就业思想集聚、学生创业就业实践、商业项目对接、创新创业孵化、创新成果展示”于一体的多功能大学生创新实践平台。联合国内本科专科院校广泛开展工程实践教育，通过职业导向实习实训合作与能力本位专业共建合作，将理论教学、实训教学和实习就业充分结合。学生学习期间，接受系统的工程实践教育，校内学习以校方为主，软件园嵌入生涯规划、行业认知、名师演讲等，并负责校内实训环节的实战项目导入，最后一年的工程实践教育在中关村软件园及其产业范围内完成，能力测评合格的学生可获得中关村软件园颁发的软件工程师证书。中关村软件园工程实践教育中心与北京邮电大学、北京石油化工学院、北京交通大学、燕京理工学院、北京联合大学等院校都建立了合作关系。

其中，中关村软件园工程实践教育中心与北京石油化工学院签署了战略合作协议，双方将共同承担培养高层次应用型软件工程技术人才的重任，共建国家级工程教育中心，将共同制定培养方案，共建师资队伍，共建课程体系，共建实习基地，共同评价培养质量，填平人才培养与企业用人需求之间的鸿沟。该合作融合了高校文化与产业文化，以产业需求作为工程教育培养的目标，形成了完整的计算机软件工程人才培养链。包括将职场环境引入软件人才培养全过程，使学生在真实的企业环境中学习，在项目实践中经受锻炼等。

在新的知识生产模式和后学院科学时代，大学学术场域作为知识生产的中心已经受到挑战，大学的学术生产在多元协同创新中生成学术资本。诸如中兴通讯、中关村软件园等高尖端新兴产业，基于对人才的需求，纷纷成立了教育中心，与曾经位于“象牙塔”的大学抢“饭碗”，一旦大学学术场域仍然固守封闭的学术生产模式，不仅在教学的学术上，甚或在发现的学术、整合的学术和应用的学术上，都将失去话语权，失去资本。大学学术场域的主动“出场”是生成学术资本的必要选择，只有与企业、政府等其他场域合作，方能在新的时代创新学术生产方式，生成学术资本。

（二）大学学术场域在科学研究方面的“出场”

在科学研究方面，大学学术场域的“出场”，要求大学学术场域在遵循科学研究的内在逻辑的基础上，结合学术场域的实际情况，准确定位学术场域的科学研究目标。大学学术场域要依据“在场”的状态，在整合的学术、发现的学术、应用的学术上有侧重或取舍，调整、重组和优化学术资源，聚集学术人队伍，形成一个重点学科主导，多学科跨界协同的优势，形成科学研究的特色，树立科学研究的品牌，形成核心竞争力。大学学术场域的“出场”，要求大学学术场域在弘扬科学研究特色的基础上，突破传统的学科壁垒和场域边界形成跨学科的学术组织。大学学术场域在“出场”中，要与“其他场域相互配合，发挥各自的优势，形成研究、开发、生产一体化的先进系统，并在运行过程中体现出综合优势，实现产业发展与学术研究的联动。”①

教育部于2012年正式启动了“2011计划”。“2011计划”以协同创新中心建设为载体，通过探索建立适应于不同需求、形式多样的协同创新模式，促进校校、校所、校企、校地以及国际间的深度融合。截至2014年，目前已经成立了38个协同创新中心，涵盖了量子物理、化学化工、生物医药、航空航天、轨道交通、新型材料、纳米科技等各个领域。比如，“南京工业大学联合江苏省经济和信息化委员会、南京市人民政府、扬子石油化工有限公司等共同构建了“先进生物与化学制造协同创新中心”。中心充分发挥大学、政府、市场三大力量的共同作用，构建政府引导建设、大学主体运营、企业广泛参与的格局。通过体制机制创新与实践，实现中心的良好运行。力争取得新材料产品研发、过程节能减排的重大技术突破并实现产业化，对新材料产业发展和化工节能减排起到引领、示范和支

---

① 李志锋、高慧、张忠家：《知识生产模式的现代转型与大学科学研究的模式创新》，《教育研究》2014年第3期。

撑的作用，并取得显著的经济社会效益。[①]

大学学术场域的“出场”，即要善于加强同其他场域（也包括其它学术场域）的协同，敢于走出去。当下学术生产的集体性和跨学科性，使科学研究成为一种集体的、团队的学术生产活动，学术资本的生成更多要依赖于跨学科和跨界的组织模式。即便是在相对封闭的时代，大学学术场域的学术生产从来也不是孤立地存在，它会涉及其他学科的要素，也会与其他场域有一定的相关性。大学学术场域的“出场”，不仅意味着学术生产的跨学科性和不同学科之间的相互交融，同时也预示着学术生产是一项集体性的团队活动，需要积极组建团队，跨界的多学科融合的团队能够解决科学研究中的重大问题，也能发现科学研究中的重大问题，进而不断地促进学术再生产，积累学术资本。

（三）大学学术场域在社会服务方面的“出场”

学术生产也好，学术资本生成也罢，为人类服务和为社会发展服务也是其重要目标。大学的学术生产活动对公共利益的影响需要得到足够的重视，学术生产的社会责任感需要不断强化。大学学术场域的学术人不能只“为了学术而学术”的关注学术，也需要具备一种“为了社会而关注学术”的心态和行为，学术人的学术行为需要考虑学术生成的社会后果。在大学的场域中，社会责任渗透于大学学术生产的过程之中，学术人在学术行为中对学术成果的转移和应用应具备高度的敏感性。大学学术场域在社会服务方面的“出场”，即要求以促进社会发展，服务当地社会经济文化，以解决经济社会发展问题为导向，面向市场和社会开展学术生产，生成学术资本，服务社会发展。

麻省理工学院（Massachusetts Institute of Technology，简称 MIT）于 1861 年由著名科学家威廉·巴顿·罗杰斯创立。自创立之初，MIT 就致力于服务社会，创建者罗杰斯提出以培养为工业发展做出巨大贡献的具备广博自然科学素养的科学家为目标，乞求将新技术和

① 《江苏先进生物与化学制造协同创新中心简介》，2011 年，http：//2011. njtech. edu. cn/view. asp？ id = 11&class = 22。

> 基础研究注入企业。20 世纪 20 年代，MIT 的教授、管理者和企业的咨询师丹尼佛·布什开始实施罗杰斯的想法，他任教的同时在地方公司做兼职咨询师，为企业解决技术难题，同时他也会将企业遇到的技术问题交由在校的学生解决。MIT 的社会服务能力在逐渐增强，在随后的发展中，MIT 成立了诸多机构，走出“象牙塔”，强化了学术场域的社会服务能力，以社会服务带动学术生产。比如，技术转让办公室（Technology and Licensing Office），斯隆（Sloan）创业中心，德什潘德（Deshpande）技术革新中心，发展创业家项目（Entrepreneurship Development Program）和跨学科研究中心（Inter-disciplinary Research Centers）。

大学学术场域在学术生产中的“出场”，能够让学术生产贴近社会经济发展的脉络，从社会经济发展的视角追寻学术资本的生成。学术场域需要以更加宽广的眼界审视学术生产，服务社会乃为大学学术生产的重要旨归，若抛弃社会孤立地拘泥于封闭的学术场域中，学术生产也只能为“为了学术而学术”的生产。跳出学术场域的边界，与社会经济发展交融，探究以社会经济需求为出发点的学术生产，才能不断生成学术资本，再制学术场域。

虽然新的学术生产方式是对传统学术生产方式的继承、改造和超越，但传统的学术生产方式依然在大学学术场域中占据重要位置，学术生产方式的变革不是对传统学术生产方式的否定。正如齐曼所言：“从历史上看，后学院科学产生于学院科学，与后者交叠，保持了后者的很多特征，执行了很多统一的功能，并位于极其相似的社会空间。”① 在大学学术生产中，立足于学术场域的具体情境，既要有“为学术而学术”的学术生产方式，也要有“为社会而学术”的学术生产方式。学术场域“出场”的学术生产是为“回场”，并“建场”，学术场域在“出场”中生成学术资本，促成学术场域的再建，实现学术的不断自我再生产。

---

① ［英］约翰·齐曼：《真科学：它是什么，它指什么》，曾国屏、匡辉、张成岗译，上海科技教育出版社 2008 年版，第 82 页。

要是我接受了这一崇高的任务，……由于接受了这个任务，我同时也就在自身赢得了永生。面对威严的峭壁丛山和汹涌瀑布，眼观猛烈翻腾的火海风云，我昂首挺胸，无所畏惧，……你们自然的暴力，任你们奔腾怒吼，疯狂争斗，……但唯独我的意志与其坚定的计划一起会英勇地、冷静地飘扬在宇宙废墟之上：因为我领受了我的使命，这使命比你们更加持久；它是永恒的，我和它一样，也是永恒的。①

——［德］约翰·戈特利布·费希特

第四章

学术资本生成的惯习潜沉：学术人的学术行为塑造

学术人是学术活动的践行者，是学术资本生成的行动者。如果说学术场域为学术人的活动提供了客观关系的结构空间，为学术资本的生成搭建了平台，那么学术人在学术场域中的学术行为旨归成了学术资本生成与否的关键。学术行为是学术人在学术惯习的支配下自觉或者不自觉产生的一种合理性实践。言其自觉或不自觉，在于学术惯习与学术人的学术精神和学术意识有关，作为学术人的性情倾向系统具有能动性的作用，学术惯习的能动性促成了学术人自觉与不自觉的学术行为的产生。称其为合理性的实践，在于学术惯习并不是以抽象理念的方式存在于头

① ［德］约翰·戈特利布·费希特：《论学者的使命·人的使命》，梁志学、沈真译，商务印书馆1984年版，第35页。

脑之中，它所表现出来的不是理念转化为行为的实践，而本身就是一种实践。学术惯习的积淀与形成，并非一蹴而就，需要学术人在学术生涯的历程中点滴的积累，学术人占据着一定的学术场域位置，依托于长期的学术实践，在学术人与学术人的互动关系和学术人与学术场域的交融关系中，不断将学术实践的经验和个体对学术实践的认知内化于精神和意识系统之中。学术惯习在学术人的学术起点开始，一边获得学术阅历，一边生成和潜沉为学术惯习。学术人参与学术活动，产生学术行为，学术惯习在其中发挥着支配作用，不同的学术惯习会滋生出不同的学术行为，取得不同的学术成果。唯有学术人在学术场域与学术惯习的共谋与再制中，不断生成基于一定学术场域的学术惯习，并在学术惯习的支配中，产生适切一定学术场域的学术行为，学术成果才会转化为学术资本，发挥学术能量，推动学术的不断自我再生产，提高一定学术场域的学术品质和声誉。

第一节　学术人：学术资本生成的行动者

在大学学术场域中，场域里的行动者有着多种称呼，诸如：教师、教授、研究员、院士、专家、学者、科学家、教育家、学术团队、知识分子等，这类行动者有一个共同的特征，即以学术知识生产、传播与应用为工作的轴心。1942 年美国社会学家罗根·威尔逊（Logan Wilson）出版了《学术人》一书，认为“学术工作者的职责在于保存、传播和创新知识”“以学术为业的大学教师，学术人是其职业的理想状态”“大学教师工作是以学术服务于社会的学术职业，学术是他们从事学术工作的前提和标准，作为学术人的大学教师应该具有学术地位，并应该为学术的发展做出自身贡献，体现其学术职业的价值”。[①] 1984 年法国著名社会学家皮埃尔·布尔迪厄在《学术人》一书中，把大学教授称作学术人（Homo Academicus）作为剖析对象，围绕他们文化生产与再制（Cultural Production and Reproduction）的角色身份，以各类型的学术人所拥有的资本、

① Logan Wilson, *The Academic Man: A Study in the Sociology of a Profession*, London: Oxford Press, 1942, pp. 3. 15. 243.

在场域所占的位置、惯习、及由此而衍生出来的策略来解析学术人的学术行为和活动。他提出，“早些时期的学术人由掌握政治权力者任命，为政治服务，其大学自行聘用教授之后，学术人变得专业化，他们从事独立研究，以发掘真理为己任，服务社会的整体利益（Universal Interests）”。[①] 社会需要能“来传递深奥的知识，分析、批判现存的知识，并探索新的学问领域”的学术群体，群体里的人应具有“一种摆脱眼前经验的能力，一种走出当前实际事物的欲望，一种献身于超越专业或本职工作的整个价值的精神。……能感到有必要超越眼前的具体工作，深入意义和价值这类更具有普遍性的领域之中”[②] 的志业理想。这个群体的人，与人们常言的“政治人”“经济人”“社会人”“宗教人”等一样，具有某方面典型性和代表性的特征，生产、创新、传播、应用知识，追求真理和发展学术是这个群体的典型特征，由此将其称为学术人。

学术人主要是指大学里直接从事教学、科研、研习和服务社会等学术活动的主体，人们通常称为大学教师，是学术资本生产的行动者，一般具有高学历、高职称等特征。学术人的学术水平是其立身之本，凭借其高深的学术水平、高尚的道德与人格，从事较高社会价值的教育教学活动和科学研究活动，培养高素质人才、开展高深的学问研究、服务社会并推动社会发展。学术人与普通人一样，具有自然性、社会性和精神性的一般特征，学术人的独特性在于知识性和专业性。学术人的知识性，反映了学术人在学术活动中对知识的拥有、知识的生产和知识的传播。正如波兰学者弗·兹纳涅茨基对大学教师的系统描述：一是大学教师是“真理的发现者”（Discoverers of Truth），二是大学教师还是“知识的传播者”，三是大学教师还是“新知识的创造者”。[③] 学术人的专业性，强调学术人工作性质的专业性、从事行业的专业性和工作内容的专业性。学术人需要通过长期的专业训练，能够尊重知识的权威和学科专业内在规

---

① Pierre Bourdieu, *Homo Academicus. Trans. Peter Collier*, Cambridge: Polity Press, 1988, pp. 12. 37.

② ［美］刘易斯·科塞：《理念人：一项社会学的考察》，郭方等译，中央编译出版社 2001 年版，第 2 页。

③ ［波兰］弗·兹纳涅茨基：《知识人的社会角色》，郏斌祥译，译林出版社 2000 年版，第 64—131 页。

律的基础上凭借专业的知识和能力处理高深的专业知识。

学术人在大学学术场域中肩负着教育教学、科学研究、咨询服务等任务，置身于学术场域的学术人，即便承担了多重任务，扮演了多重角色，亦不能失去学术旨趣，那是属于学术人的使命，是基于学术志业的学术追求。“学术就像一个‘场’抑或一种‘域’，学术人一旦置于这种‘场域’，其思维转向、价值取向以及行为方式等诸多方面，都表现为以学术为轴心的生存逻辑，甚至学术成为其生活内容的全部。”①

一　学术人的使命：为学术而学术

如果把大学学术看成一个生态系统，学术场域为大学的学术提供了一个内外的学术生态环境，学术人则是整个学术生态系统中的主体。大学学术场域中，无论是传播学术思想，还是探求学术真谛，无论是应用学术成果，还是提高学术水平，学术人都扮演着不可替代的角色，从根本上推动了大学学术资本的不断生成。学术人从事学术活动是学术资本生成的起点，学术活动依赖于学术人在一定的学科专业领域的智慧，既表现为传授科学知识、培养人才的教育教学活动，也表现为认识客观世界、探索客观规律的科学研究活动，还可以表现为应用知识、为校外机构提供教育培训和参谋咨询的社会服务活动②。

首先学术人担当了人才培养的任务，从事着教学的学术活动。大学学术场域的学术人不同于纯粹科学场域的学术人，大学学术场域中一项特殊的学术任务，是将青年学生培养成具有一定的专业理论，有着较强的创新精神与实践能力，能可持续性发展的高素质专门人才，教学的学术也成为大学学术人区别于科学场域学术人而从事的一项特殊的活动。教学的学术活动是一项以知识传承为主的复杂的教育教学过程，需要以系统的学科专业知识、正确的人生生活态度、严谨科学的方法以及高尚的品行，引导学生的专业成长和人生发展，而不只是给予学生知识传授和问题解惑。在教学的学术中，学术人不仅要善于教学，更要善于研究

① 陈慧青：《学术：学者的理想与追求——感悟布鲁贝克学术话语的建构》，《江苏高教》2008 年第 5 期。

② 陈何芳：《大学学术生产力引论》，博士学位论文，华中科技大学，2005 年，第 57 页。

教学，研究教学是为了更好的从事教学。

其次学术人担当了科学研究的任务，从事着探究学术的活动。大学的学术场域有着天然的优势，场域内的学科门类比较齐全，有着较好的实验设备和图书资源，来自不同学科专业背景的学术人在此相互交融，这些为学术人开展科学研究创造了条件。特别是在新的知识生产模式的冲击下，大学的学术场域更需要守住知识生产的领地，稳居知识生产领头羊的位置。学术人则应在长期的科学研究活动中成长锻炼，积累学术能量，开展科学研究，提高学术水平，增强学术权威。追求学术创新是大学学术人的学术理想，作为大学学术场域的学术人，要主动承担科学研究的使命，从事探究的学术和（或）整合的学术活动。

最后学术人担当了社会服务的任务，从事着应用的学术活动。学术人承担的教学学术需要面向社会发展，培养为社会服务的高素质专门人才，学术人从事的科学研究活动，虽有形而上层面的理性构思，但也离不开现实社会的发展诉求。社会是任何一类群体都不能抛弃的生存关系，学术人不能脱离社会只守望于大学学术场域的“象牙塔”之中，而需要以其专业的知识和能力去关注现实、服务社会和影响社会。学术除开理论价值之外，更具有实践意义，科学研究的成果需要推广应用到生产实践中去，服务于经济社会的发展。学术人要承担社会服务的任务，利用专业能力践行应用学术，解决社会发展中的各类问题，弘扬学术的应用价值。

“大学的学术活动具有一定的层次性，它的基本内容是大学的教学、科研和社会服务这些有形的活动，高级形式即为学者的‘学术化生存’。”[①] 在市场化的当下，面对多种非学术因素的诱惑，学术人要把传承、生产、服务和应用知识作为使命，坚守学术信念，将“为学术而学术”作为立身之本，将学术使命内化为自身的自觉行为，坚持真理而心无旁骛，专心向学。学术人要将学术使命与自身的生命价值融合，专注教学、潜心研究、笃志服务，才能融汇贯通学科专业的高深知识，游走于学术场域的天地之间，寻求宇宙真理。生成学术资本，不仅取决于学术人对学科专业知识的精通程度，更取决于学术人是否拥有至高的学术

① 陈何芳：《论大学学术活动的特性与学术生产力》，《江苏高教》2006 年第 6 期。

志向、坚定的学术信念、务实的学术态度、用于创新的学术品格。若缺少内在的学术精神，学术人将会沦为“教书匠”“复印机”和“空谈者”，反而成为了学术垃圾、学术泡沫、学术腐败的代言人，使生成学术资本成为一纸空谈。

栖身于大学学术场域的学术人，知识生产、传承及应用的学术劳动是他们的生存逻辑，发展学术，生成学术资本成为他们安身立命的现实要求。学识渊博的学术人进入大学的学术场域，就被赋予了开展学术活动的神圣使命，倘若他们能自发地从内心尊重学术、热爱学术、献身学术，使自己充分融入学术场域的学术氛围，使生活充满学术意味，那么就实现了他们“学术的生存化”和“生存的学术化”，即学术精神，学术追求在其人生中的内化①。学术人如何能够达到“为学术而学术”的学术化生存境界呢？学术人应行走于形而上的思考中，超越学术本身的外在目的，超越生活中的功利性目标，在学术生产的精神生活中获得满足。唯有在灵魂深处与学术人融为一体，呕心沥血地从事教学的学术活动，孳孳不息地探索未知世界，从事探究的学术和整合的学术的任务，脚踏实地服务社会，从事应用的学术，学术人才能在学术活动中认识和找到自我，才属于学术人的生存方式、治学之道，才属于学术人的使命，才不愧于“学术人”的称誉。

二 学术人的责任：学术资本的积累与生成

“为学术而学术”的学术使命作为一种学术信念，凸出学术人对学术志业的心志取向，这种信念伦理并不能完全在学术行为中得到贯彻，因为“纷繁复杂的现代社会生活使人们认识到，信念伦理实际上是人们对理性能力的高估，常常会导致对实践理性的忽视，这种高估和忽视还进一步表现为，伦理仅成为伦理学家或哲人圣贤的伦理，具有自由意志的实践主体的选择与责任未得到应有的正视”②。鉴于此，学术人在学术活动中更需要高度的责任意识，需要从学术信念伦理延伸至学术责任伦理。

---

① 程悦、刘赞英、刘兴国：《论大学的学术属性及其本然生存逻辑》，《高等教育研究》2012 年第 6 期。

② 刘大椿、段伟文：《科技时代伦理文艺的新向度》，《新视野》2000 年第 1 期。

在传统社会中，学术人作为学术行为的主体，学术资本生成的行动者，依靠学术精神和学术荣誉感维系着学术信念伦理，在现代社会中，学术场域与经济社会发展的互动，使功利因素影响着学术人的学术行为。因追逐名利而产生的“轻教学重科研”、科研造假、学风不正、学术权力滥用等违规现象在现代社会中频现，因此，学术人需承担较之传统社会更多的学术责任，在坚持学术规范的基础上，不能因任何诱惑而“作伪”或者滥用学术，要谨慎地对待每一项学术活动的价值意涵和可能的影响。拒绝成为科研成果的批量生产的“论文机器”，拒绝成为课堂教学中的“播放器”，不要将学术场域打造成一个利用异化的学术获取各种功名利禄的竞技场，而是要以“高深学问”为载体，培养人才和服务社会，以“高深学问”为对象，实现科研创新，在教学、科研和社会服务的学术使命中追求学术价值，生成和积累学术资本。学术人，作为学术活动的行动者，其责任在于生成和积累学术资本。

学术人要成为学术人并承担学术资本积累和生成的重任，需要具备两个基本的条件。一是“高深学问”，即精深的学科专业知识和扎实的学术能力。“高深学问”是学术人在学术场域谋生的资本，是生成学术资本的基础。学术人拥有“高深学问”，不仅要理解“高深学问”，还得具备传播、探究、发展“高深学问”的能力，并以此作为开展学术活动的手段、载体和工具，在教育教学的方法和技术上创新，在科学研究上创新，依托“高深学问”，才可能生成学术资本，推动学术发展。二是学术人必须遵守学术之道。学术人仅凭高深的学科专业知识和学术能力从事学术活动，很难完成学术任务，更说不上促进学术资本的生成。精深的学科专业知识和扎实的学术能力只是学术人应具备的一个基础，恪守学术道德、潜心学术活动、坚守学术信念、遵循学术范式，即学术人的学术之道，此乃学术人从事学术活动的前提。认清学术之道，遵守学术之道，才能更加明确自己的角色意识和岗位意识，才能逐渐形成基于学术场域的学术惯习，才能生成学术资本。以此为条件，按照责任伦理的思路，学术人参与教学、科学研究和社会服务等学术活动的学术行为将回归于学术价值之中，肩负其学术人应有的学术责任。

学术人通过履行促进学生发展的教学责任，积累和生成学术资本。对学生发展负责是学术人的主要学术责任，学术人要通过专业的教学使学生掌握专门的知识，形成合理的知识结构、能力结构和素质结构。“这意味着他在授课之前需要进行充分的准备，并且保持较高的学术水平；这也意味着花时间帮助学生解决问题；这还意味着对那些可能对学生产生不公正影响的、带有非主流意识的问题保持某种独立和超脱。”① 学术人需要对自己的教学质量负责，有责任将取得公认的最新研究成果纳入学科知识体系之中，通过课堂教学或者讲义和编入教材的方式向学生传授。在履行教学的责任中，不仅传承知识，还需要培养学生的研究能力、科学思维的方法和科学精神。要履行好教学责任，学术人在课前需要认真充分地备课，课堂教学需要全身心的投入，课后需要与学生多交流沟通，辅导学生学习，解决学生的学习困惑，学术人还需不断完善与提高教学能力，谙熟教育教学方法与技术，加强教学研究。唯有如此的学术行为，学术人才能履行好教学责任，同时也能在责任履行中，积淀和丰润自己的学术水平，进而不断地积累和生成学术资本。

学术人通过履行发现真理和生产知识的科学研究的责任，积累和生成学术资本。科学研究属于对未知世界的探索，科学研究需要客观性，需要真实性。学术人“善于提出关于世界和人类活动的多样化问题，并按照不同的思路整理事实、资料、信息，最后报告探究成果和探究方法，并经受各种批评、处理他人的各种观点、解决认识方面的分歧”②。不能只以各级各类科研项目和课题作为科学研究的根本，不能违背学术之道以数量著称去出版或发表大量类似“学术垃圾”的专著和论文，也不能带有任何个人的偏见和别有用心的动机去开展科学研究。学术人应该以最大的诚意追求真理和科学精神，忠于真理和客观事实，在科学研究中要遵循知识生成的逻辑去探索与创新知识，做到价值中立，不能为了自身的利益隐瞒或者夸大科学研究成果，应该以务实的态度对待科学研究。学术人如果做到了这些，就能够恰到好处地履行科学研究的责任，并能在科学探究中，积累和生成学术资本。

学术人通过履行解决社会问题，促进经济社会发展的社会服务责任，

① ［美］唐纳德·肯尼迪：《学术责任》，阎凤桥译，新华出版社2002年版，第23页。

② 刘红、母小勇：《如何以学术为业：大学教师专业发展的基本问题》，《教师教育研究》2015年第2期。

积累和生成学术资本。知识生产模式Ⅱ的到来，后学院时代的来临以及“大科学”的兴起，使科学研究已经介入了社会的政治、经济、文化等领域，学术人要自觉地承担起社会责任。学术人的学术行为，以及所取得的学术成果的社会责任既包括社会的良知也包括为社会的服务。学术行为应该给社会带来福祉，而不是威胁和危险。一方面学术人的学术行为既要符合人类社会的伦理道德，也要尊重科学的伦理道德；另一方面学术人的学术行为要服务于社会，促进人类社会的进步与发展。学术人在学术活动中要超越个人私利，“要通过基础知识的研究，深化人类对自然、人、人的作品和社会的认识”①。学术人要分析人类社会的需要，通过学术应用转化增加社会服务、技术进步的动力。

学术责任是学术人最突出的标志，学术人的责任要反应学术的价值和追求。“教师对其学术责任的理解并非来自合同或大学规章的规定。在这方面，他不像军人或大型公司的中级管理人员，可以从合同或规章里得到对其职责的理解。教师对学术责任的理解乃是大学文化遗传的一部分，因而它的传授途径极其重要”②。生成学术资本的学术活动，必定源于履行学术责任的学术行为，学术人就应该认真履行学术职责，在职责的履行中凭借合理的学术行为，才能积淀和生成学术资本。

第二节　学术惯习：学术人生成学术资本的性情倾向

学术人需要超越学术当作谋生手段的境界，不仅在学术活动中要恪守学术道德、潜心学术活动、坚守学术信念、遵循学术范式，而且需要在整个生活与生存中符合学术的要求，实现学术化的生存和学术化的存在。学术人追寻学术使命，履行学术职责，完成学术任务，其根本为在从事学术活动中要有“为学术而学术”的学术行为，实际上也就是学术精神与学术追求在学术人的人生中“内化”，“内化”之后的存在形式，

---

① ［美］爱德华·希尔斯：《教师的道与德》，徐弢、李思凡、姚丹译，北京大学出版社2010年版，第68页。

② ［美］唐纳德·肯尼迪：《学术责任》，阎凤桥译，新华出版社2002年版，第121页。

法国社会学家布尔迪厄将其称为“惯习”，借用此概念，在学术场域中影响学术人的日常生活方式和或自觉与不自觉的行为，本书将其称为“学术惯习”。学术惯习是学术人的学术之道，是学术人的学术化生存和学术化存在的内在精神系统，属于学术人生成学术资本的性情倾向系统。

一 学术惯习与学术人生成学术资本的认知行为

虽然前文谈到学术人应该超越将学术作为谋生手段的境界，但并不等于否认学术作为一种谋生手段。学术作为一个专门性强的行业，在学术场域从事学术工作的学术人，首先得满足自我生存的需要，维持自己的生计，满足衣食住行的需求。对于学术人而言，学术的意义不应局限于学术人的生存意义，学术更应成为学术人存在意义的体现。学术人应有内在的志向，将生命奉献于学术，学术人“如果不是发自内心地献身于科学，献身于使他因自己所服务的主题而达到的高贵与尊严的学科，则他必定受到贬低”[①]，学术人对待学术的态度应该是“为学术而学术”，不应只是为了通过学术实现学术之外的目的。学术人应该做到学术化生存与学术化存在相统一，学术人能否做到，与学术人的学术惯习相关。学术惯习包涵着学术人的学术信念与志向、学术的范式、学术的立场与态度、学术的品格与勇气、学术的知识与能力。若缺失这些基本的学术惯习，学术生产就会失去宝贵的内在动力与本真意义，学术生成中产出的不是学术资本，而是“学术垃圾”和“学术泡沫”等变异的学术现象、学术活动和学术行为。总而言之，学术惯习影响着学术人的学术化生存和学术化存在，更影响着大学学术场域的学术资本生成。

（一）学术惯习言说

1. 惯习的源流

“Habitus”这个概念在过去被不同的学者无数次地使用过。如黑格尔、胡塞尔、韦伯、涂尔干和莫斯，他们都或多或少以有条理的方式使

---

① ［德］马克斯·韦伯：《学术与政治》，冯克利译，生活·读书·新知三联书店 1998 年版，第 28 页。

用过这个概念[1]，在他们的研究和使用中，这个概念被当着“习性”来理解。“Habitus”是一个很古老的概念，最早在拉丁语中使用，它不仅指习惯，还包含着行为表现和道德意识方面的内涵，布尔迪厄在古拉丁语的基础上决定要赋予它更多的意义。“他改造了‘habitus’这个拉丁原词，赋予了新的意义，它不是单纯属于行动者主观意识或情感的范畴，也不是单纯指客观的外化力量；它是一种贯穿行动者精神和身体运动的内外，既指导施为者（Agent）之行动过程，又显示其行为风格和气质……，既同行动者的主观意向和策划相关，又以无意识的‘交响表演形式’而客观地交错纵横于社会生活。”[2]

惯习是布尔迪厄社会实践理论中的一个重要概念和分析工具，它是人在实践活动中所表现出的一种主观心理状态，是人在从事社会实践活动中自然而然流露出来的行事风格、行为方式、行为规范、处事规则等实际表现的总根源，它产生于人生不同阶段的阅历中，是人们对在经历了特定的社会经济生活之后形成的心理状态的反映。惯习还是社会分类和等级化的一个无形的依据和原则，因为惯习影响着人的行为，制约着人的行为方式，所以人们可以通过一个人的行为表现方式——诸如言语、形态、衣着、交际、工作风格、个性行为和日常生活的方式等，将人区别开来。惯习的形成具有一定的自发性，同时具有不断地生成性，它通过在不断变化的场域情景的临时遭遇中确定着自身，是一种“外在性的内在化”，它作为结构化了的结构，“是一种在发挥实践于表象的‘生产—组织’原理作用之前早已被赋予某种倾向的能够促结构化的结构，而且认知并组织着实践活动”[3]。“结构化了的结构是指惯习源于早期的社会化经历，是结构的产物，为行为设置了结构性的限制；促结构化的结构是惯习作为一种结构化的机制，是实践的产生者，为实践的生成提供

---

① Pierre Bourdieu, *In Other Words: Essays Towards a Reflexive Sociology*, Trans. By Matthew Adamson. Stanford, California: Stanford University Press, 1990, p. 12.

② 高宣扬：《谈谈几个法语哲学概念的翻译问题》，《浙江学刊》2004 年第 5 期。

③ Pierre Bourdieu, *Distinction: A Social Critique of the Judgement of State*, Cambridge, Mass: Harvard University Press, 1984, p. 170.

原则。”①

惯习反映了行动者的心理内容和精神取向，由多年的阅历和人生历史沉淀于行动者的精神世界之中，表现形式为认知、判断、行为等的各种身心图式。“它既不是意识的产物也不是理性的产物，而且它本身是没有任何规律可循的，也就是说，惯习既不是一种主观主义的行为理论，也不是一种服从于客观主义所制定的各种‘规则’的体系。”② 它是一种社会化了的主观性，是一种持续的、不断变化的、开放的性情倾向系统，一种生产实践于表象的体系。

惯习兼具“促结构化的结构”与“结构化的结构”。“促结构化的结构”，即各种稳定的社会结构直接影响了惯习，惯习形成于各种稳定的客观结构（客观结构→惯习）。行动者的惯习通过后天获得，可以依靠行动者自身的努力，也可以依靠外界他人的灌输而来，在个体的各种生活阅历中身体化与内在化。可以说，外在的客观结构产出了支配个体行动者行动身体化的图式结构——惯习。“结构化的结构”，即行动者的惯习通过在实践活动中的行动，将惯习的内在结构外在化，惯习成为了行动者产生各种行为和出现各种行动的母体。由此可知，“惯习是一个既可以使外在客观结构内在化又能通过惯习行动的生产使内在结构外在化的、同时连接着客观结构与惯习行动（实践活动）的心灵与身体的结构。”③

通过上述分析，惯习作为一个同时具有能动性和生产性的社会学概念被提出，超越了主观主义与客观主义、理论与实践的二元对立的状态，既强调了实践的连续性与稳定性，又强调了实践的自由度，既突出了理论与实践有分界，又凸显理论与实践的一体融合。一方面，惯习是人受到不同的社会结构的影响，将其内化为自己的主观心理结构，是个人历史经验的产物，这种历史经验完全体现在个体的身上，即个体的心灵世界中，它是一种性情倾向、秉性系统；另一方面，惯习是已经形成的主

---

① ［法］皮埃尔·布尔迪厄：《科学的社会用途——写给科学场的临床社会学》，刘成富等译，南京大学出版社 2005 年版，第 19、20 页。

② 朱伟珏：《超越主客观二元对立：布迪厄的社会学认识论与他的“惯习”概念》，《浙江学刊》2005 年第 3 期。

③ 朱伟珏：《超越主客观二元对立：布迪厄的社会学认识论与他的“惯习”概念》，《浙江学刊》2005 年第 3 期。

观思想心态向外呈现的过程，这种过程也是将主观心理结构转化为外部行为结构的过程，“惯习营造了品位、语言、穿着、仪表和其他反应的综合品质”,① 这种品质在一定程度上决定了实践行为的方向。

2. 学术惯习

行动在什么样的场域，就会形成什么样的惯习，置身于学术场域的学术人，自然会形成学术惯习。学术惯习的形成虽然与学术人的先天的因素相关，但又不是学术人个体的个性表现，而是在学术场域中，学术人在学术经历和学术活动中逐渐习得的关于学术的性情倾向系统，是学术人主动构建的产物。学术惯习表现为学术人对学术的认知，包括学术精神、学术理论、学术立场、学术品格、学术态度等。

学术惯习既是一种学术实践的结果，又是学术的存在方式，具体可以理解为在学术行为中的某些习惯性状态以及某些性情倾向、一些学术行为趋向，或者一些学术的习性，或是某种学术的爱好等。学术惯习形成于学术人个体与学术群体、学术人与学术场域以及学术人与自我身体的关系之中，具有一定的稳定性。学术惯习的形成需要历史积淀，在丰富的学术阅历中形成，影响着学术人今后从事的学术活动和学术行为。“学术惯习不同于学术习惯，学术习惯更容易改变。学术惯习是各种既持久存在而又可变更的性情倾向的一套系统，通过将过去的各种经验结合在一起的方式，每时每刻都作为各种知觉评判和行动的母体发挥其作用，从而有可能完成无限复杂多样的任务。”② 其实，学术惯习也并非一成不变，它具有很强的生成性，不断生成是其重要特性。学术惯习会随着学术人在学术场域中所占据的位置以及位置性质的不同而发生生成性的变化。不同学术场域的学术人具有不同的学术惯习，生活在相同和相似的学术场域的学术人有着相同或相似的学术惯习。学术惯习不仅具有生成性的作用更具有能动性的作用，学术人通过发挥学术惯习的能动性作用活跃于学术场域。

---

① ［美］乔纳森·特纳：《社会学理论的结构》，邱泽奇、张茂元译，华夏出版社 2006 年版，第 173 页。

② ［法］皮埃尔·布尔迪厄、［美］华康德：《实践与反思：反思社会学导引》，李猛、李康译，中央编译出版社 1998 年版，第 19 页。

学术惯习作为学术人在学术生活中的经验和学术阅历内在化的一种生存心态，本身就应该是以学术资本的其中一种形式而存在着，具有身体化的特性，内化于学术人的学术精神心态和学术之道的秉性系统之中，外在的表现在学术人的各种学术实践的行为方式、学术的态度和学术的品格与德性之中，同时也外在化地表现在学术人的学术能力、学术范式和学术创新等能力之中。以学术人的身体化形式存在的又被称为学术人的学术惯习的资本，不仅能够与学术场域高度契合促进学术场域的不断生成与发展，还能够巩固学术人的学术水平，促进学术人的学术水提升。学术惯习从本质上来说，是学术人在经历受教育、学术文化熏陶、学术实践、精神诉求等内在化于人的结果，是学术人最深层的关于学术的潜意识结构。学术惯习影响着学术资本的生产与再生产，是学术人践行学术资本生成的发生性和实践性原则。

学术惯习基于学术场域而生，一方面学术惯习与学术场域是一种制约关系，学术场域规定了学术惯习的内在因子，学术惯习规定了学术人在学术场域内的学术行为；另一方面学术惯习与学术场域是一种知识关系，或者可以称为认知建构关系，“惯习有助于把场域建构成一个充满意义的世界，一个被赋予了感觉和价值，值得你去投入、去尽力的世界，知识关系取决于制约的关系，后者先于前者，并塑造着惯习的结构”①。同属于一个学术场域的学术人，所拥有的学术惯习大致相当并与产生它的学术场域基本吻合，这样的学术惯习居留在特定的学术场域里，就像呆在自己家里一样，或者如鱼得水一般，理所当然地把所在学术场域当作在属于自己的学术世界中，感觉不到任何的阻力和重负，能够直接体会到身在学术场域内充满了意义和利益。不同的学术场域会形成不同的学术惯习，若把特定学术场域形成的学术惯习直接地搬迁到其他的学术场域中去，可能会造成“水土不服”的现象，以致在学术实践活动中会产生诸多与学术场域“不合拍”的现象。学术惯习需要不断地生成和变化，表现出的“水土不服”和“不合拍”的学术行为和现象也需要根据学术场域的要求进行调整。毕业于“985”和“211”等重点本科院校的

① ［法］皮埃尔·布尔迪厄、［美］华康德：《实践与反思：反思社会学导引》，李猛、李康译，中央编译出版社 1998 年版，第 172 页。

学生进入非“211”和非“985”的院校，其在这类院校的学术场域中形成的学术惯习注定不适应非“211”和非“985”院校的学术场域的要求，诸如在教学的学术、探究的学术、应用的学术和整合的学术方面的差别显易而见。同样，缺乏在“985”和“211”等重点本科院校的学术场域的学术经历而形成的学术惯习，也难以适应这类院校的学术场域的要求。因此，学术惯习有一个调适和再生成的过程，在新的学术场域中，需要再制学术惯习。学术场域与学术惯习之间不能片面地理解为“决定”与“被决定”的关系，不是学术场域决定学术惯习、学术惯习决定学术实践，学术实践再生成学术场域的结构化线性关系，而是一种通过学术人的实践，在学术人的学术行为中“生成”和“建构”的动态关系。学术惯习整个概念，“揭示的是社会行动者既不是受外在因素决定的一个个物质粒子，也不是只受内在理性引导的一些微小的单子（Monad），实施某种遵照完美理性设想的内在行动纲领。社会行动者是历史的产物，这个历史是整个社会场域的历史，是特定子场域中某个生活道路中积累经验的历史。在任何日常的学术情境里，甲教授或是乙教授会怎么做，我们不仅必须知道，他在学术空间里占据着什么样的位置，还要知道他是从社会空间的哪个原点出发的，又是怎么获得目前的位置的，因为他获得这个位置的方式，就深深地铭刻在他的惯习之中。换句话说，在这些通过社会和历史建构而成的感知和评价范畴的基础上，社会行动者将积极主动地去决定那个决定他们的情境。”①

（二）学术惯习支配着学术人的学术行为

在关于行为的理解中，一般认为在两种情况下产生行为，一是发自行动者的主观愿望，基于纯粹的“精神自律”和“自由意志”而产生的行为，二是在外在因素刺激和要求下，或者基于功利目的而产生的行为。布尔迪厄对此提出了不一样的看法，“精神自律”也好，“自由意志”也罢，从人的行为产生的根源上来讲，既不会源于纯粹的“精神自律”行为，也不会完全是源于“自由意志”的行为。“客观主义把行动理解成为‘没有行动者’的机械反应；而主观主义则把行动描绘成某种自觉的意图

---

① ［法］皮埃尔·布尔迪厄、［美］华康德：《实践与反思：反思社会学导引》，李猛、李康译，中央编译出版社1998年版，第181页。

的刻意盘算、苦心追求，描绘成某种良知自觉之心”，① 其实，人的行为既不是主观意志驱使下的自由发挥，也不是受制于外部结构规定而产生的机械反应。人的行为是依附人的惯习做出的选择，人在行动中做出行为选择的时候，“不管他愿意不愿意，个人总是陷入在‘他头脑的局限’之中，陷入他从他所受的教化里获得的范畴体系的局限中”②。个体的行为方式直接服从于这样一个法则：乐意做令人不快却又非做不可的事，也就是说拒绝被拒绝的事，愿意做不可避免的事，惯习被作为乐意服从的必然。③

在学术场域中，学术人的学术惯习会随着学术的发展而发展，同时也会自然地建构、塑造和实践新的学术场域元素。从学术人的角度来看，根植于个体内部的学术惯习因子，在行动中以学术人的理性自觉、学术价值判断、学术行为选择等多种身心图式表现出来。惯习视阈中的学术人不是一个先验的缺乏意识的主体，也不是一个需要外部灌输信息而教条式实践的机械的执行者，学术人的学术实践既具有个体性，也具有结构性。在学术实践中，有关教学内容整合、教学方法应用、科研项目选题、科研项目的研究路线、科学研究的成果形式、社会服务的选择等，都受制于学术人内在的学术惯习。学术惯习作为一种“外在性的内在化”和“内在性的外在化”，学术人要通过学术惯习的作用，才能够产生合理的学术行为。学术惯习所导致的学术行为，并非是经过深思熟虑的结果，而是在即时的遭遇中，一种适得其所的历史积淀和合情合理的经验潜在。“惯习的行动样式既是‘游戏感’与‘游戏’间量体裁衣式的互相契合，也是一种先前情景体验的引导和行动路线的酝酿，还是经历漫长的多方制约后对各种客观机遇的内化。”④

学术行为与学术惯习相生，有着什么样的学术惯习，就会产生什么

① ［法］皮埃尔·布尔迪厄、［美］华康德：《实践与反思：反思社会学导引》，李猛、李康译，中央编译出版社 1998 年版，第 164 页。

② ［法］皮埃尔·布尔迪厄、［美］华康德：《实践与反思：反思社会学导引》，李猛、李康译，中央编译出版社 1998 年版，第 170 页。

③ ［法］皮埃尔·布尔迪厄：《实践感》，蒋梓骅译，译林出版社 2003 年版，第 82 页。

④ ［法］皮埃尔·布尔迪厄、［美］华康德：《实践与反思：反思社会学导引》，李猛、李康译，中央编译出版社 1998 年版，第 175 页。

样的学术行为，背离了学术之道的学术惯习也会滋生出同样的学术行为。若具有学术即发表学术论文的学术惯习，学术人将不屑于大学教学的学术活动，教学成为了学术人的负担，应付和拒绝教学学术活动成为一种生态，学术人不研究教学，不讨论教学，在学术行为中轻视教学敷衍对待，而对于科研工作才认为是其本真职责，在教学与科研的学术行为中形成了鲜明的比照。即便学术人关注科学研究的学术活动，若形成了科学研究即为著书立说，学术职称评聘，学术行为将又成为一种异化的样式。学术人将为了实现职务职称的晋升，通过各种途径争取各种科研项目和课题，注重科研项目的数量、层次和级别，而忽略了科研项目和课题的内涵及学术价值，注重科研成果发表的数量、层次和级别，而忽略科研成果的内涵，使得学术期刊成为了衡量学术价值和水平的重要标识。“学术即科研”“科研即发表成果”的学术惯习名目，一旦在学术场域风靡，得到学术人的高度认同，那么不管是对学术人的奖励与惩罚，还是对一所高校学术水平的评价，均将受制于此，并且逐渐成为了理所当然的事情。如此以来，“学术即科研”“科研即发表成果”成为了学术场域的通行证，让学术人也具备了一种得心应手和从容不迫任意行使的恣肆。即便有学术人起来反对或为学术重新正名，但在学术场域中“学术即科研”“科研即发表成果”也让众多学术人成为了受益者，久而久之，学术场域内达成了某种一致和协调，“学术即科研”“科研即发表成果”就演变成了学术人的学术惯习，这种惯习引导出了违背学术之道的一系列行为的产生。

学术惯习与学术实践中的行为之间既相互制约又相互契合。正如皮埃尔·布尔迪厄所言，“社会现实是双重存在的，既在事物中，也在心智中；既在场域中，也在惯习中；既在行动者之外，又在行动者之内”。[①] 学术惯习居留于学术场域之中，在学术场域的共谋下，学术惯习会产生不同的行为。“惯习只是就某一确定的情景来说才展现自身，它由一套性情倾向所组成，也可以说，由一系列现实情况、潜在的可能性和最终结

① ［法］皮埃尔·布尔迪厄、［美］华康德：《实践与反思：反思社会学导引》，李猛、李康译，中央编译出版社1998年版，第172页。

果所组成。”[①] 就目前的学术发展生态来讲，虽然“为学术而学术”的理念对于任何学术人而言已烂熟于胸，教学作为大学的核心要义和首要任务，但是教学学术却在学术实践中被遮蔽。对于那些新进入职、初涉学术场域的学术人，职称晋升是其第一要务，教学工作量是职务晋升的基本条件，只要以不敷衍的态度对待教学学术，教学评价不会差，以至不影响其职称的晋升，那么职称晋升的关键就变成了论文、著作和科研课题数量、层次级别的较量。

> 一位刚刚晋升为副教授的L老师如此感叹：“教学是一个无底洞，更是一个良心活，作为一心想尽快在职称上突破的人，教学中只要不出现教学事故即可，如果大量的时间用于教学学术，虽然教学水平高，学生喜欢，但永远只是一个在学术场域没有发言权的讲师。多撰写点学术论文，多申报点科研项目，不仅能够为职称晋升提供更殷实的筹码，还能为自己赚取一笔不菲的科研奖励和科研经费收入。”
>
> 针对科学研究和论文发表，L教师如是说道：“评讲师是比较容易的，只要有中文核心期刊或者CSSCI来源期刊的论文，加上1—2个校级的项目即可。但从晋升为讲师之后，我就不断地写文章，发表文章，申报科研项目，若是一段时间没有出货，我就会变得忧虑和紧张，也需要时时地阅读省上的职称评定条件去衡量自己的差距。比起申报科研项目，论文发表则更容易，一般期刊凑数量，按照高级别期刊的喜好和套路去发表核心期刊，给版面费更容易发表。但申报项目对讲师来讲就难得多，参研项目，只有教授或者领导挂名，我做，这样能够满足对项目的要求。”

但对于教授群体的学术人，职称晋升的压力已经彻底消失，他们对待学术的态度以及学术的行为体现在四个方面：一是教授首先要搞好教学，教学不好等于砸掉老教授的名声，他们会认真地研究教学，做真正

---

① ［法］皮埃尔·布尔迪厄、［美］华康德：《实践与反思：反思社会学导引》，李猛、李康译，中央编译出版社1998年版，第179页。

的教学改革项目，而不像职称晋升时期，为了评职称而被动地搞教学研究；二是“敢坐板凳十年冷，不写文章半句空”，此时能够静心思考科学研究的项目，不追求数量，也不追求级别，强科学研究的理论价值和实践意义；三是为了自己的学术声誉和学界的认可，谨慎地从事学术活动；四是无职称压力和生活开支压力之后，围绕自己的学术兴趣，主动承担育人责任、科学研究责任和社会责任。

> 已经退休的 M 教授在回忆自己的学术行为变化时，说道：“跟学生在一起非常快乐，我在教学中有时间去探索不同的教学方法，在每一届学生中不断地应用和修正我的教学方法，甚至对教学评价方式进行了根本改革，从中感受到了教学研究的乐趣，也体悟到了教学中学生对教学的认可、学生的发展和进步，教学变得不是一件麻烦事，而是自我实现的很好的途径。在科研方面，我不再随便乱写文章，也不随意为了命中项目而跟风申报课题，开始注意论文的质量和项目的实际价值，对一些前沿的确实有学术意义和价值的问题会写一写，不再写自己也难以去表达观点的论文。回想起没有评上教授职称时，追求数量，追求发表期刊的档次和级别，即便高额的版面费也要去发表，现在要版面费的我都不发表了。虽然没有了来自外界的职称压力，但是作为一个学术人，做好教学、搞好科学研究、承担社会职责是使命所在，做了教授之后，确实可以在这方面做点事情了”。

应该说 M 教授已经算得上是一个极富学术责任的学术人，至少能够认识到作为一个学术人的根本职责所在，并能够在一定的时间中践行。其实，也并非所有评上了教授的学术人，都有 M 教授般的行为和诉求。在接触访谈的一位四十多岁的青年教授 A 教师时，得到了如下的话语。

> A 教师如是说道：“你不知道，整个晋升之路是很辛苦的，每天除了上课，剩余时间全部投入了申报科研项目、做科研项目和发表文章上来，没有自己的娱乐生活，也没有自己的休闲时间。现在好

多了，轻松得多，职称评上了顶端，学历也没有必要再去提升了，生活压力变小，终于有自己的业余生活和闲暇生活，可以说是完全放松了，现在发表文章都需要版面费，我也没有必要再出版面费去发表论文，除开学校有论文要求，幸好我们学校没有这方面的硬性要求，那就备备课，上上课，让自己别生活得太累。”

有关学术人的学术行为，除非有一个严格的评判标准，否则谁都无法对这种行为的合理性与合法性进行评判。但在一个特定的场域中，普遍存在的首要行为应该更适合场域的生活，也就能够解释为什么学术场域内部在学术人的入职阶段更多的生活于“学术即科研”“科研即发表成果”的学术惯习中，即便在后来的学术经历中已经越来越靠近“为学术而学术”的学术惯习。“这种与场域相匹配并伴有轻松感的行为，可以认为是惯习导致的行为样式，就像‘恰当的意见’一样‘适得其所’，使性情倾向与场域位置彼此适应，‘游戏感’和游戏互相契合，虽然并未经过精心盘算，甚至也没有意识到，在话语和表象里也反映不出来。”① 上述的为了评职称而对待学术的行为，其实并非在所有的学术场域都能自如地应付，切换到另外一个学术场域，若崇尚学术本真，将教学的学术、探究的学术、整合的学术和应用的学术作为学术的内涵加以弘扬，以学术资本的生成作为学术场域的实践活动的魂，那么以上的学术行为样式就与所遇见的学术场域不契合，它也不能成为学术惯习。任何一个学术场域不会接纳与之不符合的学术行为，不同的学术惯习在不同的学术场域需要不断的磨合和塑造才能提高其契合度。为何有些学术人被排斥在学术场域之外，进入不了以追求学术本真，生成学术资本的学术场域之中，也许学术惯习与学术场域的不契合为其重要缘由。由此可知，学术惯习支配的学术行为并非属于线性模式，而是在与学术场域的共谋中形成学术惯习，产生与学术场域有契合度的学术行为。在学术发展中，只有做到学术场域、学术惯习与学术行为的协调与吻合，方能生成学术资本。

---

① ［法］皮埃尔·布尔迪厄、［美］华康德：《实践与反思：反思社会学导引》，李猛、李康译，中央编译出版社 1998 年版，第 173 页。

（三）学术资本生成：学术惯习外化的策略

惯习的提出，"可以说是一件不得已而又甘愿为之的事情，这是一个结合了客观必然性的产物，它产生了策略，即使这些策略不是建立在对客观条件有足够了解的基础之上，不是在此基础上通过有意识地针对得到清晰的系统阐释的目标而产生的，但这种策略最终表明是客观地适合于环境的。"① 惯习体现了外在性的内在化，需要通过行为外在化和具体展现。布尔迪厄在使用"行为"时，更喜欢用"策略"，毕竟"策略"更加强调行动者实践的利益目的。② 由此可知，策略不是行动者有目的、有意识、精心策划出来的行为，行动者的行动策略也不是机械地反映了外部的决定性结构，而是依靠过去的社会文化和社会遗产，诸如民俗传统、历史文化、宗教信仰等渗透于行动者的内在结构之中，从而调节和影响着行动者的外在行为。也就是我们所言的惯习，"最能获利的策略，常常是那些通过一种客观地适应客观结构的习性生产出来的，显得不那么可以计算而且打着最'纯真的'、诚实的假象的策略③。"惯习限定了行动者策略的范围，惯习作为行动者的生活经验和社会阅历内在化的一种生存心态，包含了类似"财产"和"所有物"等与资本相关的因素，行动中外化的策略来源于惯习给予的特有全能的这种资本力量。

在学术场域中，不仅学术人的学术行为要以学术资本的生成为目标，而且通过学术惯习所表现出来的学术人的学术策略，也是为了生成学术资本，扩大学术资本量，是为了占据学术场域中的最有利位置而对学术场域中的这种"游戏"走向的一种判断。学术惯习本身作为一种学术资本的存在形式，学术人不仅需要持续不断地拥有它，而且还需要学术人的行动策略进一步促进学术资本的再生产和不断增值，才能不断地的发展学术场域，塑造出一个具有学术资本并不断生成学术资本的学术场域。学术资本要在学术场域中使用才有价值，学术场域中的资本不是以静止

---

① ［法］皮埃尔·布尔迪厄：《文化资本与社会炼金术——布尔迪厄访谈录》，包亚明译，上海人民出版社 1997 年版，第 12 页。

② ［法］皮埃尔·布尔迪厄：《文化资本与社会炼金术——布尔迪厄访谈录》，包亚明译，上海人民出版社 1997 年版，第 62 页。

③ Bourdieu, Pierre, *Outline of a Theory of Practice*, Cambridge: Cambridge University Press, 1977, p. 214.

状态而存在的，而是处于不断再生产的动态过程之中。学术资本作为维持学术场域的基本形式，学术资本生产与再生产状况决定了学术场域的生命力及动力学基础。学术场域中学术资本的状况及运行机制，受制于在学术资本生成、学术资本争夺、学术资本较量中学术人运用的实际策略。学术惯习支配下学术人的行为策略，决定着学术资本及其拥有者的命运，还决定着所有资本的分配与再分配，以及学术场域中学术人位置的变化。学术场域内学术人的行为策略能否以学术资本的生成为立足点，对学术场域本身的命运、学术场域的运作逻辑有着决定性的意义。因此，学术惯习应有学术资本生成的心态，方能在外在化策略中生成学术资本。

二　生成学术资本的学术惯习图景

学术惯习是个体的，也是属于学术场域的。学术惯习的个体性反映在学术人的人格、气质、个性上，人的独特性造就了学术惯习的个性。同时它又是属于学术场域的，学术场域形塑着学术惯习，有何种学术场域就有何种学术惯习。学术场域间的区隔和学术场域发展历程中的身份定位，规限了学术惯习的图景。认清学术场域的区隔，认同所处学术场域的身份，是生成学术资本的条件和基础，学术人要主动“入场”并“立场”，在“入场”与“立场”中，能生成促进学术场域不断发展的学术资本。学术惯习也就是在这样的过程中，不断调适，按照合符学术资本生成逻辑的要求，在与学术场域的共谋中生成。即便不同的学术场域有着不同的学术惯习，不同学术场域生成学术资本对学术惯习的要求不一致，学术资本生成的学术惯习，却有着共同的图景。

（一）学术惯习应具备学术的应有之义

学术惯习是关于学术的惯习，是反映学术特征的惯习，歪曲地理解学术而形成的惯习，片面地理解学术而形成的惯习，难以称其为学术惯习。学术惯习若离开了学术的本真应有之义从事学术活动，不仅不会有学术实践，也谈不上生成学术资本。为此，生成学术资本的学术惯习要充分反映学术的真谛和要义。学术惯习作为学术人的生存心态，包括了学术人对学术的认知与理解，当下的学术不再局限于科学研究，不再只被理解为发表论文和申报项目。大学学术场域所从事的活动主要为学术活动，教学是学术，科学研究是学术，社会服务也是学术。学术惯习在关于学术本真的认识中，学术人要准确把握学术的内涵和要义，所具备的关于学术的性情倾向才能被称为学术惯习。

（二）学术惯习应融合学术场域的身份意义

不管学术人的学术起点在哪里，也不管学术人的学术成长于哪里，一旦选定了新的学术场域，学术人就有义务和责任去了解学术场域、认识学术场域，适应学术场域，认可学术场域。学术人在过去的学术阅历中形成的某些学术惯习必定与新的学术场域有某种不契合，作为行动主体的学术人，需要在适应新的学术场域中去调适学术惯习，生成新的与学术场域吻合的学术惯习。学术场域是学术人的活动空间，是学术资本生成的根基，学术活动的内涵和具体的学术行为都需要切合学术场域的具体情况。由于大学发展历程的差异、学生来源的差异、学校人才培养目标的差异、学校教学改革的实际情况的差异、学校科学研究的取向的差异、学校学科建设内涵的差异、学校社会服务面向的差异、学校社会服务内容的差异，使得学术场域同样有差异，应认可和承认差异的存在，积极结合新的学术场域调适学术惯习，使学术行为和学术实践能够契合新的学术场域的身份。

（三）学术惯习应饱含学术使命与责任之志

从事学术实践，开展学术活动，还在于学术责任、学术精神和意志，学术惯习应包括学术使命和学术责任的志向。虽然学术惯习是个人的，与学术人的个性相关，但同时它也是学术场域的，要符合场域的身份，同时它更是学术的。既然是属于学术的，那么一方面要恪守学术的本真要义，另一方面应涵盖学术使命与责任的内容。缺乏使命感和责任感的学术惯习只考虑当下，不考虑学术自身，也许还会被学术之外的东西迷住而忽视学术内在的东西。学术责任能够帮助学术人厘清学术的基本任务和意义，学术使命则告诉学术人弘扬学术的生命意义和价值。学术人在学术场域中本来就应表现出一种学术化存在和学术化生存的生活状态，也是学术人应有的生活状态，唯有将学术的使命感与责任感融入学术惯习之中，学术人才能实现学术化生存和学术化存在，并能在学术生涯中弘扬学术的生命意义，遵循学术逻辑，积累和生成学术资本。

（四）学术惯习应体现学术品格之意

学术人在从事人才培养、科学研究和社会服务等学术活动表现出来的以学术精神为轴心、以学术道德为边界的品格形态，是学术人的学术惯习中应该体现的学术品格之意。在学术人的学术惯习中，经过学术实践的历练，从进入学术场域开始，学术品格的磨练便一直在进行中。这种品格能够帮助学术人习得精深的专业知识、浑厚的人文素养和科学精神；这种品格有助于学术人恪守学术道德和学术规范，在学术实践和学术行为中淡泊名利，致志于学术；这种品格能够塑造学术人锲而不舍、文以载道的精神品质。在学术惯习中融入学术品格，学术人才能够以学术为天职，以育人的教学活动为本，敢于创新探究未知领域，积极入世关注社会发展，将学术作为学术人的志业。在学术惯习中扼守学术品格，利于学术的发展，有助于学术回归于学术本真，追求学术真谛，生成学术资本。

第三节 学术资本生成的学术惯习潜沉

学术惯习的形成绝非一朝一夕之事，需要一个历史过程和潜沉过程。人从呱呱落地那一刻开始，社会的方方面面便影响着他，社会林林总总的经历和阅历书写着人的自我，不断地塑造着人的内心世界和心灵状态。从跨入幼儿园大门开始接触教学，从对未知世界的好奇疑惑中，开始对人类社会的奥秘充满旨趣，“科学”“研究”“教学”“为社会服务”等词语便开始沉浮于头脑之间。随着教育层次的提高，逐渐明白什么是科学，什么是研究，什么是大学。在对“科学”“大学”“学术”等比较懵懂的年代，踏入了大学的校门，接受了大学层次的教育，在人生发展的分水岭阶段，有的人选择了继续深造，有的人选择了工作就业。继续深造者，有着硕士研究生学习的经历，有的还有着博士研究生的学习经历，更有的有着博士后流动站的研究经历。不管什么层次的人，不管有过什么经历的人，一旦踏入大学的讲堂，不管你准备好没有，学术都将迎面而来，从此你会担当起学术人的角色，“讲师”“副教授”“教授”等学术荣誉也将会成为你的追求，探究未知世界，追求学术本真，服务人类社会也将成为你从事学术活动的主要目的。正如前文所言，学术惯习将会主导着你的学术生活和学术行为，其实学术惯习的积淀，在还没有选择学术生活之时便已经开始，只是沉淀的程度有别，沉淀的内涵有异。任何一个学术人，都需要经历漫长的学术惯习潜沉。学术惯习的潜沉是一个不断生成的过程，一方面积淀学术阅历，形成学术场域生存心态的内涵；另一方面有调适、矫正和纠偏的意蕴，调适学术场域使之切合学术场域的要求，矫正对学术的曲解回归学术的本真意蕴，纠偏不良的学术心态和行为，形成以学术为志业，为学术而学术的生存状态。

一　学术人学术惯习的沉淀之路

尽管每一个学术人有着自己的成长之路，在成长中不断追求自己的学术理想，但他们却在接受和认可的“游戏”规则中有着共谋。这些规则的接受在绝大多数情况下没有被学术人意识到，或者部分存在着被“误识”的可能。大学学术场域中诸多零散的规则就像一只无形的手指引着学术人的学术事业的发展轨迹，这些规则被内化为学术人的学术生存心态，即学术惯习。梳理学术人学术惯习沉淀的历程，能更加明了学术资本生成的学术惯习的养成之路，维持学术的生产与再生产。

（一）模糊的学术印记

对多数人来讲，学术的记忆应该始于大学之后，前大学时代的懵懂与“无知”留下的是对学术模糊的想象和有着今天学术经历之后的一种带情感的回望。若从中华人民共和国成立之后算起，初生的社会主义国家重视教育、学习科学文化、开展脱盲运动成为这个时期的主题，受到当时社会文化环境的影响，学术在那个年代，对于那个时期出生的绝大多数人，可以说是遥远的。寻访从 1977 年恢复高考以后毕业进入大学工作的学术人群体，发现 20 世纪 60 年代、70 年代、80 年代和 90 年代，每十年就是一个分水岭，若细细比较，20 世纪 60 年代和 70 年代的轨迹类似，70 年代和 80 年代的轨迹有重合也有差异，90 年代却是一个新的轨迹。在前大学时代，对学术的认知和理解，基本属于空白状态，都觉得其高尚、远大、神圣，是自己遥不可及的领地。在与一位出生于 20 世纪 60 年代初期的教授 M 老师的交流中，她告诉我：

> 我生活在农村，没有上大学之前，没有去过有大学的城市，那个时候教我们的老师都不明白什么是学科，什么是专业，我们当学生的更不知道学术到底是什么，甚至不知道学术这个词语，但那个

时候晓得高校教师、大学教授，很了不起，那是崇拜得不得了。

另外一位出生于20世纪60年代末期的副教授A老师，也表达了同样的看法。

那个时候对学术完全是个空白，只晓得教授和科学家，是很神圣的职业，非常崇拜。但对于教授和科学家到底做什么，自己对其一无所知，也不想去知道，这些人离我很远，我只想好好读书，找个好工作。反正能够从事研究的人是不一样的人。

一位出生于20世纪70年代的H博士，经历了中师学习，再进入大学学习，认为学术就是一种难懂的，晦涩的东西。

我上大学前念的是中师，又在农村生活过，对学术基本无认识，不懂得啥子叫学术，但很羡慕科学家。我记忆深刻的是，小时候家里穷，上厕所用的都是印刷了字的纸，一些书本不知道是从哪里捡来的，上厕所期间阅读，只觉得高深、难懂、无趣、推理性强，看不下去，也搞不懂什么是文章，为什么文章可以这么写，现在记起来那可能是学术文章。

说真的，上大学前，对所谓的“学术”基本没有任何感知。那时只对“知识”和“学问”有初浅的理解，认为科学家就是有知识、有文化、有学问的人。而我们一般人有点知识就很不错了，少数人（如科学家）是有学问的人，很了不起。“学术”这个词基本没有听说过，在那时也从没有进行过有关训练。这个词语在上大学后才偶尔听老师提到过，但似乎从来没有老师解释过，自己也从没有思考过，更没有想过和自己有什么关系。虽然现在我知道了学术包括“学”与“术”，但总的说来，直到现在我都仍然认为，“学术”的内涵太高深了，我们一般人真的难以企及。尽管现在我们很多人也在做所谓的“科研”，但离真正的“学术”仍差得很远，很多人的研究至多只涉及少许“术”，很难说得上是“学”。我想，也许因为上大学前（20世纪70、80年代）社会相对保守，教育理念也比较落后，学校里大家追求的是“知识”，更多倾向于继承，对于“个性、独立思考、创造能力”等与“学术”有关的基本素养很少提及，所以我们那一代对于“学术”的认知是相当欠缺的。现在时代不一样了，许多小孩子都要求有自己的思考，并进行一定的研究性学习，想来这应该是粗浅的“学术”训练吧。如果整个社会都能容忍人们有自己的个性和思想，学生读书“学”与“思”和“问”相结合，那也许整个社会的“学术”氛围会更好，社会的创造能力也会更加突出吧。

学术是很神圣的东西，是智商一般的人接触不到的高地。学术的认识是脱离课本，研究未知世界的奥秘，学术所探讨的问题不存在标准答案。所以从事学术研究的科学家在我儿时的印象中也是很深奥的职业，从事的是最严谨的工作，研究的是最高深的学问。（出生于20世纪80年代的Q博士）

学术离我有点远，搞学术很高大上，工作环境也很好。研究学术的人，整天呆在自己的世界里做研究，学术是在各个领域提出新的理论，需要动脑筋，更需要努力，还需要一颗热爱学术的心才可以算是学术的追求者。（出生于20世纪90年代的在读硕士研究生Z同学）

前大学时代留给学术人的是模糊的学术印记，既不知何谓学术，也不懂学术何为，但学术的吸引力可谓不小，处于令人敬畏和崇拜的地位。其实这种对学术的敬畏和崇拜之心，应该一直持续地存留于学术人的生存心态之中。学术需要学术人的敬畏，也需要学术人的崇拜，这是学术存在的尊严和价值所在。儿时的记忆，前大学时代的学术惯习印记，应该是对学术的敬畏之心。

（二）学术工作中的学徒

踏入大学的校门应该算得上是学术人对学术的“觉醒”和对学术有初步认知的起点。大学是一个读书的圣地，是高深学问的研究之地，即便对学术一无所知的大一新生，经过大学学术场域潜移默化的陶冶，也会略知一二。进入大学，读书成为了重要任务，在图书馆的浩瀚书海中，可以选择自己喜欢的书籍，在阅读中逐渐知晓了某个领域中有影响力的学者和专家，逐渐奠定未来的学术兴趣。

> H教授在回忆他的大学的学习生涯时，如是说道："其实在高中期间就对中国历史文化感兴趣，迫于当时高考的压力，没有多少空余时间可以去读点历史专著，一上大学，我就成为了图书馆的历史书籍专柜的常客，阅读了《史记》《资治通鉴》《易经》等，可以说是乱七糟八的一些书籍，但却引发了我对民族文化的兴趣，这样让我产生了本科毕业继续深造的冲动，但冲动还是归冲动，本科毕业我就回县上师范做老师去了，可后来这个还是没有阻挡我继续攻读硕士研究生和博士研究生的道路，我选择了辞职，也才有了我今天做民族文化方面研究的机会"。

其实在大学的本科阶段，对学术认知的方式和途径有很多种，除开通过自己的广泛阅读，有的得益于大学讲堂中大学教师的学术启迪，还有的从日常的交际中获取一些信息。大学本科生的毕业论文（设计），确实让本科生们体会到了做研究的艰辛与难处。虽然在本科生毕业论文（设计）完成的过程中，有的学生当作一种负担和任务去完成，有的当作一门课程学习，有的将其作为进一步提高学术能力的机遇，但他们都有收获，这种收获可以说是帮助其学术惯习的沉淀和养成。

一位正在攻读硕士研究生的同学在回忆本科毕业论文的收获时说道：

> 做完毕业论文，收获了很多。不再认为学术研究高深莫测、常人难以企及，而是只要对某个问题有想法，有看法，就可以对这个问题展开研究。对学术研究的程序和方法有了更深入和专业的了解。了解了论文要从定题、文献检索、综述、列提纲等几个方面展开。通过对论文的撰写，懂得了文字是思维的体现，论文文字的呈现要符合思维的展开，有顺序，有层次，要凝练。学会了在数据库中搜集文献，以前对写论文一无所知，在导师的指导下，自己找问题、论证问题、写作等，在思维能力和逻辑能力上有一定的提高。

其实大学本科阶段学生所从事的主要活动应该称为学术活动，课堂中对专业的学习，课外对专业理论的实践，校内的各类研讨交流活动，校外的社会服务项目，都与学术紧密相关。只是人们在认识中出现了偏差，将大学阶段的生活误读为普通的学习，认为是与前大学时代学习相差无几的学习。这一方面由于高校对学生的大学学习的引导缺位，另一方面由于教育更加关注结果和分数，导致了大学学习中学术的内涵被遮蔽。大学要将学术的力量和意蕴释放给学生，播下学术和学术惯习的种子，让学生认识到学术就是高深学问、专业学问，要从大学教师的身上耳濡目染到学术的真、学术的美和学术的善。但毕竟本科教育阶段带给学术人的学术惯习极为有限，大学本科阶段有着“学人梦”的学子不懈追逐着更高层次的学术训练，才会给其带来学术惯习深层次的影响。如果说前大学时代播下了学术惯习的种子，那么大学时代的研究生学习阶段则是学术人学术惯习的生长期。

一位即将毕业的硕士研究生 Y 同学对他研究生阶段的学习概括如下。

> 成为了硕士研究生，开始还是很兴奋的，觉得很牛，但在兴奋之余还是比较茫然，因为与大学本科生活完全不一样了，我该干什么，我应该学什么，除开知道去图书馆多借点专业书籍来读之外，脑袋一片空白。在导师的指点下，我开始有目的和有方向地读书，在研究生课堂中，开始学会批判、质疑，在思考问题中开始注意角度的多样性，就是“胡思乱想”，偶尔帮助导师搜集资料，自己也学着写一些小论文，阐释自己的观点。我就是在研究生的课堂、阅读和导师的交流中，加深了对学术的理解。发论文是研究生阶段的重要任务，每天都为这事着急，看着其他同学发了不少论文，虽然都是一般期刊，但自己一篇没发，也不好意思。发论文也是我最担心的事情，到现在也没有发出来。

一位正在念博士的 T 同学对博士阶段的学术生活简述如下。

> 我现在念博士最担心的是自己能否顺利毕业，记得念硕士的时候也非常担心能否按期顺利毕业。学校对研究生毕业是有条件的，硕士研究生要求至少两篇一般期刊或者一篇中文核心期刊，甚至在

> 奖学金评定等方面学术论文和科研项目都将其作为重要的指标。硕士阶段，我周围的同学都为论文而着急，能写就赶紧写，赶紧发，数量越多越好，私下的交流也更多是为发论文而愁，共同为发论文而谋求途径。只要有期刊录用，版面费适中，都会选择发表，毕竟与毕业和考评挂钩。……硕士研究生能发北大核心或者南大核心，肯定算非常牛的，很多人都羡慕，我在硕士阶段就发过北大核心，当我念博士的时候，一方面帮导师做点事情，另一方面自己寻找各种选题，赶紧撰写论文。学校对博士生毕业要求至少3篇CSSCI来源期刊的论文，我早已经完成，但现在还是把时间集中在小论文上，这对找工作有利。我还是认为论文的质量和数量代表了一个人的学术水平。

在与在读研究生探讨关于学习经历对学术内涵的理解与认识时，大家都不约而同地认为研究生学习阶段的学术与论文和科研项目画上了等号。但也遇到过对学术理解与他们不同的学生，一位学习高等教育学的硕士生，因为他读过欧内斯特·博耶的《学术水平反思——教授工作的重点领域》这本书，很认可博耶的观点，因此他对学术的认识就不再局限于学术就等于科学研究。另外一位曾经在美国有短暂访学经历的博士生，他认为我们将学术等同于科学研究系一种误读，在美国大学中学术的意涵极为丰富，不仅指学术研究，只要与大学教学相关的都称为学术。研究生阶段提高了学术人对学科和专业的理解，学术人对学科和专业的理解也更加地深刻，毋庸置疑的是其学术专业能力得到了提高，专业知识和专业能力达到了研究生应有的水平，同时学术人这阶段的学术心态和学术理想，即学术惯习逐渐被影响，也逐渐在形成。

研究生阶段是学术人形成学术惯习的奠基阶段，若将其引入学术即为科学研究和发表论文的确定性认识中，那么未来的发展将遭遇各种障碍。学术人在这阶段通过对课程的学习，通过与导师的交流，通过聆听跨学科的各种学术讲座，通过广泛的阅读等多种形式的学术实践和学术行为，能够识读学术的内涵与意蕴，抓住学术的真谛。学术人在这个阶段的学习中，要明确研究生阶段该完成学术成长历程中的哪些任务和工作，要能够按照研究生阶段的培养目标在教学学术能力、应用学术能力、探究学术能力和整合学术能力等方面有侧重地学术成长，要逐渐形成与所读大学的学术场域基本契合的学术惯习，要在学术品格、学术态度等方面彰显学术人的精神境界，要形成学术理想，有明确的学术发展规划和“为学术而学术”的学术追求。

学术惯习的形成也不是本书主观单方面的呼声，在访谈的博士生和研究生中，也在不断反思他们的学术成长，也提出了目前的一些困惑和力求改变的方面。特别是已经毕业了的研究生，回望研究生的学习经历，也对这阶段的学习有着不少期盼。一位刚刚博士毕业并在一所地方本科院校做教师的S老师谈道：

> 回想起过去六年的研究生阶段的学习，收获肯定多，特别是我的思维能力、分析问题的能力和解决问题的能力，与大学本科毕业时相比，进步不小，科学研究能力和专业能力提高也很快。但来大学之后，我首先作为一个教师，教学应该是我的首要工作，但对教学我却不在行，一些问题我自己认为是讲清楚了，有条理有逻辑，但学生还是听不懂。特别是所谓的教育教学改革，说实话，对大学整套的教学系统我是从上班第一天才开始感知本科的教学，以前对本科教学也是茫然的，甚至在本科阶段的教学中也习惯于用研究生阶段的教师的教学方法，以致于效果总是不理想。说到科学研究，现在学校没有像研究生阶段那么好的实验条件和设施，因此很多实验没法做，现在工作的学校要求要紧密结合地方经济发展需求，做地方经济发展相关方面的研究，这反而让我无从下手啦。

处在研究生阶段学习的学术人，可以称其为学术工作的学徒，是在导师的指导下的学习，恰如师傅带徒弟的形式，教徒弟如何成为一个学术人，如何做好一个学术人，如何能够自立门户，自主地完成学术工作。此阶段属于学徒阶段，其意义在于学做学术人、学做学术活动、学习基本的学术行为，逐渐地使自己有能力独立从事学术工作，学术惯习已经基本形成。学术人的学术信念与志向、学术的范式、学术的立场与态度、学术的品格与勇气、学术知识与能力在此阶段已经有根基和基础。

（三）摸着石头过河的独立自主

在学术场域中，刚入职的“新人”一般会遇到三种情形。一是栖居的学术场域有学术共同体，“大树底下好乘凉”，靠着大树成长快；二是孤独的行走于学术场域，无树可依，在论资排辈中被压制于底层；三是成为学术场域的新星，一颗幼苗得到了自由发展的广阔空间。新入职的学术人需要在学术上不断地磨练，更需要在磨练中有人引导，引导其对该学术场域的认知，引导其研究生阶段学术惯习不断地与新的学术场域的契合。栖息于“大树”底下的学术人，在教学水平提升中有学术共同体的导师指点，在教学改革研究中有学术带头人的引领，科研项目的选题、申报和研究，有团队的共同研讨，有成果应用和社会服务的机会，有学术共同体多年积累的空间。在这样的学术场域中，学术人的学术惯习调适得更快，学术惯习与学术场域的契合度也越来越紧密，在学术行为中更能够开展契合学术场域的学术实践，能够为学术场域的学术资本生成铺砖垒石。

栖居于学术场域的学术共同体、靠着“大树”成长的学术人，通过学术共同体集体的引动和调适功能，使已有的学术惯习能够快速地与新的学术场域吻合。

> 我博士毕业之后留校，导师待我非常好，在导师团队中我从一名学生转变成了一名教师，在教学上导师直接指导我，教学方法选择、教学内容优化、评价方式的改进、与学生的沟通和交流，都从导师那里得到启发，要是我自己摸索，肯定费时费劲。在教学改革上，以导师的省级重大项目为依托，凝练申报教学成果奖，要凭我自己，那肯定不知道多少年可以实现。在科学研究上，更是如此，经费充足，方向明确，大家齐心协力。总之，这就是一个良好的发展空间，有归属感，也有成就感，有成长，有变化，自己发现改变都很快。
>
> 我感觉自己为学术场域不断地积累学术资本，我自己的教学也好，科学研究也好，甚至社会服务，都与现在这所学校的学术场域一脉相承。其实，这并不是我的功劳，这得感谢我们学校的领导和学院的领导。初来这个学校，我也没有像您说的“大树”，只是一种

学缘给了我机会，学校领导也是我这个专业的，大家在学术上有着共同的诉求和目标，就在领导的带领下，通过教学改革项目，我识读了大学教学本真，在领导的带领下做国家社科基金项目，申报科研成果奖，外出调研交流，这种机会给自己带来了很多学术实践的机会，一方面有人带路，给平台，自己认真地完成任务，在完成任务中自己感悟，自己反思，自己反复摸索，自己成长会很快。

不言而喻，作为刚入职的“新人”，在学术历程中，能够在学术共同体中被带着前进、被带着从事学术活动，可以说是幸运的，不仅很快地适应了学术场域的要求，而且学术成长也极为迅速。与此相反，更多的刚入职的“新人”大多属于“无大树可依”，又被压制在学术场域的底层，因此在学术成长和学术惯习的沉淀中更多依赖于自身的摸索。

我非常喜欢教师这个职业，所以当时为了获取教师岗位才到了这所学校。到学校三年，已经讲授了6门课程，这些课程许多老师都不愿意接，要么是新课，要么只开设一次。其实这些课程我自己也很陌生，完全是边学边教。没有人带着走还是很难，报任何项目轮不到你，排不上号，感觉自己就是一个边缘人。

我所在学院刚成立不久，我来到学院的当年引进了不少硕士生，我们都毕业于一个专业。也许是这个专业的发展刚刚起步，我也得到了很多发展自己的机会，承担了专业核心课程的教学，参与了人才培养方案的修订，对该专业的教学改革也牵头在做。可以说，学院给我提供了机会，这个机会给我带来成长的空间。

不管新入职的学术人有着何种境遇，学术惯习需要在学术实践中磨练，需要与新的学术场域磨合。有着研究生阶段的积淀，学术人在入职后，依托大学的平台，在学术场域中通过自主实践或修正、或完善、或调适学术惯习，这属于学术惯习的不断自我生成。要想立足于学术场域，从事学术活动，学术惯习与学术场域就应当形成默契，“在场”地开展学术活动，学术生产才不会“缺场”，学术资本才会在点滴中被积累。

（四）学术门道开启与学术本真觉醒

能够继续坚守在学术场域、从事学术活动的学术人，说明他认可这里的游戏规则，学术也成为了他生活的筹码。沿着学术的阶梯，寻求学术的价值，获得存在的意义，这应该是继续留在学术场域的学术人为未来学术事业发展的意象。经历入职阶段磨练的学术人，在学术头衔上也应该至少在副教授以上。这个时期的学术惯习虽然趋于稳定，但毕竟学术惯习作为学术阅历和学术场域的产物，既然是具有开放性的性情倾向系统，那么它也并非与所在的学术场域保持了一致的结构，仍然需要在各种学术经验和学术经历的影响下被强化或者调整着自己的结构。唯有学术惯习完全融入于这个学术场域之后，才能切实把握学术人的学术行为，促使学术人"在场"地进行学术生产，不断积累和生成学术资本。特别是在这个阶段的学术实践和学术行为中，自我反思、允许质疑、接受批判、抗争辩护、讨论协商等策略的应用，对学术惯习的养成，学术资本的生成更有意义和价值。保守闭塞或者以"圈地"的方式去保护自己的"领地"，对于学术发展和学术资本生成显然不利。在国外的经历让笔者发现，教学研讨与争论在教授之间经常发生，学术报告的听众大部分属于该专业的老师，教授与教授间争论教学，教授聆听教授的学术报告，质疑、鼓励和讨论，在一种开放的视界中发展学术，追求学术的卓越，也更能够生成学术资本。学术人不要给自己和同行设置更多的"学术禁区"，将学术局限在极小的圈子，在教学上不敢亮剑，在科学研究上害怕质疑，学术成果遮遮掩掩，学术场域内的学术人不相互交流沟通学术成果，如此固步自封地开展学术活动，学术人自己便扼杀掉了学术的自由，对学术发展无益。

现在做科研我也很功利，为了高级职称，没办法，即便这样，我还是比较小心翼翼地从事着我的学术工作。教学不敢马虎，说起也是副教授，也要对得起这个称号和名分，学术论文也不敢东拼西凑，虽然方向不特别集中，也没有考虑学术的价值和意义，但选题都源于自己的思考。身份不一样，在学术场域中的学术行为也比较谨慎。

其实现在的学术活动还是不开放，教授们在教学上没有形成研讨的氛围，认为我是教授啦，我的课堂教学肯定很完美，不怎么欢迎其他教师听课，认为自己做的教学研究肯定有价值。在科学研究上，教授们基本都是“鸡犬之声相闻，老死不相往来”，知道某某今年拿了大项目，某某在某个顶级刊物发表成果，但相互间壁垒深严，各自为政，独立作战。

说起学术惯习，到了这个阶段，学术人也没有刻意去关注。经过在学术场域多年的历练，学术人在学术上应该具备了一定的实力，唯一需要调适和完善的是惯习，摸清学术的门道，追求学术的本真，养成生成学术资本的惯习。

大多数学术人在本性上都不具备像康德、尼采、克尔凯郭尔那样孤独的气质，学术人都会寻求一个部落，一个可以依赖的归属。学术场域是学术人群体的最好归属，工作、生活、关系都在这里，在群体认同的学术场域中，学术人要形成学术的精神谱系，这个精神谱系就是学术人生成学术资本经久不衰的、在学术场域得到共同认可的属于特定学术场域的学术惯习。

学术场域决定学术惯习，学术人的学术惯习在特定的学术场域内具有一致性，但在发展中有阶段的差异性。前大学时代，学术留下的点滴记忆，奠定了敬畏学术、崇尚学术的扎实根基；大学时代，学术种子的萌芽，通过大学的学术生活和学术训练，懂得了学术的内涵意蕴；研究生阶段的学术学徒，为将来走上学术的道路铺下了学术惯习的基因。通过自主摸索和成熟阶段的发展，把握学术场域的学术精神谱系，立足于特定的学术场域，“为学术而学术”，促进学术的生产与再生产，生成学术资本，再制学术场域。其实，学术惯习作为历史积淀的遗留物，也有抵制变化的一面，先前的学术经验比后续的学术经验更具有型构内在倾向的力量。在学术惯习遭遇新的学术场域时，会有一个适应的过程，此时更倾向于完善而非改变原初的性情倾向。

二　学术人与学术场域的共谋中再制学术惯习

学术惯习，稳定持久地根植于学术人的心智或者说身体内部，作为性情倾向系统发挥着认知、评价和行动等图式作用。它是一个由外部各种条件因素内在化的结果，也是在历史发展中的一个不断建构的过程，是“一个开放的性情倾向系统，不断地随经验而变，从而在这些经验的影响下不断地强化，或者调整自己的结构。它是稳定持久的，但不是永远不变的”①。学术惯习是学术人实践策略生成的原则，具备鲜明的生产性。学术惯习给予学术人一种生成性的能力，可以在无意识的层面，面对遇到的学术实践情景采取恰当的策略进行生产实践，也就是按照实践逻辑行事。

学术惯习属于历史建构的动态过程，在这个过程中教育因素、实践境遇因素、学术场域因素、学术管理因素和资本因素（经济资本因素、社会资本因素、文化资本因素）等影响着学术惯习的形成。教育因素是学术惯习形成的重要途径，通过系统化和集体化的专业教育、潜移默化的经验濡染与范例涵化以及学徒式的业务指导获得学科专业知识，培育学科专业能力，树立学术价值观、学术人格理想和专业精神。在学术实践境遇中，通过相似的学术境遇强化学术惯习，差别不大的学术境遇引导学术人调适学术惯习，差别迥异的学术境遇学会内化和生成学术惯习。在学术管理中通过法律手段、行政手段和经济手段将“合法合规”的学术活动内化于学术人的性情秉性之中。在资本因素中，经济资本观念、文化资本的文化传统与道德信念以及社会资本的关系支持一样镌刻着学术惯习。在众多的因素中，影响最大的当属学术场域，凭借其他因素，学术人在与学术场域的共谋中再制学术惯习，这种再制更加突出了学术惯习与学术场域的切合度，更有助于学术人从事属于学术场域的学术活动，生成促进学术场域发展、学术不断再生产的学术资本。

首先，要以学术资本积累为中心，构建发展的目标体系。学术人在学术场域的主要任务即为积累学术资本，社会资本和经济资本的积累和获取应该处于次要地位。在学术场域的学术实践中，学术人不应本末倒置，突出通过学术获取社会资本和经济资本的效应，而弱化学术资本生成的本真职责。学术场域以学术资本为核，在对学术行为和学术成果的行业管理中，助推与特定学术场域合拍的学术项目和学术成果。学术场域以按照学术资本生成的方向引导学术人的学术行为，并由此确立以学术资本生成为本的学术发展目标。学术人在与学术场域的共谋中，学术

---

① ［法］皮埃尔·布尔迪厄、［美］华康德：《实践与反思：反思社会学导引》，李猛、李康译，中央编译出版社1998年版，第128页。

惯习以学术资本的生成为内涵，催生学术人的学术惯习。

其次，要营造学术场域的良好学风，强化学术惯习养成。学风涉及学术人的学术精神和学术态度等根本性问题，若志于学术，从事学术工作，则不可回避何谓学术，为何做学术，如何做学术这三个基本问题。学术是崇尚理性、追求真理、传承科学与文明、探索未知世界的智性活动，属于一个辛勤耕耘的过程，要求有科学的态度、求实的精神和严谨的治学方法。在学术场域要避免窄化学术内涵、脱离社会实践、只求数量不求质量、照抄照搬、东拼西凑、互相吹捧、欺世盗名等不良学风的萌芽与抬头。学术场域要将伪学术者排斥在学术场域之外，营造严谨治学的场域氛围，唤醒学术人的学术良知、学术责任、社会责任，通过以学术资本为本的学术评价机制维护学术场域的公平与正义。在学术场域的良好学风的引导下，在严谨的态度和科学的精神的召唤下学术人自觉地养成良好的学术行为，形成有利于学术资本积累与生成的学术惯习。

最后，要根植于学术实践的反思，遵循学术资本的实践逻辑。学术惯习能否契合学术场域，能否规范学术行为，能否从事生成学术资本的学术实践，关键在于学术人自身。学术人自身主动地与学术场域的共谋，在不停的学术实践反思中，发现学术资本生成的实践逻辑。“反思性概念的范围包括自我指涉、自我意识、叙述或文本的构成要素之间的循环关系。”① 学术人需要在学术实践中了解学术场域，认知学术场域，形成学术场域的场感，立足特定的学术场域，站稳在特定的学术场域中。在学术实践中，结合学术场域的诉求，系统地探索“自己思想的却从未被思考的范畴”“自己的学术行为从未冷静去思量的部分”，反思自己的学术组织结构和认知结构。这种反思是一种对理论、经验和实践的再思考，意识到学术资本的生成在于无意识状态的学术策略，这种无意识状态根植于学术人与学术场域共谋的学术惯习，惯习的完善得益于学术人不断地对学术实践和学术行为的反思。

学术惯习的潜沉与学术资本的生成是一个互促的过程，学术实践是学术人在学术场域的惯习活动，推动实践的动力资源是那些称为学术资

---

① ［法］皮埃尔·布尔迪厄、［美］华康德：《实践与反思：反思社会学导引》，李猛、李康译，中央编译出版社 1998 年版，第 39 页。

本的东西。潜沉学术惯习，相当于学术人在积聚学术能量，在不同的学术场域和环境中获取学术的积淀，为学术人奠定生成学术资本的生存心态。学术人在学术资本的生成中不断塑造着学术场域，在学术资本的生成中不断完善和充实学术惯习。总之，学术资本的生成需要学术惯习的支撑，学术惯习的获得源于学术资本生成的实践活动。

一个人，只要他由于被不正确的观念所决定而有某种行动，决不能完全说是遵循德性而行。唯有他的行为是被他的理解所决定，方可说是遵循德性而行。绝对遵循德性而行，在我们看来，不是别的，即是在寻求自己的利益的基础上，以理性为指导，而行动、生活、保持自我的存在。①

——［荷兰］巴鲁赫·德·斯宾若莎

第五章

学术资本生成的制度供给：学术共有信念建构

大学学术制度是有关在教学活动、科学研究活动与社会服务活动的行为规范和行动准则，是激励和约束学术人的学术行为，确保教学活动有条不紊，保障科学研究有序开展，维护学术价值和尊严的运行制度。构建符合大学学术理性和实践理性的，利于促进大学学术发展提高大学核心竞争力的，利于大学在学术实践中积累和生成学术资本的学术制度，在学术场域内形成制度引领的学术共有信念，才能在学术活动中履行学术使命。一种正义有效的制度供给，能够克服学术活动中的功利主义取向，促进学术活动的健康发展。根据当前学者关于制度的研究，特别是当前西方新制度经济学对制度的解释，本书认为制度就是规范人们在社会、政治、经济和文化中各种行为的一个规则，或者说是行为的准则与

① ［荷兰］巴鲁赫·德·斯宾若莎：《伦理学》，贺麟译，商务印书馆 1997 年版，第 187 页。

要求。制度可以从不同的角度分成不同的类型，有内部制度，也有外部制度，有正式的制度，也有非正式的制度，有技术性制度，也有权利性制度。从一般意义上来讲，更多的是使用正式制度和非正式制度。正式制度是指由特定的组织按照一定的程序，经过各方面多次研讨而形成的正式规章、规则、法则等。非正式制度指特定的组织在历史的发展中所形成的风俗习惯，组织内部人们实践所遵循的伦理道德、工作的信念和组织的信仰等社会行为规范。制度就相当于一个风向标，具有指导和引导功能，有什么样的制度就会催生什么样的行为，制度禁止什么和允许什么会改变人们的行为。制度要求符合正义的诉求，获得人们理性的普遍认可和服务，制度供给才能发挥作用。对于学术制度来讲，在学术制度供给上，既要有明确的条文给予学术人具体学术行为的合法性和合理性，同时也要有相应的条款规训来惩治不正当的学术行为，既要有正式的文本制度供给，也需要非正式的学术制度引领学术人的学术惯习，非正式的学术制度主要表现为学术工作的精神要求、学术道德水平和学术品格等方面。

第一节　学术制度供给的构成与缺席

现代意义上的学术制度实质来源于西方自文艺复兴以来而形成的学术制度。学术制度以公平、正义、公正为前提，一方面通过一系列科学、公正、透明的规则和程序确保大学学术的良好运行，另一方面为学术的独立和自由提供法律保障。纵观目前学术制度的构成，除开将其按照正式制度与非正式制度划分之外，还可以从另外一个层面去理解学术制度。一是从政府对学术发展需求的层面生成了为引导学术发展而制定的学术制度。这种制度不是源自大学学术场域内部，而是生成于大学学术场域之外，以行政意志和政府主导的形式，形成了一种可以说具有普适性的，有较强的行政约束力的学术制度，属于典型的外部的学术制度。二是大学学术场域为了规范特定场域内的学术行为，引导本学术场域学术的发展，而形成的一套具有约束和激励功能的学术制度，属于学术场域内部的学术制度。如果说外部的学术制度属于具有政治权力的机构以行政意志自上而下设计并强制要求大学学术场域执行和实施的共同规则，那么内部的学术制度则是随着学校学术事务发展和外部学术环境变迁而不断自我演化的规则。

一　当下学术制度供给的源流及影响

（一）当下学术制度供给的源流

从目前中国大学学术制度的外部构成来讲，包括政府出台的职称评审制度、大学规划与发展的制度、大学转型制度、提高大学办学质量的制度，还有一些学术权力机关部门出台的办学水平评估制度、学术成果评奖制度、科研成果的量化考评制度、科研项目评审制度、教学评价制度、教育教学研究管理制度、学科评价制度、学术资源的配置与分配制度等。从外部制度的构成来看，发挥学术发展"指挥棒"作用的乃是属于各种类型的学术评价制度。诸如，职称评审制度、科研项目评审制度、学术成果的奖励制度、办学水平的评估制度，这些制度在众多的制度中成了控制学术人行为和约束学术人行为的重要制度，或者说是关键制度。从目前中国大学学术制度的内部构成来讲，包括大学学术场域内部组织结构中制定的制度，如教学评价制度、科学研究成果的评价制度、学术成果的奖励制度、教师绩效评价制度、教师的奖励制度等。除开这些以文本形式存在的制度之外，大学学术场域多年形成的学术文化、学术惯习、学术责任、学术规范和学术精神属于影响大学学术人重要的"非正式"的制度。大学学术场域形成的学术组织文化、学术人的学术惯习、学术人的学术精神、学术人的学术使命感和责任感、学术人的学术行为规范，对学术人的学术行为产生着潜移默化的作用。

（二）当下学术制度供给的影响

外部的学术制度是国家权力机构对国家学术发展的期待和引导性制度。任何一个国家和政府都期待所拥有的大学在学术上实现卓越，在发展中成为"高水平"和"一流"的大学。政府为了实现这个目标，会通过学术制度优化资源配置来激励大学的学术发展。纵观前面所述的外部的学术制度，"评价制度"乃是"指挥棒"和核心制度，在对大学学术的管理中，行政权力机构往往会选择"量化"的标准，用各种指标来衡量学术发展的水平，学术生成的数量成了重要的依据和指标。受到这种思维模式的影响，以政府主导的评价理念和评估思维模式就更容易影响大学的学术实践活动，不同类型不同层次的大学在这样的思维模式下，盲目攀高、盲目攀比的现象时有发生，学术生成在主导性的评价理念和评估思维的影响下逐步形成了“制度移植”和“制度趋同”的惯习。研究型综合型大学在学术生产中纷纷追赶世界一流大学，以一流大学的标准作为自己的目标，地方大学的学术生产又以研究型综合型大学的学术发展状态为目标，这就在学术场域形成了一种不顾学术场域和学术身份归属，只顾按照主导的评估思维发展学术。政府出台学术制度的初衷，本为尽可能地为大学的学术活动提供公平、公正、正义的程序与规则，以确保学术资源的优化配置和有效集中整合，引导各大学所开展的学术活动有序进行和良性竞争。然而乞求正义和公平的学术制度却没有带来公平和正义的学术行为，诸如为了获得“国字号”“省字号”各类项目（精品课程、特色专业、实验中心、实践基地）和各种荣誉（教学成果奖、科研成果奖），许多高校和教师不得不竭尽心力地搞“外交”。外部的学术制度以资源配置为引导，却导致了学术中的行政化和官僚化。

内部的学术制度本为了进一步规范学术行为和激励学术发展，但却由于“考评”制度的评价指标引导学术走上了一条“量化”追求的道路。学术人的学术能力、职称晋升、学术评价依据就是一切可以数字化表示的学术成果，诸如奖项、评教成绩、教学成果、教改项目、科研项目、论文发表等。这种学术制度下的评价机制，致使学术人重数量轻质量，追求披着“国字号”和“省字号”等各种说明学术成果层级水平的学术成果。学术制度引导了学术人变异的学术行为，不仅导致了学术泡沫重重、学术垃圾横生、学术失范频现，更是冷却了学术人对人才培养的热情，导致大学核心的学术任务——教学品质的下降。可以说内部的学术制度进一步加剧了学术的行政化、科层化趋向，忽略了学术发展的内在价值和本真。

二 当下学术制度供给的缺席

（一）学术制度缺乏与人性的结合

学术制度缺乏对人性的尊重和了解，导致学术人学术行为的严重失范。学术制度既需要鼓励学术人的学术行为，也需要规范学术人的学术行为，同时还要调节学术人之间的关系和矛盾，学术制度需要与学术人结缘，抛弃学术人的学术制度难以对学术人的行为产生规范和制约作用。因此，制定学术制度需要结合人性，从人性的角度出发制定学术制度，唯有基于人性的学术制度，方能体现制度的合理性和强大的生命力。学术制度忽略人性，也就等于忽视了学术人作为人的基本存在，学术人因为学术志业和学术职业而选择，遵循人性的学术制度会将学术人的行为引导于规范与合理之中，反之则会不断异化学术人的行为。学术制度不能引导学术人弄虚作假，更不能引导学术人步入恶性的学术竞争之中。但当前的学术制度却滋生了诸多学术异化行为，诸如在科学研究经费的管理制度中，严格按照行政化和通用意义上的财务政策和规范执行科研经费的报销，而忽略了学术实践活动作为一项劳动所反映的劳动意义和学术应该获得的劳动报酬，为使用科研经费，项目负责人绞尽脑汁，也使得学术人不敢将学术实践的劳动报酬作为正当的经济利益，因而为了按照制度规范执行科研经费的报销，出现了虚开发票、虚报账目的现象，可以说缺乏人性关怀的学术制度反而逼着学术人弄虚作假。由此可知，学术制度与人性结合的重要性，学术制度需要有人性关怀，需要从人性的角度来设计学术制度。

（二）学术制度缺少对学术场域的书写

大学的学术制度需要与所处的特定学术场域相匹配，特定的学术场域需要有特定的学术制度，处在不同的学术场域的学术实践应该有不同的学术制度来保障。当然，从整体的视角来看，所有大学都处于同样的大学场域中，同时也需要一个具有共性的学术制度的环境，但学术场域的区隔给予了每个场域存在的理由和特殊价值，置身于不同大学的学术场域即便在相同的学术制度观照中，也会在学术场域中产生不同的效果。目前学术场域在学术生产中产生的各种异化的学术行为、出现的学术泡沫现象、一些不良的学术行为以及产生的一些学术垃圾，在某种程度上就是由于现有的学术制度没有回应特定的学术场域的要求。比如新建地方本科院校的学术制度很多是在模仿老牌本科院校的学术制度中形成的，特别是受到目前的学术评价整体导向的影响，在学术制度上采取了重奖大奖的激励方式来推动教师从事学术生产活动，特别是职称评价制度的导向上，所有的学校都以科研论文、专著和科研项目的量化作为唯一的科学的评判标准。这类学校为了争取院校排名的靠前，为了成功获得学位点的授予权，都会采取非常态的激励制度。新建地方本科院校的这种学术制度模仿虽然能够给学校带来某些方面在量上的增加，但由于对所处学术场域的理解不够，对该场域中人才培养、科学研究和社会服务的特殊性挖掘不够，也给学校的发展带来了预想不到的危机和难以弥补的损失。纵观前面所述的学术生成意义危机中出现的诸如学术泡沫、学术腐败、学术内涵窄化、学术生产数量化、学术外生型生成逻辑等正是这种脱离学术场域的学术制度滋生蔓延的结果。

三　走向实践理性的学术制度供给

学术作为一项实践活动，在制定激励和规范学术行为的学术制度时要契合学术实践的特性。学术人在学术实践中要遵循实践的理性，学术制度同样需要反映学术的实践理性。学术制度的供给不应脱离学术存在的本真和意义，无视学术的实践特性，更不能脱离学术的内涵。学术人在学术实践中要立足于学术场域，在与学术场域的共谋中塑造学术惯习，在学术惯习、学术场域、学术人和学术资本的互动关系中，不断促进学术的再生产和学术资本的生成。走向实践理性的学术制度，要能够激活学术人的内在精神世界，促成学术人学术生产的自觉和自主性；走向实践理性的学术制度，要通过学术文化的涵化去引领学术人的学术精神，促使学术人学术惯习和学术规范的养成。

第二节　学术资本生成的学术制度需求

依托于学术职业的兴起、学术共同体的形成以及学术规范的确立，现代学术制度孕育而生。学术制度的出现不是对学术活动的限制，而是对学术活动的保护，保护学术的本真意义，保护学术的价值存在。从当代学术发展的内在要求和逻辑来看，市场化的学术运行逻辑受到多方质疑，过度量化的学术标准引发了学术浮躁、学术不端、泡沫学术满天飞，学术垃圾遍地堆。正是由于在大学场域中，学术制度缺乏构建学术人共有学术信念的功效，导致了学术场域内部学术的粗制滥造和学术生成意义的危机。在多价知识观和知识生产模式Ⅱ的影响下，大学作为知识生产至高无上的地位受到冲击，若在学术生产中不坚守科学精神，不以严谨治学的态度遵循实践逻辑生成学术资本，大学等于在降低自己的学术品质，拱手让出了学术的地位，成为一个唯利是图的追随者。因此，为学术而存在的大学，学术资本是其学术发展的诉求，生成学术资本是大学学术活动追求的内在目的，大学需要促成学术资本生成的学术制度保障学术活动的开展。形成以学术共同信念建构的现代学术制度，对于激发学术人良好的学术行为，克服学术人的人性弱点，促进学术发展极为必要。在学术资本生成中，学术人的学术行为需要制度性的规范，学术场域需要制度性的保障，学术惯习需要制度性的指引。

一　学术行为的制度性规范

学术人是学术资本生成的行动者，学术人的学术行为直接与学术资本能否生成相关。作为一个有意识的生命体，学术人的学术行为可以依赖于学术理想、学术精神、学术道德、学术信仰等非正式的学术制度去规训，但这对学术人提出了很高的精神品质要求。从理想的形态讲，学术人应该以追求学术知识为理想，在内心世界中具有坚定的学术立场和严谨的学术态度，并在多年的积淀中已经形成良好的学术道德和学术人格，学术人理应在学术实践中自然具备了良好的学术行为，已经毋须从冰冷的制度层面来规限学术人的行为。这种纯粹的学术精神不可否认地存在于圣贤之中，这类学术人的学术行为必定符合学术的真义并不断生成学术资本。但对于多数学术人来讲，首先是作为人的存在，人的情感、个性、情绪、社会性、自然性和动态发展性带来了诸多不确定性，如能够配合以制度性的规范，那么在学术人本身的学术精神的支撑下，学术人的行为必定会更加符合学术的真义。学术人不仅需要通过制度性的规范具备符合学术真义的学术行为，同时还得通过制度性的规范，引导学术人养成学术资本生成的学术行为。因为学术人在学术场域中会面临着学科与院校的冲突，教学、科研与社会服务三种学术活动的冲突，学术角色与政治角色的冲突，这些冲突会影响学术资本的生成，而化解这些冲突的最好途径便是制度性的行为规范。

学术行为的规范是为了避免失范，杜绝学术失范行为的出现。《自然辩证法通讯》2000年第2期编者按中[①]揭露了学术失范的种种表现及其根源，李醒民曾经在《光明日报》上发表文章，提议矫正学术场域中的失范行为，唯有如此才有学术创新，学术才有生命。[②] 杨玉圣也从如何加强学术制度的建设上，纠正学术的“失范”提出了设想。[③] 其中，以上学者列举的学术失范行为在今天并没有销声匿迹，归纳当前学术行为不规范的表现，主要集中在技术层面、道德层面和精神层面。这些行为的出现影响着学术资本的生成，在学术制度上应该在技术层面、道德层面和精神层面的行为予以规范。规范的行为不仅包括学术生产者——学术人，还包括学术出版者、学术评价者和学术管理者。既要在学术行为规范的内容上明确具体的行为要求，又要从学术资本生产的直接相关者和间接相关者的行为上提出明确的要求。

二 学术场域的制度性保障

学术场域是学术资本生成的空间，也是学术权力与资本争斗的空间，具有独立性、关系性和斗争性的特征。独立性体现在学术场域的学术话语体系中，有着学术的逻辑、学术的秩序和学术的常规。关系性体现在构成学术场域的一系列客观关系上，学术与评估、行政权力与学术权力、学术人与学院（系）、教学与科研等之间存在着复杂的关系。斗争性是各学术场域间、学术人之间等为各自的利益而出现的各种争斗。学术场域正是在复杂的关系中存在，在学术资本的生成中，需要学术制度保障学术场域的有序运转。学术场域不同于政治场域，也不同于经济场域，场域内部的“位置关系、资源配置、力量组合、动力机制大相径庭”[④]，不能简单套用政治场域，或者经济场域中的制度策略用于学术场域，学术制度也有对“场”的适切性和归属性，学术制度属于学术场域。

学术场域在进行学术资本生产与再生产之时，形成了不同的工作组

---

① 《学术规范与学风建设笔谈》（编者按），《自然辩证法通讯》2000年第2期。

② 李醒民：《学术创新是学术的生命》，《光明日报》2005年11月1日第5版。

③ 杨玉圣：《九十年代中国的一大学案——学术规范讨论备忘录》，《河北经贸大学学报》1998年第5期。

④ 史静寰、常文磊：《英国高等教育场域与科研评估制度（RAE）》，《外国教育研究》2010年第3期。

合方式，诸如院系结构、学科规训制度等。以知识的生产、传承、创造、服务和应用为学术场域主要的学术活动，这些活动构成了大学学术场域独特的组织架构，虽然也与其他场域组织架构中一样具有权力分配、人员选拔、职级晋升、评估与评价的内容，但学术场域中赋予了学术的表征和符号，学术的独特诉求，引发出对制度的特殊要求。同时，大学已经不再属于曾经的“象牙塔”，需要融入社会，接纳社会，使得越来越多的主体介入学术场域中，这里会涉及诸如学术权力与行政权力、外界权力与学术权力的关系，也会涉及学术场域内部各种资源的优化配置，所有这些问题都需要一个“游戏规则”来维护。因此，学术制度有利于学术场域内的“游戏规则”的形成、发展和完善。

学术制度要遵循学术场域中学术实践的秩序。正如肯尼迪所说：“教师对其学术责任的理解并非来自合同或大学规章的批示规定……教师对学术责任的理解乃是大学文化遗传的一部分。”① 分清学术场域内的学术工作与政治场域中科层式的行政管理工作的不同，可以发现学术场域运转的自发秩序与政治场域的人为秩序之间的差别，便容易找到保障学术场域合理运转的明智之举，言其明智，实则是对学术工作的尊重。在学术制度上，不是要彻底放弃行政化管理，而是要发挥以政治为取向的行政化管理在学术资本生成中的有效因素，即条件保障因素，因此要从学术制度上阐明行政化管理如何为学术场域开展人才培养、科学研究和社会服务等学术活动提供更好的基础条件保障，而不应千方百计使用政治取向的行政化管理规章制度去管住学术场域的学术发展。学术制度要体现出对学术人的尊重，对学术工作的尊重，对学术发展自身秩序的尊重。在学术场域中给予学术制度性的保障，并不意味着有了学术制度学术就丧失掉了自由，只是学术制度为学术活动提供了更加明确的要求和划分。学术生产作为公共层面的重要实践活动，学术制度的构成不能忽略学术生产的公共性质，公共的特性意味着学术制度需要更多的自我运转能力，即能够不依赖于任何一个个体和庞大的科层式的体制就在学术场域中按照学术理性和学术的实践理性运转。好的学术制度能够提供给学术人一种竞争的激励机制，好的学术制度能够促使学术人产生从事学术活动的

① ［美］唐纳德·肯尼迪：《学术责任》，阎凤桥等译，新华出版社 2002 年版，第 119 页。

激情，并甘愿献身于学术行业并体验到工作的愉快；好的学术制度能够激发学术人的创造潜力，提高学术人的学术生产力，不断积淀和生成学术资本。

三　学术惯习的制度性指引

学术制度的文本描绘了大学学术场域应追求的学术核心价值和学术精神，推动着学术资本的生成。这种书面形式的正式制度，如果在操作中变成了一种对学术资本生成的僵化管理，不仅不能调动学术人的积极性去从事有学术资本生成的知识生产活动，反而会将学术人套上形式化的学术生产“铁笼”，使学术变成了学术人必须完成的一个迫不得已的任务，浇灭了学术人内心世界将学术生产作为一种志业的热情。同时，西方几个世纪以来的实践也表明，人们无须对学术工作进行严格的监督，学术人依然可以取得令人满意的学术成效。① 若只依赖于书面形式的正式制度，这种制度是难以深入学术人的内心世界并支配学术人的行为的，最大效应也不过是学术人对学术制度的一种敬畏，并且还很难化为学术人的学术实践信念。要让学术人的内心世界对学术有一种信仰和追求，将学术化为学术人的内在要求。这种心灵思想的东西更需要通过心灵间的作用产生共鸣，才有效果。法国著名学者涂尔干曾经就说过，心灵中灵魂的东西和理念的东西若企图通过立法的形式让其变成现实是难以达成的，它需要由真正去实践这些理念和灵魂的人去珍视，去追求，制度的实现需要得到信念的支撑才能够实现。由此，从学术制度的建设来讲，学术制度要与学术惯习融合，学术惯习叙写学术制度，学术制度指引学术惯习，学术惯习与学术制度做到彼此默契，就能体现出最纯粹的大学学术属性。雅斯贝尔斯说：“教育须有信仰，没有信仰就不能称其为教育，而只是教学的技术而已。”② 在学术实践中，因为学术信仰和学术信念的缺失或者不足，就导致了学术理念的落实和贯彻执行不到位。学术

---

① ［美］菲利普·G. 阿特巴赫：《变革中的学术职业——比较的视角》，别敦荣等译，中国海洋出版社 2006 年版，第 3 页。

② ［德］雅斯贝尔斯：《什么是教育》，邹进译，生活·读书·新知三联书店 1991 年版，第 44 页。

信仰和学术信念能够在学术制度与学术场域、学术关系的互动中被塑造出来，从而引导学术人达到对学术的信从和依皈。大学的学术实践活动若不愿意通过行政化科层式的官僚体系来控制，那就需要学术人这个团体建立起一种共有的信念，这种学术信念的形成需要学术制度对学术惯习的指引。学术惯习要凝结成学术制度，学术制度要转化成更高层次的学术惯习，学术人的内心状态达到一定程度的学术精神和心灵的契约，学术共有信念得以建立，才能真正实现大学学术核心价值和学术精神的确立，学术资本的生成方成为可能。

学术制度的形成不是为了管理和控制学术，而是为了“不管理”学术实践，为了更好的服务于学术实践。若学术人对学术制度的“不管理”和服务报以尊重的心态，“在场”的以文本形式存在的学术制度而形成的“魂”，即学术信念和学术信仰就会在学术人的深刻反思与深层思想下，流进学术惯习的血液中。从而依托学术制度的行政化科层式的管约，对学术实践的影响将逐渐变弱，取而代之的是学术惯习的自动完成。制度就由一种规则体系演变为一种社会结构空间，规范并形塑着其中的组织和个人，使其形成一种积淀下来的固定认知图式，而且是花费成本最低的认知图式。[①] 如此以来，学术制度经过这样的运行之后，制度所包含的规范和规则，将成为学术人群体的学术共同信念，并逐渐形成传承、探究、创造、批判和追求真理的学术价值观，学术人将在共同的学术理想信念和一致的实践逻辑下将这些价值观和使命内化为自身的学术行为和学术行动，学术自觉成为了学术生产的动力机制，学术共有信念的实践就是学术资本生成的实践。

第三节　学术资本生成的学术制度环境营造

学术制度是一种有关学术行为和学术活动的规范，涉及知识的产生、传承、创新、应用和服务等内容，是对学术活动进行规划和组织，对学术共同体的构成做出规定，分配学术资源和学术权力，确定学术规范、

① 王天力：《基于制度场域的大学组织二维性的和解》，《东北大学学报》（社会科学版）2013 年第 2 期。

学术准则、学术标准等内容，实施奖惩的整套制度体系。学术制度既是学术生产、传承、应用、创新和服务的基本要求和根本保障，也是学术关系制度化的动态过程。学术制度因学术而生，应服务于学术的发展，遵循学术发展的逻辑。

一 场域力量依托学术制度的正和博弈

场域不是一个纯粹静止的空间，场域中存在各种积极活动的力量，这种类似“博弈”的争斗在场域中从未停止过。可以说学术场域为学术行为中的各种惯习提供了博弈的场所，在博弈中学术场域充满了活力。“作为一种场域的一般社会空间，一方面是一种力量的场域，而这些力量是参与到场域中去的行动者所必须具备的；另一方面，它又是一种斗争的场域，就是在这种斗争场域中，所有的行动者相互遭遇，而且，他们依据在力量的场域结构中占据的不同地位而使用不同的斗争手段并具有不同的斗争目的。与此同时，这些行动者也为保持或改造场域的结构而分别贡献他们的力量。”①学术资本生成的过程也是一个多种关系和利益博弈的过程，这种博弈就如同一场红黑博弈游戏。

“红黑游戏”所表述的蕴含，即是在任何利益群体的博弈过程中，斗则两败俱伤，合则两利。在学术生产过程中，学科与院系、学术权力与行政权力、学术活动与学术评价、教学与科研、学术生产者与学术评价者等诸多关系中有争斗和博弈。学术场域内部的博弈不应该是零和博弈，更不应该出现负和博弈，而应该呈现出正和博弈。正和博弈属于合作性博弈，博弈双方的利益在争斗中都有所增加，至少其中任何一方的利益增加，而另一方的利益不会受到损害，社会整体的利益在博弈中有所增加。在学术资本生成的过程中，不管外界作用如何影响学术生成的过程，学术场域内部的各种关系在博弈中，若站在双方的立场着眼于对方的利益，不采取扭曲的学术行为，坚守学术精神与内心的道德自律，那么优质的学术成果便会得以彰显，学术资本得以生成。若在学术资本生成中，将自身利益最大化，习成歪曲的学术风气，采用畸形的学术行为，任其学术伦理的放逐与流逝，那么在学术场域的博弈中，无疑两败俱伤，当

① 高宣扬：《当代法国思想五十年》（下），中国人民大学出版社 2005 年版，第 514 页。

然最大的受损者是学术生成本身，学术资本的生产场所演变成了学术垃圾制造的集中营，学术场域内部玩着一种变味的学术游戏。在学术场域中，要实现正和博弈，需要学术制度为学术场域各种力量提供正和博弈的能量。

二　共有信念自我维护系统的学术制度支持

学术制度再完美，若得不到学术人的认同，就很难被遵守和执行，其结果，要么形成了对策应付政策，要么集体无意识的沉默中亵渎制度。"法律必须被信仰，否则它将形同虚设"①，同理，若学术中的共有信念得不到维持，制度也会随之坍塌。发挥效能的学术制度其实需要在制度博弈过程中，形成对制度理解和阐释的一致性，并逐渐形成对其意义的集体性认同。因此，共同信念的形成和维护首先需要从学术制度层面加以建设，通过书面正式形式的学术制度建设，建构起由技术层面的行为规范、道德层面的学术良知、精神层面的学术价值观念等意识形态组成的非正式学术制度，形成共有信念的自我维护系统。技术层面的行为规范是学术自我维护系统的前提，教学的学术有教学学术的规范、科学研究的学术有科学研究的规范、社会服务的学术活动有社会服务的规范，学术人在学术中要具备学术活动的基本规范。道德层面的学术良知是自我维护系统的基础，强调学术人的自我管理和自我约束，以学术人的不断自省和自律构筑一个良好的学术风气。精神层面的学术价值观念是核心，在书面正式形式的学术制度上，要本着"为学术而学术"的原则，促使学术人履行学术责任，完成学术使命，引导学术人在学术实践中实现学术价值，促进知识的生产与再生产，积累和生成学术资本。

学术制度形成于学术人共同约定俗成的共有信念之中，对学术的判断标准、各种规范约束均源于学术人群体。遵守和履行学术制度，不能仅依靠外部强有力的权力机制，因为这容易造成对学术活动的"异治性"，即"外行指导内行"。学术人对学术制度的接受，要建立在学术人对其承认和认可的基础上。若学术制度最终只是以规定、条文的表面化形式写在纸上，挂在墙上只能作为一种装饰；若学术制度本身不从学术

---

① ［美］伯尔曼:《法律与宗教》，梁治平译，中国政法大学出版社2002年版，第3页。

场域的构筑、学术精神的打造、学术良知的培植上入手建设学术共有信念，将学术制度停留在惩治和监督层面，那么便无法激起学术人对学术的尊重和追求精神，也就无法引领学术的发展和促成学术资本的生成。由此可知，形成共有信念，并有共有信念的自我维护系统，显得尤为重要。可以说这个自我维护系统，就是学术制度执行力的一种表现。

> 贵族的惯习以强制的方式支配着他的实践和思维，但是，并不是机械的强迫他；他同样以合理的必要性方式来指导自己的行动（“我没有什么别的要做”“我不能不做”），但是，对他并不是非此不可，仿佛他把规则用于，或者，他服从于某种类似理性计算的判断。[①]
>
> ——［法］皮埃尔·布尔迪厄

第六章

实践与理性的张力：大学学术资本生成的图式

长期以来，关于感性认识与理性认识、理论与实践，在具体的行动中似乎逐渐形成了一些被默认的共识，“感性认识属于认识的低级阶段，理论认识属于认识的高级阶段，理性认识依赖于感性认识，感性认识有待于发展到理性认识”“实践是理论的源泉，理论是实践的方向”“实践都是感性的，理性是实践行动完成后的认识上飞跃的成果”。其实，感性认识与理性认识的区别不在于与行动的先后和远近关系，理论与实践的行为中也不是纯粹的线性逻辑关系。感性与理性、理论与实践是交融的贯穿于行动始终的过程。从学术行为来讲，学术需要理性，不管是人才培养、科学研究还是社会服务都需要理性的基础，即便在纯粹的实践认识阶段没有理性的支撑，认识也是浅薄的，同时，学术行为是具有实践

---

① ［法］皮埃尔·布尔迪厄：《实践理性》，谭立德译，生活·读书·新知三联书店 2007 年版，第 201 页。

性的。由此，大学学术资本生成就是一个理性的实践行动，在学术资本的生成中，学术行为要遵循实践的逻辑，协调实践与理性的张力。

第一节 大学学术资本生成的实践理性

“理性是揭示事物本质，全面、具体、深刻把握事物的一种认识能力，是对事物价值及其重要性的认识和对事物发展规律的遵循和坚守。”① 大学不能没有理性，学术不能缺乏理性，大学学术资本的生成更不能丢掉理性。学术场域的学术行为中要恪守学术理性，学术不能放弃“传承知识、创造知识、追求科学、为社会与国家负责”的价值理性，突出人才培养核心地位和遵循人才培养规律的教学理性，追随探索真理，忠实于高深学问的科学理性。但仅具备学术理性，只依靠学术理性，学术资本也难以生成。“理性行动者用科学家们用以概括实践的思维概念，取代行动者们在社会中建构的实践感。这样的行动者，是在行动主体里面投射了一个认知主体，它有着行动者的身子，上面安着个思想者的脑袋，这个脑袋以反思的逻辑的方式思考着置身行动中的他的实践活动。”② 作为以实践活动方式存在的学术资本生成，学术理性给予的力量当然不可低估，但学术理性也有局限性，不仅是因为学术理性可以涵盖的学术行为和学术实践的信息残缺不全，也不仅因为学术人思维上的不全面性和局限性以致于无法对各种实践中的情景做出充分认识，特别是在比较紧迫和突然的学术实践中，而且还因为学术人的思维受社会的限制，是由周边的社会现实境遇加以组织和建构的。当学术人在学术场域中遭遇一定的情景并产生学术行为之时，“人类的行动不是直接对刺激的即时反应，某个个人对他人哪怕是最细微的‘反应’，也是这些人及其关系的全部历史孕育出来的产物”③。完全以学术理性来支撑实践行动的错误在于把经济领域的内在法则，曲解成具有某种适当实践的普适规范。在学术

---

① 眭依凡：《杰出人才培养：大学必须坚守学术理性》，《中国高教研究》2012 年第 12 期。

② ［法］皮埃尔·布尔迪厄、［美］华康德：《实践与反思：反思社会学导引》，李猛、李康译，中央编译出版社 1998 年版，第 167 页。

③ ［法］皮埃尔·布尔迪厄、［美］华康德：《实践与反思：反思社会学导引》，李猛、李康译，中央编译出版社 1998 年版，第 168 页。

场域中，学术人的学术实践和学术行为不一定是完全遵循学术理性的，但学术实践和学术行为总是表现得“合情合理”的，其关键在于理性与实践在融合中保持适当的张力，这个张力的保持得益于学术惯习的作用而形成的实践逻辑。

按照经济学的观点来看，“人类的实践活动不是受机械呆板的因素的驱使，就是出于自觉意图……甚至也没有特意盘算过，但却也是合情合理的实践呢?”① 行动者的行动与实践，不能忘却了实践本身的存在。实践作为特定场域或者实践领地之中进行的各种活动或游戏，“是一种实践感的产物，是在社会中建构的‘游戏感’的产物，就是要说明实践的实实在在的逻辑，这是一种自我矛盾的逆喻表达法，因为所谓的实践标志就是‘合乎逻辑的’，它具有某种自身的逻辑却不把一般意义的逻辑当成自己的准则”②。完全的理性视野下的行动显得简单化和纯粹化，反而实践逻辑能更好地说明实践活动，大学学术资本正是需要按照实践逻辑不断的实现生成和自我再生产。在学术资本生成的学术实践中，学术场域是从外部确立了学术人在社会空间所占据的位置，学术惯习是从内部构建学术人的各种性情倾向，学术资本则是学术人实践的动力资源，三者共同构成了社会实践活动，形成了学术资本生成的实践逻辑。

学术实践是学术场域、学术惯习和学术资本相互作用的产物，从而最大程度地呈现了学术资本生成的实践逻辑。学术场域作为学术人置身于其中的网络构型，它既是一个物理场的存在，也是一个“游戏”场的存在，学术人“在场”的利用各种行动策略争夺学术资本，改善学术地位。学术惯习是由积累和潜沉在学术人身上的一系列学术规范、学术精神、学术价值观念所构成的一个学术性情倾向系统，是那些外在于学术人的学术规则、社会法则在学术人身上的内化形式。正是因为学术场域形塑着学术惯习，学术惯习反向地认知建构着学术场域，学术惯习才会不断地将学术场域塑造成一个充满意义的相对自主自律的小世界。学术

① ［法］皮埃尔·布尔迪厄、［美］华康德：《实践与反思：反思社会学导引》，李猛、李康译，中央编译出版社 1998 年版，第 162 页。

② ［法］皮埃尔·布尔迪厄、［美］华康德：《实践与反思：反思社会学导引》，李猛、李康译，中央编译出版社 1998 年版，第 164 页。

资本作为学术人在学术场域努力追寻的学术筹码，它是学术人参与学术场域竞争的力量。学术场域中的学术人为了追求学术资本倾向于采取某种特定的学术行为方式，使学术场域不断得到调整和改变，学术惯习不断被形塑，学术资本不断地被再生产出来。学术实践中学术资本的生成逻辑并不是按照纯粹理性行事，而是受到实践理性支配的一种实践逻辑。学术资本生成的实践逻辑中，学术场域里的学术人群体之间的竞争和监督机制使得“钱学交易”和“权学交易”的生存空间不断被压缩，迫于其他学术人带来的调整和竞争压力，学术人会主动修正和完善自己的学术认识，确保学术的独立性，更有助于学术资本的生成。

第二节 大学学术资本生成的实践逻辑图式

大学学术资本的生成要遵循实践逻辑。布尔迪厄的实践逻辑是以其关系主义的世界观为出发点，他认为：“所有方法论上的一元论，都声称要确立，要么结构要么能动者、要么系统要么行动者、要么集合体要么个人在本体论意义上的先在性。”① 通过前面几部分的分析，由此可知，在这种关系主义思维方式中，实践逻辑即为场域、惯习以及资本之间相互作用的结果。在大学学术资本生成的实践逻辑中，学术场域是大学学术行为的实践空间，学术惯习是学术资本生成的实践观念，学术制度是学术场域与学术惯习的重要补给，学术资本是大学学术行为和大学学术不断再生产的实践工具。结合前文的分析，学术制度在学术场域的建设、学术惯习的形成以及对学术人行为的引导中发生作用，在学术资本生成的实践逻辑中，还不能忽视学术制度的效应。学术资本在大学的学术场域中，依托于学术制度和学术场域形塑学术人的学术惯习，学术人在“立场”的学术惯习支配中进行“合情合理”的学术实践而生成。形成了一种学术制度和学术场域形塑学术惯习，通过学术惯习产生的学术人的学术实践，生成学术资本。不断生成和积累的学术资本的螺旋结构中，学术场域不断被建构，学术制度不断被完善，学术惯习也在不断地生成

① ［法］皮埃尔·布尔迪厄、［美］华康德：《实践与反思：反思社会学导引》，李猛、李康译，中央编译出版社1998年版，第15页。

中，进而在学术场域、学术惯习、学术制度、学术资本的互动中，通过学术人的学术实践，不断进行学术生产与再生产，不断地积累和生成学术资本。具体参见图 6—1。

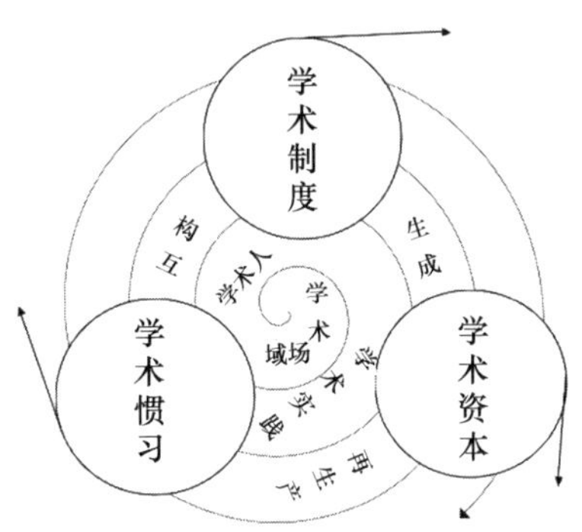

图 6—1　大学学术资本生成的实践逻辑

大学学术资本生成的实践逻辑是对学术人及其学术行为进行的全面阐释，也是对大学学术实践运行机制的逻辑探讨，给大学从事各种学术活动，产生学术成果，积累学术资本提供了重要的启示。

结　语

人类的活动本质上是实践的，目的是实践活动的重要构成要素，是实践活动的内在规定性，无目的的实践属于无意义的行动，“行动如果没有目的，就是无目的的无意义的行动”①。学术人在学术场域从事学术活动属于实践活动，学术实践不仅具有目的性，而且学术实践的目的具有多元性。其多元性可以从内在目的与外在目的来分析，一是从外在目的来讲，学术人从事学术的职业，以学术工作中的学术实践作为满足自我生存的需求；二是从内在目的来讲，学术实践是关于学术的实践，其目的是为了探索未知世界，研究高深学问，追求真理，促进学术的不断再生产。学术实践目的的产生受到实践客体——学术、实践主体——学术人、实践手段等因素的影响和制约，所以不管是学术实践的外在目的还是内在目的都不能孤立的存在，两者是统一和交融的关系。

纵观当下的学术实践，更多的体现了外在的目的。受到这种目的的影响，学术人在学术实践中更加关注显性指标和量化标准，以便为自己增加华丽的“数字化”外壳。学术内涵被窄化，因为教学学术的显性成果更加具有隐蔽性和长期性，学术人更加关注科学研究，以至于将学术与科学研究画上等号，蚕食了学术的内涵。为了某种更加便利的开展等于科学研究的学术实践，甚至将科学研究勾画出了理论研究和应用研究的分界线，推崇一种线性的科学研究模式。在突出学术外在目的的背景下，学术人不愿意将时间用于显效期长并具有隐蔽性的教学学术中，更多的是按照新自由主义的市场化逻辑，重科研论文的数量与级别，发表专著的数量与级别，科学研究项目的数量与级别，科研成果奖励的数量

① 《马克思恩格斯全集》（第1卷），人民出版社1956年版，第287页。

与级别。因此，在学术实践中逐渐产生了一些异化的学术现象，学术价值丧失，学术腐败、学术泡沫、学术垃圾等遍地横生。学术人在学术实践中追求外在目的固有必要，但抛弃学术实践的内在目的，使学术实践已经难以被称为“学术实践”，学术已经失去了本真的价值，丢失了学术的生命内核——追求真理。

虽然学术实践的外在目的与内在目的相互交融，但内在目的更是学术实践的根，抛弃了根，外在目的以何而存在？唯有坚守和弘扬学术实践的内在目的，守住学术实践的根，学术实践的外在目的达成才有可能，否则内在目的的流逝，使学术人实践的外在目的也将落空。由此可知，在学术实践中要更加凸显和追求内在的目的。学术实践的内在目的是一种为了学术本身的目的，学术不是因科学研究而存在，而是因人才培养、科学研究和社会服务的三大特殊职能而存在。学术实践需要生产、创造、应用和传承知识，要以探索未知世界为己任，追求真理作为目标，不断的积累和生成学术资本，促进学术的不断再生产。以生成学术资本为目的的学术实践，增强了学术的内在价值。随着多价性知识观的兴起，科学知识的生产过程是知识、资本、制度、组织等多种因素协同进化的过程，大学的地位受到冲击，若大学学术实践不以生成学术资本为本，不强化学术实践的内在目的，那么大学存在价值的唯一领地将被其他场域占领。知识生产模式Ⅱ和后学院科学时代的来临都给大学的学术带来了挑战，生成学术资本成为了知识生产方式变革时代给予大学找回学术本真，守住学术领地的主要筹码。

学术作为实践活动，在学术资本生成中，需要遵循实践逻辑。实践逻辑不是一种逻辑学的逻辑，而是一种自在逻辑，它既没有意识性的反思，也没有逻辑的控制。实践逻辑（Logique Pratique），从该词语的双重意义上看能借助一些彼此密切相关且在实践中形成一个整体的生成原则，组织起各种思想，感知和行为，[①] 更确切地说，实践离不开所涉及的事物，它完全注重于现实，注重于它在现实中发现的、表现为客观性的实践功能，是任何实践感的逻辑。[②] 学术资本生成的实践逻辑离不开学术本

① ［法］皮埃尔·布迪厄：《实践感》，蒋梓骅译，译林出版社 2003 年版，第 134 页。
② ［法］皮埃尔·布迪厄：《实践感》，蒋梓骅译，译林出版社 2003 年版，第 143 页。

身，更与学术的要素相关，包括学术人、学术场域、学术惯习、学术制度等。在这些因素之间形成彼此完整的生成原则，提升学术人的学术资本生成能力，在实践逻辑中实现学术资本的不断再生产。

学术资本的生产是回归了学术本真的学术实践，学术生产和学术资本生成是大学的内在生长逻辑，也可以说是大学的遗传基因。作为知识生产和传播的中心，大学的成功就在于始终能够做到不断超越自我的同时保持某些亘古不变的品质，这种品质即为对知识的整理、解释、探究、创新、传播和应用。大学若能在学术资本生成的道路上，维持学术的健康可持续的发展，大学就会在未来的千年发展中不遭唾弃，就不会在未来的岁月变迁中被摧毁，这是学术人守护大学的责任和使命。

参考文献

中文著作

陈平原:《中国大学十讲》，复旦大学出版社 2003 年版。

陈平原:《大学何为》，北京大学出版社 2006 年版。

房剑森:《高等教育发展论》，广西师范大学出版社 2001 年版。

方晓晖:《“中学”与“西学”——重新解读现代中国学术史》，河北大学出版社 2002 年版。

高宣扬:《当代法国思想五十年》（下），中国人民大学出版社 2005 年版。

高宣扬:《布迪厄的社会理论》，同济大学出版社 2004 年版。

高兆明:《社会失范论》，江苏人民出版社 2000 年版。

宫留记:《资本：社会实践工具——布尔迪厄的资本理论》，河南大学出版社 2009 年版。

郭为藩:《转变中的大学：传统议题与前景》，北京大学出版社 2006 年版。

黄福涛:《外国高等教育史》，上海教育出版社 2003 年版。

季诚钧:《大学属性与结构的组织学分析》，人民教育出版社 2006 年版。

金耀基:《大学之理念》，生活·读书·新知三联书店 2001 年版。

梁启超:《梁启超论清史学二种》，朱维铮校注，复旦大学出版社 1995 年版。

刘献君:《大学之思与大学之治》，华中科技大学出版社 2000 年版。

卢现祥:《西方新制度经济学》，中国发展出版社 1996 年版。

眭依凡:《理性捍卫大学》，北京大学出版社 2013 年版。

潘懋元:《多学科观点的高等教育研究》，上海教育出版社 2001 年版。

潘懋元:《中国高等教育百年》，广东高等教育出版社 2003 年版。

潘懋元:《高等教育：历史、现实与未来》，人民教育出版社 2004 年版。

宋增伟:《制度公正与人性完善》，中国社会科学出版社 2010 年版。
苏国勋:《理性化及其限制———韦伯思想引论》，上海人民出版社 1988 年版。
吴康宁:《教育社会学》，人民教育出版社 1998 年版。
谢立中:《西方社会学名著提要》，江西人民出版社 2003 年版。
许纪霖:《公共性与公共知识分子》，江苏人民出版社 2003 年版。
薛天祥:《高等教育学》，广西师范大学出版社 2001 年版。
薛晓源、曹荣湘:《全球化与文化资本》，社会科学文献出版社 2005 年版。
张应强:《高等教育现代化的反思与建构》，黑龙江教育出版社 2000 年版。

中文期刊

陈何芳:《论大学学术活动的特性与学术生产力》，《江苏高教》2006 年第 6 期。
陈洪捷:《学术创新与大学的科层制管理》，《北京大学教育评论》2012 年第 3 期。
陈慧青:《学术：学者的理想与追求——感悟布鲁贝克学术话语的建构》，《江苏高教》2008 年第 5 期。
陈燕、崔金贵:《学术评价中的工具理性与价值理性的主导成因及平衡机制》，《清华大学学报（哲学社会科学版）》2012 年第 6 期。
程悦等:《论大学的学术属性及其本然生存逻辑》，《高等教育研究》2012 年第 6 期。
龚怡祖等:《生态位战略：新建本科院校发展战略新选择》，《高教探索》2011 年第 11 期。
郭元祥:《教育理论与教育实践关系的逻辑考察》，《华中师范大学学报（人文社科版）》1999 年第 1 期。
何兆武:《“中学”“西学”与历史文化传统》，《学术研究》2002 年第 1 期。
蒋逸民:《新的知识生产模式及其对中国高等教育改革的启示》，《外国教育研究》2009 年第 6 期。
赖得胜等:《论大学核心竞争力》，《教育研究》2002 年第 7 期。
李立国等:《新自由主义对高等教育的影响》，《清华大学教育研究》2011

年第 1 期。
李润州:《实践逻辑:审视教育理论与实践关系的新视角》,《教育研究》2006 年第 5 期。
李志峰等:《知识生产模式的现代转型与大学科学研究的模式创新》,《教育研究》2014 年第 3 期。
刘宝存:《洪堡大学理念述评》,《清华大学教育研究》2012 年第 1 期。
刘春花:《学术资本:促进大学生创业能力提升的要素》,《教育发展研究》2010 第 21 期。
刘红等:《如何以学术为业:大学教师专业发展的基本问题》,《教师教育研究》2015 年第 2 期。
刘生全:《论教育场域》,《北京大学教育评论》2006 年第 4 期。
刘献君:《建设教学服务型大学——兼论高等学校分类》,《教育研究》2007 年第 7 期。
刘叶:《学术资本主义浪潮中的西方大学变革路径》,《高教探索》2011 年第 2 期。
眭依凡:《杰出人才培养:大学必须坚守学术理性》,《中国高教研究》2012 年第 12 期。
潘懋元等:《从高等教育分类看我国特色型大学发展》,《中国高等教育》2010 年第 5 期。
潘金林等:《博耶的学术生态观与高等学校的学术定位》,《中国大学教学》2009 年第 4 期。
冉隆锋等:《论教育性的高等教育质量观》,《现代教育管理》2012 年第 12 期。
冉隆锋:《钱学森之问:对高等教育现实状态的拷问》,《黑龙江高教研究》2012 年第 8 期。
茹宁:《学术场域:解读大学自主性的新视角》,《江苏高教》2008 年第 3 期。
史静寰等:《英国高等教育场域与科研评估制度(RAE)》,《外国教育研究》2010 年第 3 期。
石中英:《论教育实践的逻辑》,《教育研究》2006 年第 1 期。
涂艳国:《多元学术观与大学学术发展》,《高等教育研究》2011 年第

11 期。

王建华:《知识社会视野中的大学》,《教育发展研究》2012 年第 3 期。

王正青等:《论学术资本主义的生成逻辑与价值冲突》,《高等教育研究》2009 年第 8 期。

吴玫:《新自由主义背景下高等教育研究的社会责任》,《高等教育研究》2011 年第 6 期。

吴民祥:《蔡元培的“悖论”——中国近代大学的学术追求及其困境》,《清华大学教育研究》2010 年第 3 期。

徐永:《国家行动下学术创新策略的实践逻辑及其反思——基于大学学术生产的视角》,《教育发展研究》2012 年第 23 期。

阎光才:《亚努斯的隐喻——去行政化语境下的学术精英角色与权力内涵分析》,《复旦教育论坛》2010 年第 5 期。

阎光才:《中国学术制度建构的历史与现实境遇》,《北京师范大学学报(社会科学版)》2008 年第 6 期。

杨光钦:《高校学术生产数量繁荣与学术制度的内在逻辑》,《教育研究》2015 年第 7 期。

易红郡:《学术资本主义:世界高等教育发展的新理念》,《教育与经济》2010 年第 3 期。

张斌:《学术系统中的社会资本及其效应》,《复旦教育论坛》2011 年第 9 期。

张丽英:《“全球化”所引发的“新管理主义”“学术资本化”和“大学企业化”思潮》,《高等师范教育研究》2003 年第 2 期。

朱中华:《提升新建本科院校科研水平的战略思考》,《高教探索》2008 年第 2 期。

中译著作

[英] 阿什比:《科技发达时代的大学教育》,滕大春译,人民教育出版社 1983 年版。

[美] 爱德华 · W. 萨义德:《知识分子论》,冯克利译,生活 · 读书 · 新知三联书店 2002 年版。

[美] 爱德华 · 希尔斯:《教师的道与德》,徐弢等译,北京大学出版社

2010 年版。

［法］埃米尔·迪尔凯姆:《社会学方法的规则》，胡伟译，华夏出版社 1999 年版。

［法］爱弥尔·涂尔干:《教育思想的演进》，李唐译，上海人民出版社 2003 年版。

［西班牙］奥尔特加·加塞特:《大学的使命》，徐小洲等译，浙江教育出版社 2001 年版。

［加拿大］比尔·雷丁斯:《废墟中的大学》，郭军等译，北京大学出版社 2008 年版。

［美］伯顿·克拉克:《学术权力——七国高等教育管理体制比较》，张维平等译，浙江教育出版社 1989 年版。

［美］伯顿·克拉克:《高等教育系统——学术组织的跨国研究》，王承绪译，浙江大学出版社 1994 年版。

［美］伯顿·克拉克:《高等教育新论：多学科的研究》，王承绪等译，浙江教育出版社 2001 年版。

［美］伯顿·克拉克:《探究的场所——现代大学的科研和研究生教育》，王承绪译，浙江教育出版社 2001 年版。

［美］伯顿·克拉克:《建立创业型大学：组织上转型的途径》，王承绪译，浙江教育出版社 2003 年版。

［美］戴维·斯沃茨:《文化与权力：布尔迪厄的社会学》，陶东风译，上海译文出版社 2011 年版。

［美］丹尼尔·贝尔:《后工业社会的来临：对社会预测的一项探索》，高铦等译，新华出版社 1997 年版。

［美］德里克·博克:《走出象牙塔——现代大学的社会责任》，徐小洲等译，浙江教育出版社 2002 年版。

［美］菲利普·G. 阿特巴赫:《变革中的学术职业——比较的视角》，别敦荣等译，中国海洋出版社 2006 年版。

［德］弗·鲍尔生:《德国教育史》，滕大春等译，人民教育出版社 1986 年版。

［波兰］弗·兹纳涅茨基:《知识人的社会角色》，郏斌祥译，译林出版社 2000 年版。

［美］哈罗德·J. 伯尔曼：《法律与宗教》，梁治平译，中国政法大学出版社 2002 年版。

［美］哈瑞·刘易斯：《失去灵魂的卓越》，侯定凯译，华东师范大学出版社 2007 年版。

［瑞士］海尔格·诺沃特尼、［英］彼得·斯科特、迈克尔·吉本斯等：《反思科学：不确定性时代的知识与公众》，冷民等译，上海交通大学出版社 2011 年版。

［美］亨利·埃兹科维茨：《麻省理工学院与创业型科学的兴起》，王孙禺等译，清华大学出版社 2007 年版。

［美］亨利·埃茨科威兹：《三螺旋：大学·产业·政府三元一体的创新战略》，周春彦译，东方出版社 2005 年版。

［英］基思·福克斯：《政治社会学》，陈崎等译，华夏出版社 2008 年版。

［英］杰勒德·德兰迪：《知识社会中的大学》，黄建如译，北京大学出版社 2010 年版。

［德］卡尔·雅斯贝尔斯：《什么是教育》，邹进译，生活·读书·新知三联书店 1991 年版。

［美］克拉克·克尔：《大学的功用》，陈学飞等译，江西教育出版社 1993 年版。

［美］克拉克·克尔：《高等教育不能回避历史——21 世纪的问题》，王承绪译，浙江教育出版社 2001 年版。

［美］理查德·鲁克：《高等教育公司：营利性大学的崛起》，于培文译，北京大学出版社 2006 年版。

［美］刘易斯·科塞：《理念人：一项社会学的考察》，郭方等译，中央编译出版社 2001 年版。

［德］马克思·舍勒：《知识社会学问题》，艾彦译，华夏出版社 2000 年版。

［德］马克斯·韦伯：《学术与政治》，冯克利译，生活·读书·新知三联书店 1998 年版。

［德］马克斯·韦伯：《经济与社会》（上卷），林荣远译，商务印书馆 1997 年版。

［英］迈克尔·博兰尼：《自由的逻辑》，冯银江等译，吉林人民出版社

2002 年版。
［英］诺曼·费尔克拉夫：《话语与社会变迁》，殷晓蓉译，华夏出版社 2003 年版。
［美］欧内斯特·博耶：《关于美国教育改革的演讲》，涂艳国等译，教育科学出版社 2002 年版。
［法］皮埃尔·布尔迪厄：《文化资本与社会炼金术——布尔迪厄访谈录》，包亚明译，上海人民出版社 1997 年版。
［法］皮埃尔·布迪厄：《继承人——大学生与文化》，邢克超译，商务印书馆 2002 年版。
［法］皮埃尔·布迪厄、帕斯隆：《再生产：一种教育系统理论的要点》，邢克超译，商务印书馆 2002 年版。
［法］皮埃尔·布迪厄：《实践感》，蒋梓桦译，译林出版社 2003 年版。
［法］皮埃尔·布迪厄：《国家精英——名牌大学与群体精神》，杨亚平译，商务印书馆 2004 年版。
［法］皮埃尔·布迪厄、［美］华康德：《实践与反思：反思社会学导引》，李猛等译，中央编译出版社 1998 年版。
［法］皮埃尔·布迪厄：《科学的社会用途——写给科学场的临床社会学》，刘成富等译，南京大学出版社 2005 年版。
［法］皮埃尔·布迪厄：《科学之科学与反观性》，涂释文等译，广西师范大学出版社 2006 年版。
［法］皮埃尔·布迪厄：《实践理性：关于行为理论》，谭立德译，生活·读书·新知三联书店 2007 年版。
［法］皮埃尔·布尔迪厄：《帕斯卡尔式的沉思》，刘晖译，生活·读书·新知三联书店 2009 年版。
［法］皮埃尔·布迪厄：《言语意味着什么——语言交换的经济》，褚思真等译，商务印书馆 2005 年版。
［美］乔纳森·特纳：《社会学理论的结构》，邱泽奇等译，华夏出版社 2006 年版。
［法］R. 瓦莱里·拉多：《微生物学奠基人——巴斯德》，陶亢德译，科学出版社 1995 年版。
［美］唐纳德·斯托克斯：《基础科学与技术创新：巴斯德象限》，周春彦

等译，科学出版社 1999 年版。

［美］唐纳德·肯尼迪：《学术责任》，阎凤桥译，新华出版社 2002 年版。

［英］托尼·比彻、保罗·特罗勒尔：《学术部落及其领地：知识探索与学科文化》，唐跃勤等译，北京大学出版社 2008 年版。

［美］韦恩·K. 霍伊、塞西尔·G. 米斯克尔：《教育管理学：理论研究实践》（第七版），范国睿译，教育科学出版社 2007 年版。

［美］希拉·斯劳特、拉里·莱斯利：《学术资本主义——政治、政策和创业型大学》，梁骁等译，北京大学出版社 2008 年版。

［加］许美德：《中国大学：1895—1995 一个文化冲突的世纪》，许洁英译，教育科学出版社 2000 年版。

［美］雅罗斯拉夫·帕利坎：《大学理念重审：与纽曼对话》，杨德友译，北京大学出版社 2008 年版。

［古希腊］亚里士多德：《形而上学》，吴寿彭译，商务印书馆 1981 年版。

［美］亚伯拉罕·弗莱克斯纳：《现代大学论：英美德大学研究》，徐辉等译，浙江教育出版社 2001 年版。

［美］亚历山大·温特：《国际政治的社会理论》，秦亚青译，上海人民出版社 2000 年版。

［美］伊曼纽·华勒斯坦等：《学科·知识·权力》，刘健芝等译，生活·读书·新知三联书店 1999 年版。

［英］约翰·亨利·纽曼：《大学的理想》，徐辉等译，浙江教育出版社 2001 年版。

［英］约翰·齐曼：《真科学：它是什么，它指什么》，曾国屏等译，上海科技教育出版社 2008 年版。

［美］约翰·S. 布鲁贝克：《高等教育哲学》，王承绪等译，浙江教育出版社 1998 年版。

［美］詹姆斯·杜德斯达：《21 世纪的大学》，刘彤译，北京大学出版 2005 年版。

［美］詹姆斯·杜德斯达：《美国公立大学的未来》，刘济良译，北京大学出版社 2005 年版。

［美］詹姆斯·杜德施塔特：《舵手的视界——在变革时代领导美国大学》，郑旭东译，教育科学出版社 2010 年版。

[日] 竹内弘高、野中郁次郎:《知识创造的螺旋》，李萌译，知识产权出版社 2006 年版。

中文学位论文

陈何芳:《大学学术生产力引论》，博士学位论文，华中科技大学，2005 年。
陈则孚:《知识资本研究》，博士学位论文，中共中央党校，2001 年。
胡钦晓:《大学社会资本研究》，博士学位论文，南京师范大学，2007 年。
李志峰:《中国学术职业的国际竞争力研究——基于对高深知识的分析》，博士学位论文，华中科技大学，2007 年。
刘贵华:《大学学术生态研究》，博士学位论文，华东师范大学，2002 年。
孙士杰:《学校社会资本生成研究》，博士学位论文，西南大学，2010 年。
王玉丰:《常规突破与转型跃迁》，博士学位论文，华中科技大学，2008 年。

英文专著

Bourdieu P., *In Other Words: Essays Towards a Reflexive Sociology*, Trans, Matthew Adamson, Stanford, California, Stanford University Press, 1990.
Bourdieu P., *Outline of a Theory of Practice*, New York, Press Syndicate of the University of Cambridge, 1977.
Bourdieu P., *The forms of capital*, *In J. Richardson (Ed.)*, *Handbook of Theory and Research for the Sociology of Education*, New York, Greenwood, 1986.
Bourdieu P., *Homo Academicus*, *Trans*, *Peter Collier*, Cambridge Polity Press, 1988.
Bourdieu P., Wacquant, Loic, *An Invitation to Reflexivesociology*, *Chicago*, *University of Chicago Press*, 1992.
Bourdieu P., *Distinction: A Social Critique of the Judgement of Taste*, Cambridge, Mass: Harvard University Press, 1984.
Burawoy Michael, *The Public Sociology Wars*, *Ed*, *Jeffries*, *Vincent*, *Handbook of Public Sociology*, Maryland, Rowman and Littlefield Publishers, Inc, 2009.

Bush, V. Science, *The Endless Frontier*, Washington, DC: National Science Foundation, 1990.

Clark, B. R. , *The Academic Life*: *Small Worlds*, *Different Worlds*, Princeton, N. J. : The Carnegie Foundation for the Advancement of Teaching, 1987.

Eric Ashby, *Universities*: *British*, *Indian*, *African*; *A Study in the Ecology of Higher Education*, London: The Weldenfeld and Nicolson Press, 1966.

Ernest L. , Boyer, *Scholarship Reconsidered—Priorities Of The Professoriate*, New Jersey: Princeton University Press, 1990.

Edward P. , St. John, Shouping Hu, Amy S. Fisher, *Breaking Through the Access Barrier*: *How Academic Capital Formation Can Improve Policy in Higher Education*, New York, Routledge, 2010.

Gibbons M. , Limoges C. , Nowotny H. , Schwartzman S. , Scott P. and Trow M. , *The New Production of Knowledge*: *The Dynamics of Science and Research in Contemporary Societies*, London: SAGE Publications Ltd, 1994.

Keller, George, *Academic Strategy*, *the Management Revolution in American Higher Education*, Baltimore, Maryland: The John Hopkins Universitics Press, 1983.

Logan Wilson, *The Academic Man*: *A Study in the Sociology of a Profession*, London: Oxford Press, 1942.

Max Weber, *The Social and Economic Organizations*, New York: Free Press, 1947.

Max Weber, *Economy and Society*, Oakland: University of California Press, 1978.

Stroup, Herbert H, *Bureaucracy in Higher Education*, New York: Free Press, 1966.

Stryker S, *Symbolic Interactionism*: *A Social Structural Version*, Palo Alto, CA: Benjamin/ Cummings, 1980.

Sheila Slaughter, Larry L. Leslie, *Academic Capitalism*: *Politics*, *Policies*, *and the Entrepreneurial University*, Baltimore, MD: The Johns Hopkins University Press, 1997.

William A, Firestone and Bruce L, Wilson, "*Using Bureaucratic and Cultural Linkages to Improve Instruction*: *The High School Principal's Contribution*",

Eugene, OR: University of Oregon Press, 1983.

英文期刊

Alexander C., McCormick, Chun-Mei Zhao, "The Rethinking and Reframing the Carnegie Classification, Change", *The Magazine of Higher Learning*, 2005, Vol. 37, No. 5.

Eddy, Matthew, "Academic Capital, Postgraduate Research and British Universities", *Discourse Leeds School of Theology And Religious Studies*, 2006, Vol. 6. No. 1.

Hadrian G., Djajadikerta, Terri Trireksani, "Factors Influencing Academic Capital of Women Academics", *International Journal of Knowledge, Culture and Change Management*, 2010, Vol. 9. No. 12.

Julia Antonia Eastman, "Revenue Generation and Its Consequences for Academic Capital, Values and Autonomy", *Higher Education Management and Policy*, 2007, Vol. 19. No. 3.

Kathleen Lynch, "Neo-Liberalism and Marketization: the Implications for Higher Education", *European Educational Research Journal*, 2006, Vol. 5. No. 1.

Masao Miyoshi, "*Ivory Tower in Escrow*", *Boundary*, 2000, Vol. 27. No. 1.

Prejmerean, Mihaela Cornelia and Simona Vasilache, "A Three Way Analysis of the Academic Capital of a Romanian University", *Journal of Applied Quantitative Methods*, 2008, Vol. 3. No. 2.

Reuven Shapira, "Academic Capital or Scientific Progress? A Critique of Studies of Kibbutz Stratification", *Journal of Anthropological Research*, 2005, Vol. 61. No. 3.

Reiner Keller, "The sociology of Knowledge Approach to Discourse", *Human Studies*, 2011, Vol. 34. No. 1.

Shane S., "Encouraging University Entrepreneurship: the Effect of the Bayh-Dole Act on University Patenting in the United States", *Journal of Bussiness-Venturing*, 2004, Vol. 19. No. 1.

Stets J. E., Burke P. J., "Identity Theory and Social Identity Theory", *Social Psychology Quarterly*, 2000, Vol. 63. No. 3.

后　记

当键盘声不再为本书敲响的时候，心中长舒一口气，五年的奋斗总算有了一分答卷。然而在内心的深处却莫名地忐忑，现在静心沉思，原来仍然是关于本书研究内容的情结，甚至是心结没有解开。既然学术资本作为研究主题，而且提出了实践逻辑的设想，那么自己所完成的研究成果是学术资本吗？在学术实践中实践逻辑怎么运作的呢？虽然我对学术的理解，始于硕士研究生的阶段，但与学术结缘却在孩童时代。在文化资本缺失的童年生活中，我的父亲教导我要读书，要追求学业，我的母亲识字不多，但总会用她有限的智慧鼓励我以学业为重，感谢我敬爱的父亲和母亲用辛勤的汗水和苦口婆心的话语，支持着我踏上了学术追求的道路。大学专科临近毕业之时，我有幸接触了第一本学术刊物《涪陵师专学报》，读着里面的文字，虽然体会到了语言的晦涩难懂，但却激发了我发现问题、分析问题和研究问题的激情，在做中学英语教师期间，零星的针对英语教学中的问题书写出了改革的一些设想。2003 年金秋时节，遇见了我的恩师周鸿先生，先生的思想一次次让我如醍醐灌顶，先生播下的一颗学术种子也在三年之后开始萌芽了。长江师范学院五年的学术实践生活，因为有团队，让我在教学的学术、应用的学术上有了具体的行为和成果，感谢团队负责人彭寿清教授在学术上对我的提携。

2011 年的秋天，又回到了西南大学，开启了求学问道的新旅程。熟悉的身影，却给了我更深厚的学术洗礼。恩师周鸿先生用他深邃的高等教育思想和卓越的见解不断点燃学生的智慧，崔延强老师用国家意志与自由探索的理念唤醒了我作为大学学者的学术责任，易连云老师在德育的精神家园中给予了我德性之光，赵伶俐老师用美学串起的大学教学与大学课程陶冶了我的高等教育质量观，感谢老师们哺育着我的学术成长。

教育核心问题研究课程给予了我更加宽广的学术视野和多元的思维方式，感谢讲授这门课程的所有老师。在博士中期考核，在第一次、第二次开题和预答辩中，周鸿老师、崔延强老师、易连云老师、赵伶俐老师、幺加利老师、吴晓蓉老师、孙振东老师，您们问诊把脉，不断启迪学生的思维，为我最终完成这部著作贡献了智慧，谢谢老师们，同时还要谢谢其他所有帮助过我的老师。我的学术实践就是在老师们的教导中被不断深化，写到这里，我感觉多了一些底气，因为有老师们的指导，心中的忧虑应该可以解开，遵循实践逻辑开展的学术实践，是否为学术资本，还在于自己对该项研究的深入和坚守，在学术领域持续不断的追求，此乃师傅领进门，修行靠个人。

学业快结束了，要感谢的人很多，师母张传华女士无微不至的关爱，铭记在心，感谢高等教育学专业2011级所有同学带给我快乐的学术生活。曾记在密歇根州立大学的Erickson Hall与DR. Brendan讨论我的论文，在密西根州立大学图书馆与张京师妹一起在质疑中形成我的书稿提纲和研究思路，在此非常谢谢你们。感谢爱人张丽雅对我生活的关照和学业的支持。谢谢所有帮助过我的人们。

2015年10月13日凌晨

西南大学杏园